高等院校"十三五"应用型规划教

财务报告审计实训

主　编　张振华　周　洋　胡晓清
副主编　张承前　初　征　王晓勇

教师服务入口　　　学生服务入口

微信扫一扫

南京大学出版社

图书在版编目(CIP)数据

财务报告审计实训 / 张振华,周洋,胡晓清主编.
一南京:南京大学出版社,2017.11
高等院校"十三五"应用型规划教材·财会专业
ISBN 978 - 7 - 305 - 19533 - 4

Ⅰ. ①财… Ⅱ. ①张… ②周… ③胡… Ⅲ. ①会计报
表—财务审计—教材 Ⅳ. ①F239.41

中国版本图书馆 CIP 数据核字(2017)第 259301 号

出版发行　南京大学出版社
社　　址　南京市汉口路 22 号　　　　邮　编　210093
出 版 人　金鑫荣

丛 书 名　高等院校"十三五"应用型规划教材·财会专业
书　　名　财务报告审计实训
主　　编　张振华　周　洋　胡晓清
责任编辑　邵　萍　武　坦　　　　　编辑热线　025 - 83597482

照　　排　南京南琳图文制作有限公司
印　　刷　扬州江扬印务有限公司
开　　本　787×1092　1/16　印张 16.5　字数 412 千
版　　次　2017 年 11 月第 1 版　2017 年 11 月第 1 次印刷
ISBN 978 - 7 - 305 - 19533 - 4
定　　价　42.00 元

网址:http://www.njupco.com
官方微博:http://weibo.com/njupco
微信服务号:njuyuexue
销售咨询热线:(025) 83594756

前　言

　　会计学、审计学专业培养的学生就业不仅要面向企业、行政事业单位会计核算岗位、财务管理岗位,而且还要面向政府审计、部门及单位内部审计、注册会计师审计岗位,以及其他经济管理核算及监督岗位,培养的学生要具有会计核算、财务管理、审计查账等多方面综合知识和能力。所以,会计学专业是一个社会需求及应用广泛、专业技术性强、实践能力要求高的专业,加强会计专业实践性教学是培养高级应用型会计人才的必要手段。

　　财会审一体化综合模拟实验系列教材是以优卡股份有限公司为仿真公司,以会计核算实验资料为基础,延伸开展财务管理实验和审计查账实验,形成财会审一体化的实验资料。财会审一体化综合模拟实验系列教材集会计核算、财务分析、资本运营、审计查账于一体的综合实验,贯通了会计学专业知识、素质和能力的训练和培养,改变了传统会计实验主要局限于单一课程内容的验证性实验,注重培养学生职业化应用能力。

　　本教程是财会审一体化综合模拟实验系列教材之三。编者在充分尊重和运用《会计核算实训》《财务管理实训》形成的实验资料的基础上,结合教学实际需要,补充必要的审计素材,以最新审计准则为依据,精心编写了本教程。旨在强化会计、审计专业学生的动手能力、职业分析判断能力和应用创新能力,以培养社会需要的高级创新应用型会计、审计人才。

　　本教程的特色:

　　(1) 汇集多年教学改革成果。本教程是 2012 年山东省省级重点教改项目"基于会计职业能力培养的财、会、审一体化实验教学的改革与创新(编号:2012035)",2015 年山东省省级重点教改项目"基于春季高考的会计学专业人才培养模式研究(编号:2015Z068)",2012年山东省"会计学特色专业",2012 年山东省省级精品课程"审计学"建设项目及 2013 年"山东科技大学实验教学示范中心:经济管理综合实验中心"建设项目等多项省级、校级教学改革研究成果的结晶,受到 2016 年"山东科技大学优秀教学团队建设计划资助"。

　　(2) 聚焦应用能力导向,仿真度高。本教程以优卡股份有限公司的交易或事项的会计核算资料为基础,选择重要的会计报表项目,强化重要审计程序运用,精心设计提炼而成,实验资料具有综合性强、仿真度高、突出应用能力实训的特点。

（3）重点突出、注重实效。本实训教材在内容设计上，并非面面俱到，而是选择构成财务报表的典型和重要项目实施实质性测试，举一反三，突出重点；注重运用会计核算、财务管理实训形成的结论，以"能力链"跨课程设计实验内容和流程，将"财会审实训"内容融会贯通。

本教程由山东科技大学经济管理系组织编写。本书共七章，由山东省省级重点教改项目"基于会计职业能力培养的财、会、审一体化实验教学的改革与创新（编号：2012035）"项目主持人、山东省省级精品课程基础会计主持人张振华副教授以及山东省会计学特色专业建设负责人、山东省省级精品课程审计学主持人周洋教授、山东省省级精品课程审计学主讲教师胡晓清副教授任主编，山东省省级精品课程中级财务会计主讲教师张承前、山东省省级精品课程管理会计主讲教师初征，山东省泰安市审计局法规科科长王晓勇任副主编。具体分工如下：第一章由周洋编写，第二章由张振华、胡晓清编写，第三章由张承前编写，第四章、第七章由张振华、王晓勇编写，第五章由初征编写，第六章由胡晓清编写，张振华对全书进行了总串和校对。

本教程在编写过程中，吸收借鉴了国内外会计、审计最新研究成果和同类已有教程的精华，在此谨向这些教程作者致以真诚的感谢！

本教程在编写过程中得到山东尤洛卡股份有限公司、山东科技大学教务处、泰安市审计局领导的大力支持、得到南京大学出版社的支持和帮助，在此一并表示感谢。

本教材实验资料为高仿真资料，相关材料仅用于会计实验，不作他用。

经过编委会成员三年多的努力，终于将此书呈现给大家。但由于编者水平有限，书中难免存在疏漏之处，诚请各位同仁和读者批评指正。

编　者

2017 年 10 月

目　录

第一章 概 述

第一节 财会审一体化模拟实验释义

一、问题的提出

社会对会计人才的需求是多方面、多层次的。目前,我国几乎每一所综合类院校都开设会计学专业培养会计人才,但对会计人才的培养往往缺乏科学定位和基于职业岗位需求的切实可行的人才培养模式,导致社会对会计人才需求与高等学校培养的学生难以有效对接,不同层次的会计人才之间界限不清,学生就业出现瓶颈现象。所以,高等学校会计教育应建立在通过开展会计岗位划分,并在此基础上对会计岗位所需职业能力进行分析的基础上组织会计教学。

我国高等教育通过借鉴和吸收,在会计人才专业知识培养方面已具有较完备的理论体系。以课程为载体的理论知识教学体系布局合理,前后衔接得当。但在培养和训练学生实际操作应用能力和财务信息获取、分析、运用能力方面的实习、实验教学严重不足,不同课程之间以知识为基础的专业应用能力培养缺乏统筹和衔接,相互孤立,许多学生在知识学习阶段对于课程知识的学习目的和用途不理解,不贯通。其后果是延长了毕业生就业适应期,加剧了学生在学校所学知识和能力与用人单位需要之间的矛盾,降低了毕业生可持续发展的潜能,导致初级、中级会计人才过剩,而高级会计人才严重短缺的结构性失衡,会计领军人才更是奇缺。如何提高会计专业学生实际操作与应用能力呢? 一个可行的方案是:学生到单位进行实习,但是广大的企事业单位出于担心学生实习影响工作和保护企业商业秘密的考虑,不欢迎大学生到单位实习。另一个可行的方案是:在学校建立仿真实验室,开展模拟实验教学。

为了培养学生应用能力,许多高校会计专业开展了会计模拟实验教学,也取得了一定的成效,但总体来看,现行的会计模拟实验教学还存在许多不足。表现在:第一,重会计核算能力实验,轻财务管理、资本运营、审计方面的实验。大部分高校会计专业模拟实验教学局限在训练学生如何填制凭证、登记账簿、编制报表等会计核算层面上,而训练学生管理能力的财务管理、资本运作、审计监督评价方面的实验开展较少,效果不佳。第二,课程实验较多,综合性实验缺乏,学生综合能力和创新能力培养不足。高校会计模拟实验多以课程实验为主体,各课程实验之间,实验背景资料不统一,缺乏课程内容之间的衔接和联系,以验证本门课程知识为主,对学生从核算能力到财务管理能力,再到公司运营,审计监督、鉴定、评价能力等整个"能力链"的综合培养和训练不足,造成学生对知识学习和能力训练的不连贯、不系统。

编写本套系列教材的目的是通过分析会计职业的初级、中级、高级会计人才应具备的知识和能力,以会计学职业应用能力培养为导向,构建起以统一的模拟核算资料为基础,手工和计算机并行,集会计核算、财务分析、资本运营、审计查账于一体的综合实验平台。改变传统会计实验主要局限于单一课程内容,主要验证教材知识的验证性实验,注重培养学生职业化应用能力的不足。

二、财会审一体化模拟实验教材的框架结构

本系列教材包括会计核算实训教材、财务管理实训教材和财务报表审计实训教材三本,三本教材实验的背景企业资料统一,以会计核算实训实验资料为基础,延伸开展财务管理实训和财务报表审计实训,形成"财、会、审一体化"的实训资料,可有效减少学生熟悉和阅读实训基础资料和素材的时间,提高实验效率;可很好贯通会计学专业综合知识和能力的训练和培养,大幅度提高实训效果。本系列教材在培养学生应用能力方面,将形成"突出一条主线,建成两个系统,构建四个平台"的能力链培养特色。

"一条主线"是指会计专业人才"能力链"培养主线,即由"会计核算能力→财务管理能力→公司治理能力→审计查账鉴证能力"组成。该条人才职业化应用能力培养主线以课程理论知识学习为基础,以同一单位一定时期发生的经济业务为对象,以培养会计人才初、中、高不同职业岗位能力为目标,遵循会计人才职业能力形成和成长规律,通过设计和创新"财、会、审一体化"模拟实训教学模式和系统来实现。

"两个系统"分别是:"手工模拟实验系统"与"计算机模拟实验系统"并行,以适应当前我国大中型企业普遍实现会计电算化,而大量中小型企业仍沿用手工会计处理的现实。"手工模拟实验"由纸质模拟实验教材,手工填制会计凭证,手工记账,手工编制会计报表,手工开展财务分析、投融资决策方案优选,手工查账为主线;培养学生科学的思想方法,规范而熟练的手工操作技能,综合的应用能力。"计算机模拟实验"则以计算机为工具,以"用友"财务软件为载体,将电子模拟实验数据导入电子模拟系统,由计算机完成会计核算,开展"用友ERP"财务管理实验,利用计算机进行辅助审计。在实验室完成手工和计算机一体化模拟实验,并将实验结果相互印证,在帮助学生理解会计学专业理论知识的基础上,培养学生会计核算、财务管理、公司运营、审计查账的综合能力,并熟练掌握和运用计算机和先进的财务软件处理复杂业务的能力。

"四个平台"分别是:会计核算实验平台、财务管理实验平台、公司兼并重组实验平台和财务报表审计实验模块,四个平台由三本教材来体现。

会计核算能力是会计职业各层次的会计人才必须具备和精通的基本能力,也是本系列模拟实验教材的原始资料,是后续开展财务管理实验、审计查账实验的基础资料。该基础资料是否具有完整性、系统性、代表性和高仿真性,对本系列教材的成功具有至关重要的作用。本教材编写组利用社会联系广、实习单位多的优势,选择了"优卡股份有限公司"(证券代码:300099)为样本公司,参考了另外4家制造企业会计核算资料,通过实地调研、搜集、整理、设计一套体现不同层次会计岗位能力需要的高仿真会计核算资料,为学生利用所学"基础会计"、"中级财务会计"、"高级财务会计"、"成本会计"等课程知识模拟实验会计

凭证的编制、输入、打印、审核、装订、归档,完成会计账簿的登记和会计报表的编制工作提供资料。利用该教材的模拟实验培养锻炼学生初级会计应用能力——从事会计核算工作能力。

财务管理是企业管理的核心,企业财务部门负责人及骨干会计人员不仅承担着日常财务管理职责,还要协助和参与公司董事会和公司高管完成重大财务管理活动,这些活动包括涉及企业发展的重大筹资问题、投资问题、股利分配问题及企业合并、分立、上市等重大问题的决策和管理。企业的财务管理活动是建立在会计核算资料基础上的,是在对会计核算形成的账簿、报表进行分析、比较的基础上,进行的投资决策、融资决策、预算编制等管理活动。传统的财务管理模拟实验大都是单独设计所需实验资料,本系列教材的创新点主要体现在学生利用会计核算模拟实验阶段自己完成的模拟核算资料,针对设计出的适应企业在不同的宏观经济环境、不同的发展策略、不同的市场背景、不同的风险偏好情况下的财务管理方案和任务,开展模拟实验。该模拟实验模块的构建使得模拟财务管理活动建立在同一模拟企业和模拟会计核算资料基础上,增强了学生的认同感、成就感,减少了学生阅读基础资料的时间和精力,也更具有仿真性。通过该实验,为训练学生利用所学《财务管理》、《会计报表分析》、《管理会计》课程方面的知识,进行财务分析、融资决策、投资决策、财务预算(计划)编制等财务管理应用能力的模拟实验提供实验资料和平台。可满足学生完成财务分析报告,制定出融资决策、投资决策方案,编制出财务计划的需要,从而培养和训练学生中级会计人才应用能力——从事财务管理工作的能力。

在经济全球化的背景下,企业间的竞争日益加剧,企业面临着众多的机遇、挑战和风险。以内部控制为基础的公司治理需要不断加强,企业也会面临兼并重组事件发生。企业高级会计人员是企业公司治理和兼并重组的主要参与者和执行者。本项目以上述会计核算模拟实验资料和财务管理模拟实验资料为基础,补充部分实验素材,设计出企业公司治理环境、内部控制现状和面临的不同的经济竞争环境,满足学生利用"高级财务会计"、"公司治理与运营"课程知识,模拟实验企业公司治理、兼并重组等方面的方案设计、优选及执行,培养和训练学生高级会计应用能力——公司治理、兼并重组方面职业应用能力,这是公司财务总监(总会计师)应具备的涉及企业重大事项方面的资本运营能力。

现代审计是在风险评估导向下,以内部控制制度测试为前提的审计,其一般目的是对会计报表的真实性、合法性发表意见。本册教材以学生前期形成的会计核算实验资料为基础,设置部分错误和舞弊陷阱,要求学生模拟完成审计程序设计、审计方案编制、审计方法运用,对企业销售与收款循环、购货与付款循环、生产与存货循环、货币资金进行实质性测试。培养和训练学生审计查账应用能力——注册会计师评价、鉴定、审计方面职业应用能力。

本册教材是本系列教材的第三本,旨在模拟假定学生为泰山会计师事务所有限公司的注册会计师,接受优卡股份有限公司董事会委托,对优卡股份有限公司 2016 年 12 月 31 日的资产负债表及 2016 年度的利润表、现金流量表、所有者权益变动表及会计报表附注进行一般目的的年报审计。

第二节 模拟企业简介

一、优卡股份有限公司基本情况

优卡股份有限公司位于山东省中部泰安市，地处泰安国家级高新技术产业开发区内，公司北依五岳独尊的巍巍泰山，南邻圣人之乡——曲阜，地理位置得天独厚，山水之间人杰地灵。

优卡股份有限公司属专用设备制造行业，在创业板上市交易，股票交易代码3019888，法人代表：王大伟，公司联系电话0538－8922999，注册地：山东省泰安市高新区南天路50号，邮政编码271000；经山东省泰安市工商行政管理局核准设立，并于2010年1月1日取得泰安市工商行政管理局核发的37092228887799号的《企业法人营业执照》；公司被认定为增值税一般纳税人，产品增值税税率17％，企业所得税税率25％，税务登记证所列主营业务为：安全监测设备、灾害防治机电设备的生产和销售。主要产品：锚护机具和仪表。

优卡股份有限公司以人为本、海纳百川、追求卓越，至2016年12月，公司在册职工252人，其中：生产工人210人，管理人员30人，销售人员12人。职工队伍中，本科以上学历占70％以上，研究生以上学历占30％以上，公司高管、中层管理人员为来自五湖四海的各类专业高级技术人才、综合管理人才。以优卡股份有限公司核心专家团队为依托，现建有国家级、省部级等各级技术中心10多个，拥有22项国家专利，30项国家授权知识产权，80项产品安全标志认证，研发团队曾参与国家多项科研技术攻关项目，并获国家科技项目二等奖、煤炭部科技进步三等奖等多项奖励。

公司面向市场、以客户为导向，致力于推动中国矿山安全事业的发展，历经十几年不断发展，公司大力推进科研成果向生产力转变，已成为国内煤矿安全行业的龙头企业。优卡股份有限公司矢志不移地把"为矿山安全护航"作为企业宗旨，把"全力服务用户，真诚回报社会"作为企业核心价值观，发扬"敬业、求实、创新"精神，精密管理、精益研发、精细生产、精致服务，做广大客户矿井生产的强大后盾，为矿山工人的安全幸福贡献一份责任和力量。

二、优卡股份有限公司的机构设置

（一）公司股本结构

优卡股份有限公司严格按照《公司法》、《证券法》、《上市公司治理准则》、《深圳证券交易所创业板股票上市规则》、《深圳证券交易所创业板上市公司规范运作指引》等法律、法规和中国证监会、深交所相关文件的要求，不断完善公司的法人治理结构，建立健全公司内部管理和控制制度，持续深入开展公司治理活动，促进了公司规范运作，提高了公司治理水平。

公司董事会设董事10名，其中独立董事4名，董事会的人数及人员构成符合法律、法规和公司章程的要求。各位董事能够依据董事会议事规则等法规开展工作，出席董事会和股东大会，勤勉尽责地履行职责和义务。

公司监事会设监事3名，其中设置职工代表监事1名，人数和人员构成符合法律、法规和公司章程的规定与要求;监事会会议的召集、召开程序,完全按照监事会议事规则的要求履行,并按照拟定的会议议程进行。公司监事能够认真履行自己的职责。

公司已发行在外股份 44 000 000 股,每股面值 1 元,总股本 44 000 000 元。2016 年 12 月 31 日股本结构见表 1-1。

表 1-1

优卡股份有限公司股份构成情况表

2016 年 12 月 31 日

项 目	持股数量(股)	持股比例
有限售条件股份	28 600 000	65%
其中:科大山海公司法人股	13 200 000	30%
境内自然人持股	15 400 000	35%
无限售条件股份	15 400 000	35%
股份总数	44 000 000	100%

(二)公司管理人员及账户信息

公司董事长:王大伟。

公司总经理:黄化强。

主管会计工作负责人:万宇航。

会计机构负责人:黄华。

总账报表核算:刘莉。

财产物资核算:王华。

复核:前程。

出纳:田丽。

往来款项核算:马丽。

公司地址:泰安市高新区南天街 50 号。

开户行:中国农业银行高新区支行。

账号:955990077666888888。

三、优卡股份有限公司的年报资料

本模拟审计实验的审计对象为优卡股份有限公司 2016 年度的会计报表及相关资料,审计目的是对年报的合法性、公允性发表审计意见的一般目的审计。优卡股份有限公司 2016 年 12 月 31 日的资产负债表及 2016 年度的利润表见表 1-2、表 1-3。

表 1－2

资产负债表

会企 01 表

编制单位:优卡股份有限公司　　　　2016 年 12 月 31 日　　　　单位:元

资　　产	年末数	负债和所有者权益	年末数
流动资产:		流动负债:	
货币资金	29 195 461.30	短期借款	2 000 000
交易性金融资产	44 400	交易性金融负债	
应收票据	1 053 000	应付票据	137 580
应收账款	593 000	应付账款	1 484 700
预付账款	143 900	预收账款	200 000
应收利息	6 000	应付职工薪酬	1 796 410
其他应收款	431 348	应交税费	－21 165.82
存货	13 230 499.30	应付利息	
流动资产合计	44 697 608.60	应付股利	
非流动资产:		其他应付款	170 000
可供出售金融资产	44 000	一年内到期的非流动负债	
持有至到期投资	305 260	流动负债合计	5 767 524.18
长期应收款		非流动负债:	
长期股权投资	6 170 000	长期借款	5 900 000
投资性房地产		应付债券	1 043 740
固定资产	11 009 000	长期应付款	
在建工程		专项应付款	
工程物资		预计负债	
固定资产清理		递延所得税负债	
无形资产	595 000	其他非流动负债	
开发支出		非流动负债合计	6 943 740
商誉		负债合计	12 711 264.18
长期摊待摊费用		所有者权益:	
递延所得税资产		股本	44 000 000
其他非流动资产		资本公积	817 970
非流动资产合计	18 123 260	减:库存股	
		盈余公积	1 869 663.44
		未分配利润	3 421 970.98
		所有者权益合计	50 109 604.42
资产合计	62 820 868.60	负债及所有者权益合计	62 820 868.60

表 1-3

利润表

会企 02 表

编制单位:优卡股份有限公司 2016 年 12 月 单位:元

项 目	本月数	本年数
一、营业收入	7 780 000	80 580 000
减:营业成本	5 566 907.90	61 552 907.92
营业税金及附加	0	1 040 650
销售费用	237 850	1 694 350
管理费用	508 422.80	4 984 376.13
财务费用(收益以"一"号填列)	646 270.20	7 109 000.20
资产减值损失		
加:公允价值变动净收益(损失以"一"号表示)	−3 000	17 000
投资收益(亏损以"一"号填列)	−2 590	27 410
二、营业利润(亏损以"一"号填列)	814 959.10	4 243 125.75
加:营业外收入	73 000	303 000
减:营业外支出	83 113.20	950 613.20
三、利润总额(亏损总额以"一"号填列)	804 845.90	3 595 512.55
减:所得税费用	201 211.48	898 878.15
四、净利润(净亏损以"一"号填列)	603 634.42	2 696 634.40
(一)基本每股收益		
(二)稀释每股收益		

第三节 财务报表审计实训平台搭建

一、实验目的

　　财务报表审计实验平台的搭建旨在满足学生在学校仿真模拟实验室,模拟完成以会计师事务所注册会计师的身份对被审计单位年度会计报表开展一般目的审计的模拟审计实训,帮助学生巩固审计理论知识,培养学生审计职业判断能力和素养,锻炼学生熟练运用现代审计技术和方法开展财务报表审计的职业应用能力。

二、实验平台建设原则

　　(1)审计实训平台构建以本系列实训教材第一册"会计核算实训"完成的会计核算资料

为基础,补充必要的审计信息资料,开展的财务报表审计实训,是财会审一体化模拟实训的第三层次的内容。所以,开展本实训之前,应建立在已完成了第一部分实训——会计核算实训后进行。

(2) 本实训平台需要补充部分会计核算资料及审计实训资料。由于年报审计大多是建立在对被审计单位连续审计基础上,在连续审计下,许多审计工作底稿的编制需要以以前年度会计核算资料为基础或利用以前年度会计资料进行分析性复核,所以,仅以本系列教材第一部分——会计核算实训完成的资料(12 月份会计资料和 2016 年 12 月份的月报及 2016 年度年报资料),尚无法完成主要审计工作底稿的编制,所以,需要根据审计实训的需要,补充被模拟企业以前会计核算资料。另外,由于审计实质性测试除了获取书面证据外,还需要获取环境证据、实物证据等非会计信息为载体的证据,所以,为了进行相关重要审计测试程序的训练,需要补充审计资料,以满足审计实训的需要。

(3) 审计模拟实验平台围绕被审计单位业务循环对会计报表项目取证。本实训教材按照当前审计实务中主流的审计技术"将会计报表项目划分为不同业务循环"进行取证的方法,进行模拟审计实训,本教材将被审计单位业务循环划分为"销售与收款循环"、"购货与付款循环"、"生产循环"、"投资与筹资循环"和"货币资金循环"进行实质性测试,考虑到投资与筹资业务在模拟单位发生较少,故省略了投资与筹资循环的业务测试。

(4) 本审计模拟实训平台以各业务循环中主要报表项目为代表进行实质性测试。考虑到许多报表项目在性质和使用上的类似性,审计测试方法的相仿性,本实训平台采用举一反三的实训方式,对次要和类似项目不再进行实质性测试,既能培养锻炼学生知识和能力,又大大减少了重复实训工作量。

(5) 审计实训平台坚持能力导向,注重训练主要审计程序和方法的应用。对现代审计中主要的审计程序和方法,包括:检查、分析性复核、截止、计算、监盘、函证等重点和核心审计程序都设计了实训素材,贯穿了能力培养主线。

(6) 模拟实验资料设计紧扣审计实务,以完成各业务循环主要"审计工作底稿"的编制为目标,力求简单而具有代表性,全面而实用。

第四节　财务报表审计实训实验准备及组织

一、实验时间安排

本系列综合实训是立足企业财务会计综合应用能力培养而设计的,实验时间应安排在本科第 7 学期或专科第 5 学期进行。应在学生已全面完成了基础会计、中级财务会计、高级财务会计、成本会计、财务管理、管理会计、会计信息系统、审计学理论教学课程结束后开设,内容按照"会计核算实训→财务管理实训→财务报表审计实训"的实训顺序开展。模拟实验时间安排一般不能少于 6 周,其中:会计核算模块 3 周,财务管理模块 1.5 周,审计学1.5 周。

会计报表审计实训的实训计划建议作如下安排:第二章安排 1 天,第三章安排 2 天,第四章安排 2 天,第五章安排 1 天,第六章安排 1 天,第七章安排 1 天。

二、师资准备

为确保实训的顺利开展和实训效果,应配备具有较强专业能力的审计模拟实训专职或兼职指导教师,负责组织和指导实训全过程,引导学生按照审计流程完成审计模拟实训,启发学生发现问题、分析问题、解决问题的综合应用能力,解答学生在模拟实训中存在的问题和产生的疑惑。

三、实验准备

本实训教材除提供实训所需审计素材之外,还同时提供了中国注册会计师协会发布的审计工作底稿,要求每位同学配备教材 1 本,直接在教材上完成相关审计工作底稿的编制。

四、人物角色准备

为了增强财务报表审计的仿真性,应将实训学生划分成若干组进行,每个组模拟为 1 个项目部,建议每个组由 6 名同学组成,分别担任:部门经理、项目经理、销售与收款循环审计岗、购货与付款审计岗、存货与生产循环审计岗、货币资金审计岗,其中,项目经理兼任审计结果汇总和审计报告编制岗。需要说明的是,虽然成立审计项目部,并进行了模拟岗位划分,但要求每个学生都要完成全部审计工作底稿的编制,以期达到实训应有的效果。

五、实训资料提交及考核评价

学生完成审计模拟实训后,应将完成的审计工作底稿装订归档,并撰写总结及心得体会,提出改进审计模拟实验的建议,并以书面报告的形式提交。

教师对学生提交的审计工作底稿及实训总结报告进行评阅,并结合学生在实训中的表现,对每一位学生做出恰当的评价,给出实训成绩。

六、审计主体情况设定

优卡股份有限公司自上市以来,经董事会决议,一直聘请山东泰山联合会计师事务所进行年报审计,双方沟通顺畅,合作愉快,本年度继续聘用其进行年报审计。

(一)山东泰山联合会计师事务所简介

山东泰山联合会计师事务所是经中华人民共和国财政部批准成立的有限责任会计师事务所,注册资本 200 万元。公司根据发展战略,设立了山东泰山联合资产评估事务所、山东泰山联合税务师事务所有限公司和山东泰山联合建设项目咨询有限公司,建立起完善的服务网络,为客户提供多方面的专业服务。

山东泰山联合会计师事务所拥有一支年轻、敬业、充满朝气的员工队伍,现有从业人员60 余人,其中:注册会计师 22 人、注册造价工程师 12 人、注册资产评估师 16 人、注册税务师 12 人、注册土地估价师 4 人、注册管理咨询师 2 人。众多优秀专业人才组成的团队,确保能为客户提供高水准的服务。多年来,公司一直秉持"独立、客观、公正、诚信"的执业准则,坚持"以质量求信誉,以信誉求发展"的宗旨。已为不同行业众多客户提供多元化优质服务,积累了丰富的执业经验,有能力为客户提供更多增值服务,连年进入山东省注册会计师行业100强。

（二）山东泰山联合会计师事务所基本信息

单位类型:有限责任公司事务所。

行业代码:7431,注册类型:173,营业状况:1,隶属关系:90,机构类型:10。

法人代表(主任会计师):于文静(电话:0538 - 8336284/13553888687)。

董事会成员:于文静、刘海、江雨雯、初天、张华、邢心善。

会员类型:中国注册会计师协会普通会员单位。

主营项目:会计、审计、税务及管理咨询服务。

注册资金:200万元。

员工人数:60人。

注册地址:山东省泰安市文化路44号。

电话:0538 - 8336284/8266192。

七、审计模拟实训操作

如何模拟？对于初次接触本模拟资料者来说,或许是个难题。在这里,提供一种快速入门的思路,以供参考。

首先,要全面学习和掌握会计核算知识和能力,先期认真完成"会计核算实训"模拟实验。审计从一定角度而言,就是"审查会计",是对会计核算确认结果的再确认,没有熟练的会计核算知识和能力,完成审计工作是不可想象的,加之本财会审综合实训是建立在基础资料一体化上的,所以,做好本实训的前提是要全面学习和掌握会计核算知识和能力。

其次,认真学习和理解"审计学"课程知识。教学实践和实训是建立在理论学习基础上的,是在理论指导下进行的,所以,同学们要全面学习和理解"审计学"课程的知识、理论和方法。

第三,认真阅读本实训教材。建议本模拟实训的操作者,在开始实训前先阅读目录,掌握本书的结构,理解和掌握每章、每个实训的知识要求、实验素材、实训目的和实训要求。

最后,操作。按照审计流程,考虑各种设定的审计情形,编制审计工作底稿。

此外,本模拟实验以培养审计思维方式和审计实践能力为目标,为了达到理想的模拟实训效果,本教材对主要实训提供了参考答案,但参考答案仅提供给使用本书的指导教师。

第二章　审计计划

　　审计计划是审计人员为了完成各项审计业务,达到预期审计目标,在执行审计程序之前编制的工作计划。审计人员应当计划审计工作,使审计业务以有效的方式得到执行。合理的审计计划有助于审计人员关注重点审计领域、及时发现和解决潜在问题及恰当地组织和管理审计工作,以使审计工作更加有效。审计计划有助于审计人员视具体情况收集充分、适当的审计证据;确保审计工作的效率和质量;加强与被审计单位之间的沟通,避免误解。

　　对任何一家会计师事务所而言,任何一个审计项目,不论其业务繁简,也不论被审计单位规模大小,审计计划都是至关重要的,只不过审计计划在不同情况下的繁简、粗细程度有所不同罢了。在计划审计工作时,审计人员需要进行初步业务活动、制定总体审计策略和具体审计计划。

第一节　初步业务活动

一、开展初步业务活动的目的

审计人员在计划审计工作之前,需要开展初步业务活动,以实现以下目的。

（一）总体目的

控制和降低审计风险。

（二）具体目的

(1) 确保审计人员已具备执行业务所需要的独立性和能力;

(2) 确定不存在因管理层诚信问题而影响审计人员保持该项业务意愿的事项;

(3) 确保与被审计单位不存在对业务约定条款的误解。

二、初步业务活动的内容

审计人员应当在每次审计业务开始时开展下列初步业务活动。

（一）针对保持客户关系和具体审计业务实施相应的质量控制程序

1. 审计质量控制方面的考虑

无论是连续审计还是首次审计,项目负责人在确定客户关系和具体审计业务的接受与保持是否适当时,应当考虑下列主要事项:被审计单位的主要股东、关键管理人员和治理层是否诚信;项目组是否具有执行审计业务的专业胜任能力以及必要的时间和资源;会计师事务所和项目组能否遵守职业道德规范。

在决定是否接受原有客户的续聘时,项目负责人应当考虑本期或上期审计中发现的重大事项,及其对保持该客户关系的影响。

如果被审计单位变更了会计师事务所,按照职业道德规范和审计准则的规定,后任注册会计师应当与前任注册会计师进行必要沟通,并对沟通结果进行评价,以确定是否接受委托。后任注册会计师应当提请被审计单位以书面方式允许前任注册会计师对其询问做出充分答复。如果被审计单位不同意前任注册会计师做出答复,或限制答复的范围,后任注册会计师应当向被审计单位询问原因,并考虑是否接受委托。

2. 业务环境方面的考虑

审计业务环境通常包括以下内容:① 业务约定事项;② 审计对象特征;③ 使用的标准;④ 预期使用者的需求;⑤ 责任方及其环境的相关特征等。在了解了审计业务环境之后,审计人员只有在确定审计业务符合下列标准的情况下才能考虑接受客户的委托:审计对象适当;使用的标准适当且预期使用者能获取该项标准;能获取充分、适当的证据以支持其结论;审计业务具有合理的目的。

(二)评价遵守职业道德规范的情况

评价遵守职业道德规范,包括评价独立性的情况,是一项非常重要的初步业务活动。质量控制准则要求会计师事务所应当制定政策和程序,以及项目负责人实施相应程序,以合理保证会计师事务所及其人员(包括聘用的专家和其他需要满足独立性要求的人员)保持独立性。

(三)与被审单位签订条款的情况

与被审单位就业务约定条款沟通一致,及时签订(或修改)审计业务约定书。

三、审计业务约定书

(一)审计业务约定书的含义

审计业务约定书是指会计师事务所与被审计单位签订的,用以记录和确认审计业务的委托与受托关系、审计目标和范围、双方的责任以及报告的格式等事项的书面协议。注册会计师应当在审计业务开始前,与被审计单位就审计业务约定条款达成一致意见,并签订审计业务约定书,以避免双方对审计业务的理解产生分歧。

(二)审计业务约定书的内容

审计业务约定书的具体内容可能因被审计单位的不同而存在差异,但应当包括以下主要方面:

(1)财务报表审计的目标;

(2)管理层对财务报表的责任;

(3)管理层编制财务报表采用的会计准则和相关会计制度;

(4)审计范围;

(5)执行审计工作的安排,包括出具审计报告的时间要求;

(6)审计报告格式和对审计结果的其他沟通形式;

（7）由于测试的性质和审计的其他固有限制，以及内部控制的固有限制，不可避免地存在着重大错报的可能仍然未被发现的风险；

（8）管理层对为注册会计师提供必要的工作条件和协助；

（9）注册会计师不受限制地接触任何与审计有关的记录、文件和所需要的其他信息；

（10）管理层对其做出的与审计有关的声明予以书面确认；

（11）注册会计师对执业过程中获知的信息保密；

（12）审计收费；

（13）违约责任；

（14）解决争议的方法；

（15）签约双方法定代表人或其授权代表的签字盖章以及签约双方加盖的公章。

如果情况需要，注册会计师应当考虑在审计业务约定书中列明下列内容：

（1）详细说明审计工作的范围，包括提及适用的法律法规、审计准则，以及注册会计师协会发布的职业道德守则和其他公告；

（2）对审计业务结果的其他沟通形式；

（3）说明由于审计和内部控制的固有限制，即使审计工作按照审计准则的规定得到恰当的计划和执行，仍不可避免地存在某些重大错报未被发现的风险；

（4）计划和执行审计工作的安排，包括审计项目组的构成；

（5）管理层确认将提供书面证明；

（6）管理层同意向注册会计师及时提供财务报表草稿和其他所有附带信息，以使注册会计师能够按照预定的时间完成审计工作；

（7）管理层同意告知注册会计师在审计报告日至财务报表出具日之间注意到的可能影响财务报表的事实；

（8）收费的计算基础和收费安排；

（9）管理层确认收到审计业务约定书并同意其中的条款；

（10）在某些方面对利用其他注册会计师和专家工作的安排；

（11）对审计涉及的内部审计人员和被审单位其他员工工作的安排；

（12）在首次审计的情况下，与前任注册会计师（如存在）沟通的安排；

（13）说明对注册会计师责任可能存在的限制；

（14）注册会计师与被审单位之间需要达成进一步协议的事项；

（15）向其他机构或人员提供审计工作底稿的任务。

四、签订审计业务约定书实训

【实训目的】　通过本实训，掌握在开展了审计工作的初步业务活动基础上，泰山联合会计师事务所拟接受优卡股份有限公司董事会委托，与其就有关委托事项进行协商，签订业务约定书的过程，学习和掌握审计业务约定书的编制方法。

【实训内容】　根据提供的山东泰山联合会计师事务所和优卡股份有限公司的基础信息，以及双方协商达成的有关合同条款，编制完成审计业务约定书工作底稿。

【补充资料】

（一）注册会计师的委派

山东泰山联合会计师事务所根据被审计单位情况和初步审计业务活动了解的结果，决定接受优卡股份有限公司董事会委托，为其提供审计服务。并派出以注册会计师刘海为项目经理，注册会计师张华、注册会计师刘晶、助理人员王同春、李本利为成员，组成的项目部进行审计。

（二）双方约定内容

2016年12月15日优卡股份有限公司（甲方）与泰山联合会计师事务所（乙方）经过认真协商，就本年度年报审计工作达成下列一致：

（1）审计范围及审计目标：优卡股份有限公司2016年度的财务报表进行一般目的的审计。

（2）双方时间约定：注册会计师进驻被审计单位开展外勤工作时间为2017年2月1日至2017年2月10日，乙方应于2017年2月15日提供审计报告一式3份。

（3）审计收费：经乙方项目组测算，并于甲方协商一致，本次审计收费为22万元，双方约定，签订业务约定书后3日内支付审计服务费的90%，余款在提交审计报告后3日内结清。

（4）纠纷或争议：双方在履行业务约定书中发生任何纠纷或争议，均可向泰安市泰山区人民法院提起诉讼。

【实训要求】 根据第一章所列优卡股份有限公司及泰山联合会计师事务所的基本信息，以及上述双方约定的内容，编制完成"审计业务约定书"工作底稿（见表2-1）。

表2-1

引号：

审计业务约定书

甲方：＿＿＿＿＿＿＿＿＿＿＿＿＿＿＿＿＿＿＿

乙方：＿＿＿＿＿＿＿＿＿＿＿＿＿＿＿＿＿＿＿

兹由甲方委托乙方对2016年度财务报表进行审计，经双方协商，达成以下约定：

一、业务范围与审计目标

1. 乙方接受甲方委托，对甲方按照企业会计准则编制的＿＿＿进行审计。

2. 乙方通过执行审计工作，对财务报表的下列方面发表审计意见：＿＿＿。

二、甲方的责任与义务

（一）甲方的责任

1. 根据《中华人民共和国会计法》及《企业财务会计报告条例》，甲方及甲方负责人有责任保证会计资料的真实性和完整性。因此，甲方管理层有责任妥善保存和提供会计记录（包括但不限于会计凭证、会计账簿及其他会计资料），这些记录必须真实、完整地反映甲方的财务状况、经营成果和现金流量。

2. 按照企业会计准则的规定编制财务报表是甲方管理层的责任，这种责任包括：① 设计、实施和维护与财务报表编制相关的内部控制,以使财务报表不存在由于舞弊或错误而导致的重大错报;② 选择和运用恰当的会计政策;③ 做出合理的会计估计。

（二）甲方的义务

1. 及时为乙方的审计工作提供其所要求的全部会计资料和其他有关资料(在 2017 年 2 月 1 日之前提供审计所需的全部资料),并保证所提供资料的真实性和完整性。

2. 确保乙方不受限制地接触任何与审计有关的记录、文件和所需的其他信息。

3. 甲方管理层对其做出的与审计有关的声明予以书面确认。

4. 为乙方派出的有关工作人员提供必要的工作条件和协助,主要事项将由乙方于外勤工作开始前提供清单。

5. 按本约定书的约定及时足额支付审计费用以及乙方人员在审计期间的交通、食宿和其他相关费用。

三、乙方的责任和义务

（一）乙方的责任

1. 乙方的责任是_____
_____
_____。

2. 审计工作涉及实施审计程序,以获取有关财务报表金额和披露的审计证据。选择的审计程序取决于乙方的判断,包括对由于舞弊或错误导致的财务报表重大错报风险的评估。在进行风险评估时,乙方考虑与财务报表编制相关的内部控制,以设计恰当的审计程序,但目的并非对内部控制的有效性发表意见。审计工作还包括评价管理层选用会计政策的恰当性和做出会计估计的合理性,以及评价财务报表的总体列报。

3. 乙方需要合理计划和实施审计工作,以使乙方能够获取充分、适当的审计证据,为甲方财务报表是否不存在重大错报获取合理保证。

4. 乙方有责任在审计报告中指明所发现的甲方在某重大方面没有遵循企业会计准则编制财务报表且未按乙方的建议进行调整的事项。

5. 由于测试的性质和审计的其他固有限制,以及内部控制的固有局限性,不可避免地存在着某些重大错报在审计后可能仍然未被乙方发现的风险。

6. 在审计过程中,乙方若发现甲方内部控制存在乙方认为的重要缺陷,应向甲方提交管理建议书。但乙方在管理建议书中提出的各种事项,并不代表已全面说明所有可能存在的缺陷或已提出所有可行的改善建议。甲方在实施乙方提出的改善建议前应全面评估其影响。未经乙方书面许可,甲方不得向任何第三方提供乙方出具的管理建议书。

7. 乙方的审计不能减轻甲方及甲方管理层的责任。

（二）乙方的义务

1. 按照约定时间完成审计工作,出具审计报告。乙方应于_____前出具审计报告。

2. 除下列情况外,乙方应当对执行业务过程中知悉的甲方信息予以保密:① 取得甲方的授权;② 根据法律法规的规定,为法律诉讼准备文件或提供证据,以及向监管机构报告发现的违反法规行为;③ 接受行业协会和监管机构依法进行的质量检查;④ 监管机构对乙方进行行政处罚(包括监管机构处罚前的调查、听证)以及乙方对此提起行政复议。

四、审计收费

1. 本次审计服务的收费是以乙方各级别工作人员在本次工作中所耗费的时间为基础计算的。乙方预计本次审计服务的费用总额为人民币_____万元。

2. 甲方应于本约定书签署之日起_____日内支付×％的审计费用,其余款项于(审计报告草稿完成日)结清。

3. 如果由于无法预见的原因,致使乙方从事本约定书所涉及的审计服务实际时间较本约定书签订时预计的时间有明显的增加或减少时,甲乙双方应通过协商,相应调整本约定书第四条第1项下所述的审计费用。

4. 如果由于无法预见的原因,致使乙方人员抵达甲方的工作现场后,本约定书所涉及的审计服务不再进行,甲方不得要求退还预付的审计费用;如上述情况发生于乙方人员完成现场审计工作,并离开甲方的工作现场之后,甲方应另行向乙方支付人民币××元的补偿费,该补偿费应于甲方收到乙方的收款通知之日起××日内支付。

5. 与本次审计有关的其他费用(包括交通费、食宿费等)由甲方承担。

五、审计报告和审计报告的使用

1. 乙方按照《中国注册会计师审计准则第 1501 号——审计报告》和《中国注册会计师审计准则第 1502 号——非标准审计报告》规定的格式和类型出具审计报告。

2. 乙方向甲方致送审计报告一式_____份。

3. 甲方在提交或对外公布审计报告时,不得修改乙方出具的审计报告及其后附的已审计财务报表。当甲方认为有必要修改会计数据、报表附注和所做的说明时,应当事先通知乙方,乙方将考虑有关的修改对审计报告的影响,必要时,将重新出具审计报告。

六、本约定书的有效期间

本约定书自签署之日起生效,并在双方履行完毕本约定书约定的所有义务后终止。但其中第三(二)2、四、五、八、九、十项并不因本约定书终止而失效。

七、约定事项的变更

如果出现不可预见的情况,影响审计工作如期完成,或需要提前出具审计报告,甲、乙双方均可要求变更约定事项,但应及时通知对方,并由双方协商解决。

八、终止条款

1. 如果根据乙方的职业道德及其他有关专业职责、适用的法律法规或其他任何法定的要求,乙方认为已不适宜继续为甲方提供本约定书约定的审计服务时,乙方可以采取向甲方提出合理通知的方式终止履行本约定书。

2. 在终止业务约定的情况下,乙方有权就其于本约定书终止之日前对约定的审计服务项目所做的工作收取合理的审计费用。

九、违约责任

甲、乙双方按照《中华人民共和国合同法》的规定承担违约责任。

十、适用法律和争议解决

本约定书的所有方面均应适用中华人民共和国法律进行解释并受其约束。本约定书履行地为乙方出具审计报告所在地,因本约定书所引起的或与本约定书有关的任何纠纷或争议(包括关于本约定书条款的存在、效力或终止,或无效之后果),双方选择以下第_____种解决方式:

1. 向有管辖权的人民法院提起诉讼;

2. 提交×仲裁委员会仲裁。

十一、双方对其他有关事项的约定

本约定书一式两份,甲、乙方各执一份,具有同等法律效力。

甲　　　方:_____公司(盖章)　　　　乙　　　方:_____(盖章)

授权代表:_____(签名并盖章)　　　　授权代表:_____(签名并盖章)

　　　　　年　　月　　日　　　　　　　　　　　年　　月　　日

第二节 计划审计工作

一、了解被审计单位及其环境识别和评估重大错报风险

注册会计师应当了解被审计单位及其环境,以充分识别和评估财务报表重大错报风险,设计和实施进一步审计程序。

(一)了解被审计单位及其环境

了解被审计单位及其环境是必要程序,特别是为注册会计师在下列关键环节做出职业判断提供重要基础:① 确定重要性水平,并随着审计工作的进程评估对重要性水平的判断是否仍然适当;② 考虑会计政策的选择和运用是否恰当,以及财务报表的列报是否适当;③ 识别需要特别考虑的领域,包括关联方交易、管理层运用持续经营假设的合理性,或交易是否具有合理的商业目的等;④ 确定在实施分析程序时所使用的预期值;⑤ 设计和实施进一步审计程序,以将审计风险降至可接受的低水平;⑥ 评价所获取审计证据的充分性和适当性。

了解被审计单位及其环境是一个连续和动态的收集、更新与分析信息的过程,贯穿于整个审计过程的始终。注册会计师应当运用职业判断确定需要了解的被审计单位及其环境的程度,并从下列方面了解被审计单位及其环境。

1. 行业状况、法律环境与监管环境以及其他外部因素

(1)行业状况。了解行业状况有助于注册会计师识别与被审计单位所处行业有关的重大错报风险。注册会计师应当了解被审计单位的行业状况,主要包括:所在行业的市场供求与竞争;生产经营的季节性和周期性;产品生产技术的变化;能源供应与成本;行业的关键指标和统计数据。

(2)法律环境与监管环境。注册会计师应当了解被审计单位所处的法律环境及监管环境,主要包括:适用的会计准则、会计制度和行业特定惯例;对经营活动产生重大影响的法律法规及监管活动;对开展业务产生重大影响的政府政策,包括货币、财政、税收和贸易等政策;与被审计单位所处行业和所从事经营活动相关的环保要求。

(3)其他外部因素。注册会计师应当了解影响被审计单位经营的其他外部因素,主要包括:宏观经济的景气度;利率和资金供求状况;通货膨胀水平及币值变动;国际经济环境和汇率变动。

2. 被审计单位的性质

(1)所有权结构。注册会计师应当了解所有权结构以及所有者与其他人员或单位之间的关系,考虑关联方关系是否已经得到识别,以及关联方交易是否得到恰当核算。同时,注册会计师可能需要对其控股母公司(股东)的情况做进一步的了解。

(2)治理结构。注册会计师应当了解被审计单位的治理结构,考虑治理层是否能够在独立于管理层的情况下对被审计单位事务(包括财务报告)做出客观判断。

（3）组织结构。注册会计师应当了解被审计单位的组织结构，考虑复杂组织结构可能导致的重大错报风险，包括财务报表合并、商誉摊销和减值、长期股权投资核算以及特殊目的实体核算等问题。

（4）经营活动。注册会计师应当了解被审计单位的经营活动，主要包括：主营业务的性质；与生产产品或提供劳务相关的市场信息；业务的开展情况；联盟、合营与外包情况；从事电子商务的情况；地区与行业分布；生产设施、仓库的地理位置及办公地点；关键客户；重要供应商；劳动用工情况；研究与开发活动及其支出；关联方交易。

（5）投资活动。注册会计师应当了解被审计单位的投资活动，主要包括：近期拟实施或已实施的并购活动与资产处置情况；证券投资、委托贷款的发生与处置；资本性投资活动，包括固定资产和无形资产投资，以及近期或计划发生的变动；不纳入合并范围的投资。

（6）筹资活动。注册会计师应当了解被审计单位的筹资活动，主要包括：债务结构和相关条款，包括担保情况及表外融资；固定资产的租赁；关联方融资；实际受益股东；衍生金融工具的运用。

3. 被审计单位对会计政策的选择和运用

注册会计师应当了解被审计单位对会计政策的选择和运用，是否符合适用的会计准则和相关会计制度，是否符合被审计单位的具体情况。在了解被审计单位对会计政策的选择和运用是否适当时，注册会计师应当关注下列重要事项：重要项目的会计政策和行业惯例；重大和异常交易的会计处理方法；在新领域和缺乏权威性标准或共识的领域，采用重要会计政策产生的影响；会计政策的变更；被审计单位何时采用以及如何采用新颁布的会计准则和相关会计制度。

如果被审计单位变更了重要的会计政策，注册会计师应当考虑变更的原因及其适当性，并考虑是否符合适用的会计准则和相关会计制度的规定。注册会计师应当考虑，被审计单位是否按照适用的会计准则和相关会计制度的规定恰当地进行了列报，并披露了重要事项。

4. 被审计单位的目标、战略以及相关经营风险

（1）目标、战略与经营风险。目标是企业经营活动的指针。战略是企业管理层为实现经营目标采用的总体层面的策略和方针。经营风险源于对被审计单位实现目标和战略产生不利影响的重大情况、事项、环境和行动，或源于不恰当的目标和战略。不同的企业可能面临不同的经营风险，这取决于企业的性质、所处行业、外部监管环境、企业的规模和复杂程度。

（2）经营风险对重大错报风险的影响。多数经营风险最终都会产生财务后果，从而影响财务报表。但并非所有经营风险都会导致重大错报风险。经营风险可能对各类交易、账户余额以及列报认定层次或财务报表层次产生直接影响。注册会计师应当根据被审计单位的具体情况考虑经营风险是否可能导致财务报表发生重大错报。

5. 被审计单位财务业绩的衡量和评价

（1）需要了解的主要方面。在了解被审计单位财务业绩衡量和评价情况时，注册会计师应当关注下列信息：① 关键业绩指标；② 业绩趋势；③ 预测、预算和差异分析；④ 管理层和员工业绩考核与激励性报酬政策；⑤ 分部信息与不同层次部门的业绩报告；⑥ 与竞争对

手的业绩比较;⑦ 外部机构提出的报告等。

（2）关注内部财务业绩衡量的结果。内部财务业绩衡量可能显示未预期到的结果或趋势,在这种情况下,管理层通常会进行调查并采取纠正措施。与内部财务业绩衡量相关的信息可能显示财务报表存在错报风险,因此,注册会计师应当关注被审计单位内部财务业绩衡量所显示的未预期到的结果或趋势、管理层的调查结果和纠正措施,以及相关信息是否显示财务报表可能存在重大错报。

（3）考虑财务业绩衡量指标的可靠性。如果拟利用被审计单位内部信息系统生成的财务业绩衡量指标,注册会计师应当考虑相关信息是否可靠,利用这些信息是否足以实现审计目标,以及在实施审计程序时利用这些信息是否足以发现重大错报。

6. 了解被审计单位的内部控制

对内部控制的了解涉及与审计相关的内部控制、内部控制了解的深度、内部控制的人工和自动化成分、内部控制的局限性、控制环境等多项内容。注册会计师应当重点考虑与财务报表审计相关的内部控制,判断其是否能够以及如何防止和发现并纠正各类交易、账户余额、列报存在的重大错报。

（二）实施风险评估程序

注册会计师了解被审计单位及其环境,识别和评估财务报表重大错报风险。注册会计师应当实施下列风险评估程序以了解被审计单位及其环境。

1. 询问被审计单位管理层和内部其他相关人员

询问被审计单位管理层和内部其他相关人员是注册会计师了解被审计单位及其环境的一个重要信息来源。注册会计师可以考虑向管理层和财务负责人询问下列事项:管理层所关注的主要问题;被审计单位最近的财务状况、经营成果和现金流量;可能影响财务报告的交易和事项,或目前发生的重大会计处理问题,如重大的购并事宜等;被审计单位发生的其他重要变化,如所有权结构、组织结构的变化,以及内部控制的变化等。

注册会计师除了询问管理层和对财务报告负有责任的人员外,还应当考虑询问内部注册会计师、采购人员、生产人员、销售人员等其他人员,并考虑询问不同级别的员工,以获取对识别重大错报风险有用的信息。

2. 实施分析程序

分析程序是指注册会计师通过研究不同财务数据之间以及财务数据与非财务数据之间的内在关系,对财务信息做出评价。分析程序还包括调查识别出的、与其他相关信息不一致或与预期数据严重偏离的波动和关系。

分析程序既可用于风险评估程序和实质性程序,也可用于对财务报表进行总体复核。在实施分析程序时,注册会计师应当预期可能存在的合理关系,并与被审计单位记录的金额、依据记录金额计算的比率或趋势相比较;如果发现异常或未预期到的关系,注册会计师应当在识别重大错报风险时考虑这些比较结果。如果使用了高度汇总的数据,实施分析程序的结果仅可能初步显示财务报表存在重大错报风险,注册会计师应当将分析结果连同识别重大错报风险时获取的其他信息一并考虑。

3. 观察和检查

观察和检查程序可以印证对管理层和其他相关人员的询问结果,并可提供有关被审计单位及其环境的信息,注册会计师应当实施下列观察和检查程序:

(1) 观察被审计单位的生产经营活动;

(2) 检查文件、记录和内部控制手册;

(3) 阅读由管理层和治理层编制的报告;

(4) 实地察看被审计单位的生产经营场所和设备;

(5) 追踪交易在财务报告信息系统中的处理过程(穿行测试)。

(三) 其他审计程序和信息来源

(1) 获取外部信息。阅读外部信息也可能有助于注册会计师了解被审计单位及其环境。外部信息包括证券分析师、银行、评级机构出具的有关被审计单位及其所处行业的经济或市场环境等状况的报告,贸易与经济方面的报纸期刊,法规或金融出版物,以及政府部门或民间组织发布的行业报告和统计数据等。

(2) 考虑在客户接受或保持过程中或提供其他服务时获取的信息是否与识别重大错报风险相关。

(3) 对连续审计业务,也应在每年的续约过程中对上年审计做总体评价,并更新对被审计单位的了解和风险评估结果。

(四) 项目组内的讨论

项目组内部的讨论在所有业务阶段都非常必要,注册会计师应当组织项目组成员对财务报表存在重大错报的可能性进行讨论。

1. 讨论的目标

项目组内部的讨论为项目组成员提供了交流信息和分享见解的机会。项目组通过讨论可以使成员更好地了解在各自负责的领域中,由于舞弊或错误导致财务报表重大错报的可能性,并了解各自实施审计程序的结果如何影响审计的其他方面,包括对确定进一步审计程序的性质、时间和范围的影响。

2. 讨论的内容

项目组应当讨论被审计单位面临的经营风险、财务报表容易发生错报的领域以及发生错报的方式,特别是由于舞弊导致重大错报的可能性。讨论的内容和范围受项目组成员的职位、经验和所需要信息的影响。

3. 参与讨论的人员

注册会计师应当运用职业判断确定项目组内部参与讨论的人员。审计准则要求项目组的关键成员应当参与讨论。如果项目组需要拥有信息技术或其他特殊技能的专家,这些专家也应参与讨论。参与讨论人员的范围受项目组成员的职责经验和所需信息的影响。

4. 讨论的时间和方式

项目组应当根据审计的具体情况,在整个审计过程中持续交换有关财务报表发生重大错报可能性的信息。

项目组在讨论时应当强调在整个审计过程中保持职业怀疑态度,警惕可能发生重大错报的迹象,并对这些迹象进行严格追踪。通过讨论,项目组成员可以交流和分享在整个审计过程中获得的信息,包括可能对重大错报风险评估产生影响的信息或针对这些风险实施审计程序的信息。

二、重要性与审计风险评估

(一) 重要性的含义

重要性(materiality)取决于在具体环境下对错报金额和性质的判断。如果一项错报单独或连同其他错报可能影响财务报表使用者依据财务报表做出的经济决策,则该项错报是重大的。

(二) 重要性的确定

1. 重要性的判断离不开具体的环境

不同企业面临不同的环境,因而判断重要性的标准也不相同。例如,某一金额对某个企业的财务报表来说是重要的,对另一企业的财务报表而言则可能并不重要。而对某一特定企业而言,重要性也会随着时间的不同而改变。

2. 重要性概念中的错报包含漏报

财务报表错报包括财务报表金额的错报和财务报表披露的错报。

3. 重要性包括对数量和性质两个方面的考虑

一般而言,金额大的错报比金额小的错报更重要;某些情况下,错报的金额在数量上并不重要,但在性质上可能是重要的。

4. 重要性概念是针对财务报表使用者的信息需求而言的

判断一项业务重要与否,应视其在财务报表中的错报对财务报表使用者所做决策的影响程度而定。若一项业务在报表中的错报足以改变或影响报表使用者的判断,则该项业务就是重要的,否则就是不重要的。财务报表是为了满足财务报表使用者的信息需求而编制的,财务报表的使用者包括企业的投资者、债权人、政府、社会公众等。他们需要利用财务报表提供的信息做出各种经济决策。这里,财务报表使用者是指具有一定理解能力并能够理性地做出判断和决策的使用者。

5. 对重要性的评估需要运用职业判断

影响重要性的因素很多,审计人员应当根据被审计单位面临的环境,并综合考虑其他因素,合理确定重要性水平。不同审计人员在确定同一被审计单位财务报表层次和认定层次的重要性水平时,得出的结果可能不同,主要是因为对影响重要性的各因素的判断存在差异。

需要注意的是,仅从数量角度考虑,重要性水平只提供了一个门槛或临界点,在该门槛或临界点之上的错报就是重要的,反之,该错报则不重要。

(三) 审计风险

1. 审计风险的概念

审计风险,是指财务报表存在重大错报时审计人员发表不恰当审计意见的可能性。由于审计工作中的不确定因素,审计风险在某种程度上说是不可避免的。虽然审计人员不能完全消除审计风险,但是通过自身努力,寻找重点风险领域,改变风险存在和发生的条件,降低风险发生的频率,将审计风险降到最低却是可能的。

重大错报风险,是指财务报表在审计前存在重大错报的可能性。

检查风险,是指某一认定存在错报,该错报单独或连同其他错报是重大的,但审计人员未能发现这种错报的可能性。

2. 审计风险模型

$$审计风险(AR) = 重大错报风险(MMR) \times 检查风险(DR)$$

3. 重要性和审计风险的关系

重要性和审计风险相关,注册会计师应合理确定重要性水平。重要性和审计风险之间存在反向关系。重要性水平越高,审计风险越低;重要性水平越低,审计风险越高。

三、总体审计策略

总体审计策略(the overall audit strategy)是对审计的预期范围和实施方式所做的规划,用以确定审计的范围、时间和方向,并指导具体审计计划的制订。在制订总体审计策略时,应当考虑以下主要事项。

(一) 审计范围

审计人员应考虑被审计业务的特征,包括采用的会计准则和相关会计制度、特定行业的报告要求以及被审计单位组成部分的分布等,以界定审计范围。这其中主要是被审计单位的业务性质、经营背景、组织结构、主要管理人员简介及经营政策、人事和会计、财务管理等情况。

(二) 报告目标、时间安排及所需沟通的性质

明确审计业务的报告目标,以计划审计的时间安排和所需沟通的性质,包括提交审计报告的时间要求,预期与管理层和治理层沟通的时间安排和范围,项目组成员之间沟通的预期性质和时间安排等。

(三) 审计方向

总体审计策略的制订应当包括考虑影响审计业务的重要因素,以确定项目组工作方向。包括确定适当的重要性水平,初步识别可能存在较高的重大错报风险的领域,初步识别重要的组成部分和账户余额,评价是否需要针对内部控制的有效性获取审计证据,识别被审计单位、所处行业、财务报告要求及其他相关方面最近发生的重大变化等。

(四) 审计资源

审计准则要求,注册会计师应当在总体审计策略中清楚地说明下列内容:① 向具体审计领域调配的资源,包括向高风险领域分派有适当经验的项目组成员,就复杂的问题利用专

家工作等;②　向具体审计领域分配资源的数量,包括安排到重要存货存放地观察存货盘点的项目组成员的数量,对其他注册会计师工作的复核范围,对高风险领域安排的审计时间预算等;③　何时调配这些资源,包括是在期中审计阶段还是在关键的截止日期调配资源等;④　如何管理、指导、监督这些资源的利用,包括预期何时召开项目组预备会和总结会,预期项目负责人和经理如何进行复核,是否需要实施项目质量控制复核等。

四、具体审计计划

具体审计计划(Detailed Audit Plan)是依据总体审计策略制订的,是对实施总体审计策略所需要的审计程序的性质、时间和范围所做的详细规划与说明。

具体审计计划应当包括各具体项目的以下内容:①　审计目标;②　审计步骤;③　执行人及执行时间;④　审计工作底稿的索引号;⑤　其他有关内容。

此外,中国注册会计师审计准则规定,具体审计计划应当包括以下内容。

（一）风险评估程序

按照《中国注册会计师审计准则第 1211 号——通过了解被审计单位及其环境识别和评估重大错报风险》的规定,为了充分识别和评估财务报表重大错报风险,注册会计师计划实施的风险评估程序的性质、时间和范围。

（二）进一步审计程序

按照《中国注册会计师审计准则第 1231 号——针对评估的重大错报风险采取的应对措施》的规定,针对评估的认定层次的重大错报风险,注册会计师计划实施的进一步审计程序的性质、时间和范围。进一步审计程序包括控制测试和实质性程序。

（三）计划其他审计程序

注册会计师针对审计业务需要实施的其他审计程序。计划的其他审计程序可以包括上述进一步审计程序的计划中没有涵盖的、根据其他审计准则的要求注册会计师应当执行的既定程序。

与三类审计程序(风险评估程序、进一步审计程序、其他审计程序)相关的具体审计计划需要在不同的时段制订,通常情况下,注册会计师首先制订风险评估程序的具体审计计划,然后再根据实施风险评估程序的结果制订进一步审计程序和其他审计程序的具体审计计划。

五、总体审计策略制订实训

【实训目的】　通过本实训,熟悉审计风险识别、评估的内容和原则,理解和掌握风险评估方法;掌握重要性水平确定的理论和原则,训练会计报表层的重要性水平确定的方法,实训制订总体审计策略。

【实训内容】　熟悉总体审计策略制订的程序、内容和要求,理解"了解被审计单位及其环境相关底稿"编制要求;理解"审计单位整体层面了解内部控制相关底稿"、"被审计单位业务流程层面了解和评价内部控制相关底稿"编制要求和方法;理解"项目组讨论纪要——风险评估"、"风险评估结果汇总表"的编制方法和要求;根据提供的有关资料,完成"总体审计策略及重要性水平底稿计划审计工作"的编制。

【补充资料】

（一）重大错报风险评估

在风险导向审计下，注册会计师应首先在对被审计单位进行初步了解的基础上，对被审计单位的重大错报风险进行评估，注册会计师通常需要填制和完成表2－2中的审计工作底稿。

表2－2

风险评估需要完成的审计工作底稿

（一）了解被审计单位及其环境(不包括内部控制)——略
（二）了解被审计单位内部控制——已完成,见表2－3
1. 在被审计单位整体层面了解和评价内部控制
2. 在被审计单位业务流程层面了解和评价内部控制
（1）采购与付款循环
（2）工薪与人事循环
（3）生产与仓储循环
（4）销售与收款循环
（5）筹资与投资循环
（6）固定资产循环
（三）项目组讨论纪要——风险评估
（四）风险评估结果汇总表
（五）总体审计策略

现代审计已进入风险导向审计阶段，风险导向审计是指以被审计单位的风险评估为基础，综合分析、评审影响被审计单位经济活动的各因素，并根据量化风险水平确定实施审计的范围和重点，进而进行实质性审查的一种审计方法。在风险评估阶段，必须对被审计单位内部控制制度进行评估，对被审计单位内部控制的审计不是削弱了，而是更加重视和加强了，代表了现代审计方法发展的最新趋势。在了解被审计单位的内部控制制度及其执行情况基础上，泰山联合会计师事务所选派的注册会计师对优卡股份有限公司2016年度的内部控制进行了评估。内部控制制度评估报告见表2－3。

表2－3

优卡股份有限公司2016年度内部控制评价报告

优卡股份有限公司全体股东：

　　根据《企业内部控制基本规范》及其配套指引的规定和其他内部控制监管要求（以下简称企业内部控制规范体系），结合贵公司（以下简称公司）内部控制制度和评价办法，我们对贵公司2016年12月31日（内部控制评价报告基准日）的内部控制有效性进行了评价。

一、重要声明

按照企业内部控制规范体系的规定,建立健全和有效实施内部控制,评价其有效性,并如实披露内部控制评价报告是贵公司董事会的责任。贵公司监事会对董事会建立和实施内部控制进行监督。经理层负责组织领导企业内部控制的日常运行。

贵公司内部控制的目标是合理保证经营管理合法合规、资产安全、财务报告及相关信息真实完整,提高经营效率和效果,促进上述目标提供合理保证。由于内部控制存在的固有局限性,故仅能为实现上述目标提供合理保证。此外,由于情况的变化可能导致内部控制变得不恰当,或对控制政策和程序遵循的程度降低,根据内部控制评价结果推测未来内部控制的有效性具有一定的风险。

二、内部控制评价结论

我们根据财务报告内部控制重大缺陷的认定标准,对贵公司进行了内部控制设计、执行及有效性进行了测试,于内部控制评价报告基准日,未发现贵公司在财务报告内部控制重大缺陷,我们认为,公司已按照企业内部控制规范体系和相关规定的要求在所有重大方面保持了有效的财务报告内部控制。

同时,根据公司非财务报告内部控制重大缺陷认定情况,于内部控制评价报告基准日,未发现非财务报告内部控制重大缺陷。

自内部控制评价报告基准日至内部控制评价报告发出日之间未发生影响内部控制有效性评价结论的因素。

三、内部控制评价工作情况

(一)内部控制评价范围

我们按照风险导向原则确定纳入评价范围的主要业务和事项以及高风险领域。

1. 纳入评价范围的单位为优卡股份有限公司。纳入评价范围单位资产总额占公司财务报表资产总额的100%,营业收入占公司财务报表营业收入总额的100%。

2. 纳入评价范围的主要业务和事项:

包括:针对纳入评价范围的单位内部环境、风险评估、控制活动、信息与沟通、内部监督等现状,对其经营战略,管理理念与经营风格、治理结构、组织机构、人力资源政策、企业文化、资金管理、采购与付款、销售与收款、固定资产管理、投资管理、关联交易、担保与融资、成本与费用、会计系统控制制度、财务报告的编制、信息披露管理等业务进行全方位、全过程的审核评价。

重点关注的高风险领域主要包括:货币资金管理、销售与收款管理、采购与付款管理、存货与生产管理以及建设项目管理。

上述纳入评价范围的业务和事项以及高风险领域涵盖了公司经营管理的主要方面,不存在重大遗漏。

(二)内部控制评价组织、依据、原则及实施

1. 本次评价依据

(1)企业内部控制规范体系(含《企业内部控制基本规范》、《企业内部控制配套指引》、《上市公司内部控制指引》);

(2)《公司法》、《证券法》等相关法律法规;

(3)公司章程、内部控制制度等公司内部相关制度规定;

(4)其他方面规定。

2. 本次评价原则

(1)合法性原则:内部控制应当符合国家有关法律、法规的规定和政府监督部门的监管要求。

(2)全面性原则:内部控制应当贯穿决策、执行和监督全过程,覆盖公司及子公司的各种业务、事项和所有人员,任何人都无超越内控度的权力。

(3)重要性原则:内部控制应当在全面控制的基础上,关注重要业务事项和高风险领域。

(4)制衡性原则:内部控制应当在治理结构、机构设置及权责分配、业务流程等方面形成相互制约、相互监督,同时兼顾运营效率。

（5）适应性原则：内部控制应当与企业经营规模、业务范围、竞争状况和风险水平等相适应，并随着情况的变化及时加以调整。

（6）成本效益原则：内部控制应当权衡实施成本与预期效益，以适当的成本实现有效控制。

3. 评价方法

（1）制定评价工作方案、实施现场测试、认定控制缺陷、汇总评价结果、编制评价报告。

（2）综合运用现场访谈、调查问卷、抽样比较及会议讨论等形式进行评价。

四、至报告期末，公司内部控制具体情况

（一）内部环境

1. 公司治理

公司按照《公司法》、《证券法》等法律法规以及中国证监会、深圳证券交易所等部门规章的要求，建立了规范的公司治理结构，形成了科学有效的职责分工和制衡机制。公司建立了完善的"三会"制度，股东大会、董事会、监事会分别按照其职责行使决策权、执行权和监督权。股东大会依法行使对企业经营方针、筹资、投资、利润分配等重大事项的决策权。董事会对股东大会负责，依法行使企业的经营决策权。董事会建立了战略、审计、提名、薪酬与考核四个专业委员会，按照工作职责开展工作。公司根据国家的法律法规和公司章程，建立了"三会"议事规则和总经理工作细则以及独立董事工作制度，设置了董事会办公室，聘任了董事会秘书，制定了董事会秘书工作细则，明确了决策、执行、监督信息披露等方面的职责权限，建立了有效的内部运行机制。

2. 组织结构

规范高效的组织机构是公司加强内部控制的根本保证。公司根据所处行业的特点及业务的特殊性，兼顾公司管理的集中性和柔性的要求，建立了规范合理的组织机构，实现了公司管理的有效运行。股东大会是公司的权力机构；董事会是公司经营的决策机构；经理层负责公司的日常经营活动，对董事会负责。监事会负责检查公司财务，对公司董事会和经理层进行监督。董事会下设审计委员，由独立董事担任召集人，负责审查公司的财务资料、财务报表及内部控制制度的执行情况，协调内部审计与外部审计机构的工作及其他相关事宜。公司设立内审部，直接向审计委员会负责和汇报；报告期内公司的组织机构的设立和分工是合法合理、简洁有效的，运行是高效顺畅的，满足了生产经营需要。

3. 人力资源

作为高新技术企业，优卡股份有限公司将"以人为本"作为企业的核心价值观。公司制定和实施了有利于企业可持续发展的人力资源政策，将职业道德和专业能力作为聘用和选拔员工的重要标准，努力建立团结、进取、积极向上的公司氛围，为员工提供知识分享和专业培训，保证员工可以不断提高自我发展能力。

4. 企业文化

优卡股份有限公司重视企业软环境建设，重视企业文化的建设，着重培养员工积极向上的价值观和社会责任感。建立了人性化的企业文化构架，公司"积极向上、以人为本、尊重知识、尊重人才"的企业文化为员工创造了良好的发展机遇。至报告期末公司完成了对企业文化的进一步的提炼和宣传强化，增强了全体员工对企业核心价值观的认同感。

5. 公司发展战略

公司董事会下设战略委员会，负责公司发展战略的研究编报和督促实施。公司高度重视发展战略的编制和实施工作，报告期内公司战略委员会经过充分调研，本着客观务实的态度，充分考虑公司内部资源和外部环境的基础上，实施巩固原有主业，着手进行转型调结构的战略。

6. 社会责任

报告期内，公司重视履行社会责任，切实做到经济效益与社会效益、自身发展与社会发展的协调，实现企业与员工、企业与社会、企业与环境的健康和谐发展。全年没有发生任何安全事故，产品质量无一例投诉。未造成环境污染。在资源利用方面，开源增收，力行节约。公司一直关注社会弱势群体，尽最大所能开展慈善事业和助学行动。

（二）风险评估

至报告期末，公司高度重视风险管控，有效地控制了生产经营管理中的潜在风险。在风险评估方面，持续收集生产经营中风险变化相关信息，对风险的来源、影响程度和企业可承受能力进行深入分析，并责成相关人员提出应对方案，采取有效措施降低风险。

（三）控制活动

1. 控制方法

至报告期末，公司继续实行不相容职务分离控制、授权审批控制、会计系统控制、财产保护控制、预算控制、运营分析控制和绩效考评控制等措施，梳理健全制度管理体系，涵盖了主要的业务与管理环节。公司认真执行国家统一的会计准则制度和公司财务管理制度，切实推行预算管理，强化预算约束，并通过经济责任考核进行控制，较好地控制了风险。

2. 主要业务控制

（1）资金管理

按照《募集资金使用管理办法》，募集资金进行了严格管理和使用。募集资金使用的内部控制遵循规范、安全、高效、透明的原则，严格按照招股说明书和变更计划实施项目，遵守承诺，严格管理，科学严谨地进行可行性分析，严格履行相关批准程序，控制风险。

公司依据《货币资金内部控制制度》，明确筹资的实施部门和审批流程，明确资金管理的要求和控制流程，确保办理筹资业务的不相容岗位相互分离、制约和监督，降低资金使用成本，保证资金安全。资金营运方面，做好预算、综合平衡、统筹使用、严格收支审批。资金收入及时入账，不设账外账，严禁收款不入账，设立"小金库"。资金支付业务明确支出款项的用途、金额、预算、限额、支付方式等内容，并附原始单据或相关证明，履行严格的授权审批程序。

企业办理资金收付业务，遵守现金和银行存款管理的有关规定，不得由一人办理货币资金全过程业务，严禁将办理资金支付业务的相关印章和票据集中一人保管。至报告期末，公司资金管理，高效节约，合法有序，在筹资、投资和营运方面安全规范，未出现资金事故。

（2）采购业务

根据《物资采购管理制度》，合理设置采购与付款业务的机构和岗位，建立和完善采购与付款的控制程序，加强对请购、审批、合同订立、采购、验收、付款等环节的控制，堵塞采购环节的漏洞，减少采购风险。报告期内，公司采购业务进展顺利，保证了公司生产经营需要，没有因制度缺陷和运行不当而发生争议，未给公司造成损失。

（3）资产管理

按照《存货管理制度》、《固定资产管理办法》等制度，对存货、实物资产的验收入库、领用发出、保管及处置等关键环节进行控制，采取了职责分工、实物盘点、财产记录、账实核对等措施，定期对应收账款、固定资产、在建工程、无形资产等项目中存在的问题和潜在损失进行调查，按照规定合理地计提资产减值准备，并将估计损失、计提准备的依据及需要核销项目按规定的程序和审批权限报批。2016年对存货、固定资产、无形资产等资产的取得、验收、仓储保管、生产加工、盘点处置等环节的强化内部控制，未发现有大的问题。

（4）销售业务

2016年公司进一步细化和完善了销售流程：包括销售计划管理、客户开发与信用管理、销售定价、订立销售合同、发货、收款、客户服务和会计处理等，建立了销售和收款业务岗位分工制度、合同签订与审核分工制度，在制定商品劳务定价原则、信用标准和条件、收款方式等销售政策时，充分发挥会计机构和人员的作用，加强合同订立、商品发出和应收账款回收的会计控制，避免或减少坏账损失；至报告期末，各个环节控制恰当，未发生大的问题。

（5）研究与开发

至报告期末,公司在研发计划制订、研发资金投入和使用等方面,控制得当。

（6）工程项目与投资

至报告期末,公司项目建设进展顺利,严格按照相关制度实施工程立项、招标、造价、建设、验收等,各相关部门和人员的尽职尽责,确保了工程项目的质量、进度和资金安全。

（7）担保业务

至报告期末,公司担保制度健全,执行得当,未对任何单位和个人提供担保。

（8）关联交易

至报告期末,公司未发生与股东关联交易及关联方占用公司资金的情形。

（9）业务外包

公司建立至报告期末,公司基本上没有进行业务外包。

（10）财务报告

至报告期末,公司定期披露文件中的财务报告均符合会计法律法规和国家统一的会计准则制度,执行了公司相关制度,确保了财务报告合法合规、真实完整和有效利用。

（11）全面预算

至报告期末,公司已建立了全面预算体系,包括建立预算管理体制,明确组织领导和预算执行单位的职责权限、授权批准程序和工作协调机制等。

（12）合同管理

至报告期末,公司在生产经营管理活动中所签订的合同,均得到了较好履行或正在顺利履行中,未产生争议。在合同的后续跟踪管理、登记归档管理方面有了一定进步。

（四）信息与沟通

1. 内部信息沟通方面

公司系统化的内部信息传递和沟通机制,已经基本构架完毕,运行基本正常,不存在信息缺失、泄密的情况发生。

2. 外部信息沟通方面

（1）信息披露

公司已经按照《公司法》、《证券法》等的有关规定,构架了一个较为完善的信息披露体系,至报告期末,信息披露中未发生泄漏事件和出现内幕交易行为。

（2）信息沟通

公司重视与投资者的沟通,公司确定董事会办公室为投资者关系管理责任部门,每月15日为公司投资者集中接待日,公司领导、部门负责人和专业技术人员直接与投资者面对面沟通。

（五）内部监督

公司监督体系已经建立,相关制度到位,且执行良好。实现了对董事、经理及其他高管人员的履职情况及公司依法运作情况实时监督。

五、公司内部控制缺陷认定标准

公司董事会根据企业内部控制规范体系对重大缺陷、重要缺陷和一般缺陷的认定要求,结合公司规模、行业特征、风险偏好和风险承受度等因素,区分财务报告内部控制和非财务报告内部控制,研究确定了适用于本公司的内部控制缺陷具体认定标准,并与以前年度保持一致。

六、内部控制缺陷认定及整改情况

根据公司财务报告内部控制缺陷的认定标准,至报告期末公司不存在财务报告内部控制重大缺陷、重要缺陷。非财务报告内部控制缺陷认定及整改情况根据公司非财务报告内部控制缺陷的认定标准,至报告期末公司不存在非财务报告内部控制重大缺陷、重要缺陷。考虑到风险的客观性,我们将贵公司的控制风险确定为10％。

泰山联合会计师事务所

二〇一七年二月十日

由于以上其他审计工作底稿需要进驻被审计单位,通过调查询问公司管理当局领导和员工,观察被审计单位经营管理环境和现场,检查有关管理文件和章程等现场操作,才能获取相关审计证据,编制完成有关工作底稿。因模拟实训中,学生无法进入现场完成实训,所以,本实训假定已经完成对被审计单位上述工作底稿的编制,通过了项目组讨论,编制的"项目组讨论纪要——风险评估"审计工作底稿中确定的重大风险错报风险评估水平为 8%。确定的可能存在重大错报风险的领域为:营业收入的确认、固定资产计价及折旧、存货的确认、负债的低估四个方面。

（二）优卡股份有限公司年报审计重要性水平的确定

1. 泰山联合会计师事务所重要性评估指南

泰山联合会计事务所为了规范和指导各项目部及注册会计师开展年报审计业务,遵照注册会计师行业惯例,制定了上市公司审计重要性水平评估指南(见表 2-4)。

表 2-4

泰山联合会计师事务所重要性评估指南

在确定和运用重要性指南时,必须运用职业判断。下列方针可用作一般指南:

(1) 一般来说,财务报表漏报或错报的合计数若超过 10%,应视作重要错误。在不考虑质量因素时,低于 5% 可认作不重要。当错报或漏报的合计数在 5%～10% 之间时,决定重要性所需的职业判断最多。

(2) 5%～10% 之间的错误,应结合具体的基数加以判断。在不少情况下,可资比较的基数有若干个时,可参考下列标准:

① 利润表。利润表中的错误合计,通常应介于税前净收益的 5%～10% 之间。若某年的受益数额异常的大或者小,这一标准就可能不恰当。如果认为某个年度的营业收益没有代表性,最好采用更具有代表性的收益作为比较的基数。例如,可用营业收益的 3 年平均数作为比较的基数。

② 资产负债表。资产负债表中的错误合计,一般采用流动资产、流动负债、资产总额为评价基数。采用流动资产或流动负债时,标准应在 5%～10% 之间,其应用方法与收益表相同。采用资产总额时,标准应在 1%～5% 之间,其应用方法同上。

③ 任何审计项目都应认真评价质量因素。在很多情况下,这些因素比利润表和资产负债表中所采用的标准更重要。对财务报表的使用意图和报表(包含附注)中信息的性质等,都应做认真的评价。

---

2. 财务报表层次重要性水平的确定原则和方法

本项目组讨论认为:由于优卡股份有限公司属于创业板上市公司,规模较小,根据指南要求,采用净利润的 10% 和总资产的 1% 较为合理;对同一期间根据各财务报表确定的重要性水平不同时,应当取其最低者作为财务报表层次的重要性水平。优卡股份有限公司 2016 年的会计报表见第一章表 1-2、表 1-3。

3. 重要账户的确定

根据风险评估和对报表层重要性的分配,项目组确定的重要账户有:主营业务收入、应收账款、固定资产、累计折旧、原材料、库存商品、应付账款、库存现金、银行存款。

（三）项目组人员分工及时间安排

项目组根据每位成员的学识、经验和特长,进行了具体分工,并借鉴上年审计耗费时间,进行了项目时间预算,其结果见表 2-5。

表 2-5

项目组人员分工及时间预算表

审计项目		时间预算		人员分工	备注
		去年实际耗用	本年预算		
货币资金审计	库存现金	9	8	刘海	2017 年 2 月 10 日上午 8 点实施库存现金监盘; 2017 年 2 月 1 日至 2017 年 2 月 10 日向有关银行实施函证
	银行存款	16	16		
	其他货币资金	4	4		
销售与收款循环审计	营业收入	42	40	张华	2017 年 2 月 1 日至 2017 年 2 月 10 日实施应收账款函证
	应收账款	24	24		
	其他	32	32		
采购与付款循环审计	固定资产	50	48	刘晶	2017 年 2 月 5 日至 2017 年 2 月 8 日实施固定资产监盘; 2017 年 2 月 1 日至 2017 年 2 月 10 日实施应付账款函证
	应付账款	18	16		
	其他	32	32		
生产循环审计	存货	64	64	王同春	2017 年 2 月 5 日至 2017 年 2 月 8 日实施存货监盘
	其他	32	32		
投资与筹资循环审计		98	96	李本利	
……		……	……		
总　计					

【实训要求】 根据上述信息编制完成"总体审计策略"工作底稿,见表 2-6。具体要求如下:

(1)"总体审计策略"审计工作底稿第"一、审计范围"部分,根据本章第一节表 2-1 所示完成的"审计业务约定书"填列;

(2)"总体审计策略"审计工作底稿第"二、审计业务时间安排"部分,根据本章第一节表 2-1 所示完成的"审计业务约定书"及"补充资料"表 2-5 内容填列;

(3)"总体审计策略"审计工作底稿第"三、影响审计业务的重要因素"部分,根据审计补充资料"(二)优卡股份有限公司年报审计重要性水平的确定"内容填列;

(4)"总体审计策略"审计工作底稿第"四、人员安排"部分,根据补充资料"(三)项目组人员分工及时间安排"有关信息填列;

(5)"总体审计策略"审计工作底稿第"五、对专家或有关人士工作的利用"部分,不适用,不需填列。

表 2 - 6

总体审计策略

被审计单位：＿＿＿＿＿＿＿＿＿＿＿＿　　索引号：＿＿＿＿＿＿略＿＿＿＿＿＿

项目：总体审计策略＿＿＿＿＿＿＿＿　　财务报表截止日/期间：＿＿＿＿＿＿＿

编制：＿＿＿＿＿＿＿＿＿＿＿＿＿＿＿　　复核：＿＿＿＿＿＿＿＿＿＿＿＿＿＿

日期：＿＿＿＿＿＿＿＿＿＿＿＿＿＿＿　　日期：＿＿＿＿＿＿＿＿＿＿＿＿＿＿

一、审计范围

报告要求	
适用的会计准则和相关会计制度	
适用的审计准则	
与财务报告相关的行业特别规定	略
需审计的集团内组成部分的数量及所在地点	略
需要阅读的含有已审计财务报表的文件中的其他信息	略
制订审计策略需考虑的其他事项	略

二、审计业务时间安排

（一）对外报告时间安排：＿＿＿＿＿＿＿＿＿＿＿＿＿＿＿＿＿＿＿＿＿＿＿

（二）执行审计时间安排：

执行审计时间安排	时　间
1. 期中审计(略)	
（1）制订总体审计策略	略
（2）制订具体审计计划	略
2. 期末审计	
（1）库存现金监盘	
（2）存货监盘	
（3）应收账款函证	
（4）银行存款函证	
……	

（三）沟通的时间安排

所需沟通	时　间
与管理层及治理层的会议	略
项目组会议（包括预备会和总结会）	略
与专家或有关人士的沟通	略
与其他注册会计师沟通	略
与前任注册会计师沟通	略
……	

三、影响审计业务的重要因素

（一）重要性

确定的重要性水平	索引号

（二）可能存在较高重大错报风险的领域

可能存在较高重大错报风险的领域	索引号
略	

（三）重要的组成部分和账户余额

填写说明：

1. 记录所审计的集团内重要的组成部分；

2. 记录重要的账户余额，包括本身具有重要性的账户余额（如存货），以及评估出存在重大错报风险的账户余额。

重要的组成部分和账户余额	索引号
1. 重要的组成部分	略
……	
2. 重要的账户余额	
……	

四、人员安排

（一）项目组主要成员的责任

职　位	姓　名	主要职责

注:在分配职责时可以根据被审计单位的不同情况按会计科目划分,或按交易类别划分。

(二)与项目质量控制复核人员的沟通(不适用)

复核的范围:_____

沟通内容	负责沟通的项目组成员	计划沟通时间
风险评估、对审计计划的讨论		
对财务报表的复核		
……		

五、对专家或有关人士工作的利用(不适用)

注:如果项目组计划利用专家或有关人士的工作,需要记录其工作的范围和涉及的主要会计科目等。另外,项目组还应按照相关审计准则的要求对专家或有关人士的能力、客观性及其工作等进行考虑及评估。

(一)对内部审计工作的利用

主要报表项目	拟利用的内部审计工作	索引号
存货	内部审计部门对各仓库的存货每半年至少盘点一次。在中期审计时,项目组已经对内部审计部门盘点步骤进行观察,其结果满意,因此项目组将审阅其年底的盘点结果,并缩小存货监盘的范围	
……		

(二)对其他注册会计师工作的利用(不适用)

其他注册会计师名称	利用其工作范围及程度	索引号

（三）对专家工作的利用(不适用)

主要报表项目	专家名称	主要职责及工作范围	利用专家工作的原因	索引号

（四）对被审计单位使用服务机构的考虑(不适用)

主要报表项目	服务机构名称	服务机构提供的相关服务及其注册会计师出具的审计报告意见及日期	索引号

第三章　销售与收款循环审计

第一节　销售与收款循环审计概述

销售与收款循环主要指接受销售订单、向顾客销售商品或提供劳务并取得货款或劳务收入的过程,本循环涉及应收账款、坏账准备、应收票据、应交税费、预收账款、营业收入、营业税金及附加、销售费用等诸多资产负债表项目和利润表项目,是企业财务报表审计的重点。

了解企业在销售与收款循环中的主要业务活动,对该业务循环的审计十分必要。企业的销售与收款循环主要是由企业与客户交换商品或劳务、收回现金等经营活动组成,涉及销售业务、收款业务(包括现销和应收账款收回)、销售调整业务(包括销售折扣、折让和退回,坏账准备的提取和冲销)等内容,每一业务均需经过若干步骤(或程序)才能完成。其主要交易或事项包括以下几个方面。

一、接受客户订单

客户向企业寄送订单,提出订货要求是整个销售与收款循环的起点。客户的订购单只有在符合企业管理当局的授权标准时,才能被接受。企业管理当局一般都列出了已批准销售的客户名单。订单管理部门在决定是否同意接受某客户的订单之前,应追查该客户是否已被列入该名单中。如果客户未被列入该名单,则通常需要由订单管理部门的主管来决定是否接收该订单。企业在批准了客户的订单之后,应编制一式多联的销售单。销售单是证明企业管理当局有关销售交易的"发生"认定的凭据之一,也是此笔销售交易轨迹的起点。

二、批准赊销信用

对于赊销业务,应由企业信用管理部门根据企业管理层的赊销政策、每个客户的已授权信用额度以及该客户尚欠的账款余额进行信用审批。对于老客户,信用管理部门的职员在收到订单管理部门的销售单后,应将销售单的金额与该客户已授权的赊销信用额度以及迄今尚欠账款余额进行比较,以决定是否继续给予赊销;对于新客户,信用管理部门首先应对每个新客户进行信用调查,包括获取信用评审机构对客户信用等级的评定报告,以确定信用等级,然后决定是否给予其赊销权和赊销额度。无论批准赊销与否,都要求被授权的信用管理部门人员在销售单上签署意见,然后再将已经签署意见的销售单返回销售管理部门。此外,执行人工赊销信用检查时,还应合理划分工作职责,以免销售人员为扩大销售而使企业承受不适当的信用风险。

三、向客户交付货物

为了防止仓库在未经授权的情况下擅自发货,企业管理当局通常要求商品仓库只有在收到经过批准的销售单时才能供货。企业在完成销售业务授权程序之后,销售单中的一联送达仓库,作为仓库按销售单供货和发货给装运部门的授权依据。仓库保管人员按销售单所列货物的种类、规格和数量供货。企业按销售单装运与按销售单供货的职责应相分离,装运部门人员应在经授权的情况下装运产品。装运之前,装运部门人员从仓库提出货物后,应对货物是否附有经批准的销售单,发运货物是否与销售单一致进行独立核验,验证无误后,填写发运凭证并发运货物。

四、向客户开具账单

开具账单是指货物装运后,由开单部门编制账单并向客户开具销售发票。销售发票的有关内容应与实际发运货物、经批准的销售单、购销合同及经批准的商品价目表一致。销售发票应事先连续编号,并由开单部门妥善保管其副联。

为了降低开具账单过程中出现遗漏、重复、计价错误或其他差错的可能性,应设立以下控制程序:① 开具账单部门职员在开具每张销售发票之前,应独立检查是否存在装运凭证和相应的经批准的销售单;② 依据已授权批准的商品价目表开具销售发票;③ 独立检查销售发票计价和计算的正确性;④ 将装运凭证上的商品总数与相对应的销售发票上的商品总数进行比较。

五、记录销售

只要满足《企业会计准则》中规定的销售确认条件,企业即可确认销售并记录收入。记录销售的过程包括区分赊销和现销,按销售发票编制转账凭证或收款凭证,登记主营业务收入明细账、应收账款明细账或库存现金、银行存款日记账等。

记录销售的控制程序包括以下内容:① 只依据附有有效装运凭证和销售单的销售发票记录销售;② 控制所有事先连续编号的销售发票;③ 独立检查已处理销售发票上的销售金额与会计记录金额的一致性;④ 记录销售的职责应与处理销售交易的其他功能相分离;⑤ 对记录过程中所涉及的有关记录的接触予以限制,以减少未经授权批准的记录的发生;⑥ 定期检查应收账款的明细账与总账的一致性;⑦ 定期向客户寄送对账单,并要求客户将任何例外情况直接向指定的未执行或记录销售交易的会计主管报告。

六、办理和记录现金、银行存款收入

这项功能涉及有关货款收回,现金、银行存款的增加以及应收账款减少的活动。在办理和记录现金、银行存款收入时,最应关心的是货币资金失窃的可能性。货币资金失窃可能发生在货币资金收入登记入账之前或登记入账之后。处理货币资金收入时,最重要的是要保证全部货币资金都必须如数、及时地记入库存现金、银行存款日记账或应收账款明细账,并如数、及时地将现金存入银行。在这方面,汇款通知书起着十分重要的作用。汇款通知书是一种与销售发票一起寄给客户,由客户在付款时再寄回销售单位的凭证。因此,随销售发票

附寄汇款通知书的方法可以有效地加强对收款环节的控制。

七、办理和记录销货退回、销货折扣与折让

客户如果对商品不满意,销售企业一般都会同意接受退货,或给予一定的销售折让;若客户提前支付货款,销售企业则可能会给予一定的销售折扣。发生此类事项时,必须经授权批准,并应确保与办理此事有关的部门和人员各司其职,分别控制实物流和会计处理。在这方面,严格使用贷项通知单会起到关键的作用。

八、提取坏账准备并注销坏账

在赊销业务中,企业的应收账款可能因购货人拒付、破产、死亡等原因而无法收回,形成坏账,企业应采用备抵法进行坏账核算。因此,企业应在资产负债表日对应收账款进行减值测试,合理计提坏账准备,坏账准备的提取数额必须能够抵补企业以后无法收回的本期销货款。对确实无法收回的应收账款,正确的处理方法是获取货款无法收回的确凿证据,经适当审批后及时进行会计调整,予以注销。

第二节　销售与收款循环审计的会计资料

一、有关会计凭证资料

优卡股份有限公司 2016 年 12 月份销售与收款交易或事项的部分原始凭证及根据原始凭证编制的记账凭证:

(1) 2016 年 12 月 2 日,收到广东矿业公司前欠货款 600 000 元。其原始凭证见表 3-1。

表 3-1

中国农业银行托收承付凭证(收账通知)　电　4

承付期限		委托日期　2016 年 11 月 29 日			第 1 号 托收号码:3215	
到期　2016 年 12 月 2 日						

收款人	全　称	优卡股份有限公司	付款人	全　称	广东矿业公司	
	账　号	95599007766688888888		账　号	755990077766688899904	
	开户银行	中国农业银行高新区支行		开户银行	中行东莞支行	

委托金额	人民币(大写)陆拾万元整		千 百 十 万 千 百 十 元 角 分
			￥ 6 0 0 0 0 0 0 0

款项内容	货款	委托收款凭证名称	销售发票	附寄单证张数	1
货物发运情况	已发运			合同号	12125

备注: 中国农业银行款项已由付款人开户行全额划回 并收入你账户内 泰安高新区支行 (收款人开户银行盖章) 业务办讫章 2016 年 12 月 3 日	科目＿＿＿＿＿＿＿ 对方科目＿＿＿＿＿＿＿ 转账　　年　　月　　日 单位主管　　会计　　记账 复合

此联收付给收款人款开单位银的行收在账款通项知收托后

根据原始凭证编制记账凭证(见表 3-2)。

表 3-2

收款凭证

借方科目:银行存款   2016 年 12 月 2 日   收字第 3 号

摘要	贷方科目		账页	金额																
	总账科目	明细科目		总账科目								明细科目							
				十	万	仟	佰	十	元	角	分	十	万	仟	佰	十	元	角	分
收到	应收账款		√	6	0	0	0	0	0	0	0								
货款		广东矿业公司	√									6	0	0	0	0	0	0	0
			√	6	0	0	0	0	0	0	0	6	0	0	0	0	0	0	0

会计主管: 记账: 出纳: 复核: 制证:

附件 1 张

(2)12 月 2 日,销售锚护机具 4 套,产品已发运,当天办妥委托收款手续。其原始凭证见表 3-3、表 3-4、表 3-5、表 3-6、表 3-7。

表 3-3

电中国农业银行托收承付凭证(回单)   1

承付期限 到期 2016 年 12 月 16 日	委托日期 2016 年 12 月 2 日				第 2 号 托收号码:3216							
收款人	全 称	优卡股份有限公司	付款人	全 称	义蚂矿业公司							
	账 号	95599007766688888888		账 号	85599007776668899908							
	开户银行	中国农业银行高新区支行		开户银行	工商行义力市支行							
委托金额	人民币(大写)贰佰叁拾肆万捌仟元整				千	百	十	万	千	百	十	元	角	分
					¥ 2	3	4	8	0	0	0	0	0
款项内容	货款	委托收款凭证名称	销售发票	附寄单证张数	1							
货物发运情况	已发运			合同号	12128							
备注:	款项收妥日期 年 月 日											

此联收付款人开户银行给收款单位的回单

表 3-4

山东省增值税专用发票

发 山票 联

开票日期：税务机关2016年12月2日　　　　　　　　　　No 3173472

第四联 销货方记账凭证

| 购货单位 | 名 称：义蚂矿业公司 纳税人登记号：954585069862329 地 址、电话：义蚂市广州路 168 号 开户行及账号：工商行义蚂市支行　855990077766688899908 | | | | 密码区 | （略） |

商品或劳务名称	计量单位	数量	单价	金 额										税率%	税 额									
				千	百	十	万	千	百	十	元	角	分		千	百	十	万	千	百	十	元	角	分
锚护机具	套	4	500 000		2	0	0	0	0	0	0	0	0	17		3	4	0	0	0	0	0	0
合 计				¥	2	0	0	0	0	0	0	0	0	17	¥	3	4	0	0	0	0	0	0

| 价税合计（大写） | 贰佰叁拾肆万元整 | ¥2340000.00 |

| 销货单位 | 名 称：优卡股份有限公司 纳税人登记号：370900000000898 地 址、电话：泰安市高新区南天街 50 号 开户银行及账号：中国农业银行高新区支行　9559900776668888888 |

开票人：马强　　　　收款人：田丽　　　　复核：前程　　　　销货单位（章）

表 3-5

中国农业银行 转账支票存根

支票号码　NO. 08872606

科　　目＿＿＿＿＿＿＿＿

对方科目＿＿＿＿＿＿＿＿

出票日期：2016 年 12 月 2 日

收款人：泰山火车站

金　额：¥8000.00

用　途：代垫运费

单位主管：黄华　　　会计：马丽

表 3－6

山东省铁路运输专用发票

开票日期:2016 年 12 月 2 日

代码:

发票号码:

机打代码 机打号码 及其编码			税控码	
收货人及 纳税人识别号			承运人及 纳税人识别号	
货物名称	车数	计费运输量 计费运距 计费单价	运输费用及金额	其他费用及金额
锚护机具				
备注	起点 泰安	终点 义蚂	小计:￥7500.00	小计:￥500.00
合计:人民币(大写)捌仟元整				￥8000.00

第四联 发票联

表 3－7

商品出库单

2016 年 12 月 2 日

编号:1001

产成品库:1

产品或 物品名称	规 格	计量单位	数 量	单 价	金 额	备 注
锚护机具		套	4			出售
合 计			4			

记账:马丽   仓库保管员:王刚   复合:马翔   制单:王华

第二联:记账联

根据上述交易编制记账凭证(见表 3－8、表 3－9)。

表 3－8

付款凭证

贷方科目:银行存款   2016 年 12 月 2 日   付字第 2 号

摘 要	借方科目		账页	金 额																
	总账科目	明细科目		总账科目							明细科目								
				十	万	仟	佰	十	元	角	分	十	万	仟	佰	十	元	角	分
代垫运费	应收账款		✓		8	0	0	0	0	0									
		义蚂矿业公司	✓										8	0	0	0	0	0	0
合 计			✓	￥	8	0	0	0	0	0		￥	8	0	0	0	0	0	0

会计主管: 记账: 出纳: 复核: 制证:

附件2张

表 3-9

转账凭证

2016 年 12 月 2 日   转字第 2 号

摘 要	总账科目	明细科目	账页	借方金额										贷方金额										
				千	百	十	万	千	百	十	元	角	分	千	百	十	万	千	百	十	元	角	分
销售锚护机具	应收账款	义蚂矿业公司	✓		2	3	4	0	0	0	0	0	0										
办妥托收手续	主营业务收入	锚护机具	✓												2	0	0	0	0	0	0	0	0
	应交税费	应交增值税（销项税额）	✓													3	4	0	0	0	0	0	0
合 计				¥	2	3	4	0	0	0	0	0	0	¥	2	3	4	0	0	0	0	0	0

会计主管: 记账: 复核: 制证:

附件 2 张

　　(3) 2016 年 12 月 3 日,优卡股份有限公司标价 200 000 元的仪表,以 10% 的商业折扣销售给肥城矿业公司,收到转账支票一张。其原始凭证见表 3-10、表 3-11、表 3-12。

表 3-10

山东省增值税专用发票

发 山东 4 联

开票日期:2016 年 12 月 3 日   No 3173473

购货单位	名 称:肥城矿业公司 纳税人登记号:307985069862329 地址 、电话:肥城市肥矿路 78 号 开户行及账号:工商行肥城市肥矿路支行 235890000													密码区	（略）											
商品或劳务名称	计量单位	数量	单 价	金 额										税率%	税 额								
				千	百	十	万	千	百	十	元	角	分		千	百	十	万	千	百	十	元	角	分
仪表	台	1	180 000		1	8	0	0	0	0	0	0	0	17				3	0	6	0	0	0	0
合 计				¥	1	8	0	0	0	0	0	0	0	17	¥				3	0	6	0	0	0	0
价税合计(大写)	贰拾壹万零陆佰元整													¥210600.00											
销货单位	名 称:优卡股份有限公司 纳税人登记号:370900000000898 地址 、电话:泰安市高新区南天街 50 号,8922999 开户银行及账号:中国农业银行高新区支行 955990077666888888888																							

注 370900000000898

开票人:马强   收款人:田丽   复核:前程

第四联 销货方记账凭证

表 3－11

中国农业银行进账单（收账通知）

2016 年 12 月 3 日　　　　　　　　　　　　　　　　第 004 号

收款人	全　称	优卡股份有限公司	付款人	全　称	肥城矿业公司
	账　号	95599007766688888888		账　号	235890000
	开户银行	中国农业银行高新区支行		开户银行	工商行肥城市肥矿路支行

人民币(大写)贰拾壹万零陆佰元整				百	十	元	角	分
			¥ 2 1 0	6	0	0	0	0

票据种类	转账支票
票据张数	1
单位主管　　会计　　复核　　记账	收款人开户行盖章

此联是收款人或收账人开户行交给收款人 回单或收账通知

表 3－12

商品出库单

2016 年 12 月 2 日

编号：1001
产成品库：1

产品或物品名称	规　格	计量单位	数　量	单　价	金　额	备　注
仪表		台	1			出售
合　计			1			

记账：马丽　　　　仓库保管员：王刚　　　　复合：马翔　　　　制单：王华

第二联：记账联

根据上述交易编制记账凭证(见表 3－13)。

表 3－13

收款凭证

借方科目：银行存款　　　　2016 年 12 月 3 日　　　　收字第 4 号

摘　要	贷方科目		账页	金　额															
	总账科目	明细科目		总账科目							明细科目							
				十	万	仟	佰	十	元	角	分	十	万	仟	佰	十	元	角	分
销售	主营业务收入		√	1	8	0	0	0	0	0	0								
		仪表	√									1	8	0	0	0	0	0	0
	应交税费				3	0	6	0	0	0	0								
		应交增值税(销项税额)											3	0	6	0	0	0	0
合　计			√	2	1	0	6	0	0	0	0	2	1	0	6	0	0	0	0

会计主管：　　　记账：　　　出纳：　　　复核：　　　制证：

附件 2 张

（4）2016 年 12 月 4 日，销售仪表 2 台给肥城矿业公司，收到一张期限 2 个月的无息已承兑的商业承兑汇票。其原始凭证见表 3-14、表 3-15、表 3-16。

表 3-14

山东省增值税专用发票

发　山票　联

开票日期 2016 年 12 月 4 日　　　　　　　　　　No 3173475

购货单位	名称：肥城矿业公司 纳税人登记号：307985069862329 地址、电话：肥城市肥矿路 78 号 开户行及账号：工商行肥城市肥矿路支行 235890000	密码区	（略）

商品或劳务名称	计量单位	数量	单价	金额 千 百 十 万 千 百 十 元 角 分	税率 %	税额 千 百 十 万 千 百 十 元 角 分
仪表	台	2	200 000	4 0 0 0 0 0 0 0	17	6 8 0 0 0 0
合计				￥　4 0 0 0 0 0 0 0	17	￥　　6 8 0 0 0 0

价税合计（大写）	肆拾陆万捌仟元整	￥468000.00

销货单位	名称：优卡股份有限公司 纳税人登记号：370900000000898 地址、电话：泰安市高新区南天街 50 号 开户银行及账号：中国农业银行高新区支行　95599007766688888888

开票人：马强　　　　　收款人：田丽　　　　　复核：前程

表 3-15

商业承兑汇票 2

出票日期　贰零壹陆年壹拾贰月零肆日

付款人	全称	肥城矿业公司	收款人	全称	优卡股份有限公司
	账号	235890000		账号	95599007766688888888
	开户银行	工商行肥城市肥矿路支行	行号	开户银行	农业高新区支行	行号

出票金额	人民币（大写）肆拾陆万捌仟元整	百 十 万 千 百 十 元 角 分 ￥ 4 6 8 0 0 0 0 0

出票到期日	贰零壹柒年零贰月零肆日	付款人开户行	行号	
交易合同号	02011		地址	山东泰安

本汇票已经承兑，到期无条件付款项。　此致本汇票请予以承兑于到期日付款。

承兑人签章
承兑日期　2016 年 12 月 3 日
财务专用章

出票人签章
财务专用章

表 3－16

商品出库单

2016 年 12 月 2 日

编号:1001
产成品库:1

产品或 物品名称	规　格	计量单位	数　量	单　价	金　额	备　注
仪表		台	2			出售
合　计			2			

记账:马丽　　　　　　仓库保管员:王刚　　　　　　复合:马翔　　　　　　制单:王华

第二联:记账联

根据上述交易编制转账凭证(见表 3－17)。

表 3－17

转账凭证

2016 年 12 月 4 日

转字第 3 号

摘　要	总账科目	明细科目	账页	借方金额										贷方金额									
				千	百	十	万	千	百	十	元	角	分	千	百	十	万	千	百	十	元	角	分
销售仪表,收到商业汇票	应收票据	肥城矿业公司	√		4	6	8	0	0	0	0	0											
	主营业务收入	仪表	√												4	0	0	0	0	0	0	0	
	应交税费	应交增值税 (销项税额)	√													6	8	0	0	0	0	0	
合　计					¥	4	6	8	0	0	0	0	0		¥	4	6	8	0	0	0	0	0

会计主管:　　　　　记账:　　　　　复核:　　　　　制证:

附件 2 张

(5) 2016 年 12 月 5 日,销售锚护机具 1 套给肥城矿业公司,收到一张期限 3 个月无息已承兑的银行承兑汇票。其原始凭证见表 3－18、表 3－19、表 3－20。

表 3－18

银行承兑汇票 2

出票日期　贰零壹陆年壹拾贰月零伍日

付款人	全　称	肥城矿业公司		收款人	全　称	优卡股份有限公司	
	账　号	235890000			账　号	95599007766688888888	
	开户银行	工商行肥城市肥矿路支行	行号		开户银行	农业高新区支行	行号

出票金额	人民币(大写)伍拾捌万伍仟元整	百	十	万	千	百	十	元	角	分
		¥	5	8	5	0	0	0	0	0

出票到期日	贰零壹陆年零叁月零伍日	付款人开户行	行号	
承兑协议编号	12134		地址	山东泰安

本汇票请你行承兑，到期无条件支付款项。 出票人签章	本汇票已经承兑，到期日由本行付款。 承兑行签章 承兑日期　2016 年 12 月 8 日 备注：	科目(借) 对方科目(贷) 转账　　年　月　日 复核　　记账

表 3－19

山东省增值税专用发票

发 票 联

开票日期：2016 年 12 月 5 日　　　　No 3173476

购货单位	名　　称：肥城矿业公司 纳税人登记号：307985069862329 地 址 、电 话：肥城市肥矿路 78 号 开户行及账号：工商行肥城市肥矿路支行　235890000	密码区	（略）

商品或劳务名称	计量单位	数量	单　价	金额 千	百	十	万	千	百	十	元	角	分	税率%	税额 千	百	十	万	千	百	十	元	角	分
锚护机具	套	1	500 000			5	0	0	0	0	0	0	0	17				8	5	0	0	0	0	0
合　计					¥	5	0	0	0	0	0	0	0	17			¥	8	5	0	0	0	0	0

价税合计(大写)	伍拾捌万伍仟元整　　¥585000.00

销货单位	名　　称：优卡股份有限公司 纳税人登记号：370900000000898 地 址 、电 话：泰安市高新区南天街 50 号 开户银行及账号：中国农业银行高新区支行　95599007766688888888	备注	

第四联　销货方记账凭证

开票人：马强　　收款人：田丽　　复核：前程　　销货单位(章)

表 3 - 20

商品出库单

2016 年 12 月 5 日

编号:1001
产成品库:1

产品或 物品名称	规 格	计量单位	数 量	单 价	金 额	备 注
锚护机具		台	1			出售
合 计			1			

记账:马丽   仓库保管员:王刚   复合:马翔   制单:王华

第二联:记账联

根据上述交易编制记账凭证(见表 3 - 21)。

表 3 - 21

转账凭证

2016 年 12 月 5 日

转字第 4 号

摘 要	总账科目	明细科目	账页	借方金额										贷方金额									
				千	百	十	万	千	百	十	元	角	分	千	百	十	万	千	百	十	元	角	分
销售锚护机具	应收票据	肥城矿业公司	√		5	8	5	0	0	0	0	0	0										
收到商业汇票	主营业务收入	锚护机具	√												5	0	0	0	0	0	0	0	0
	应交税费	应交增值税 (销项税额)	√													8	5	0	0	0	0	0	0
合 计				¥	5	8	5	0	0	0	0	0	0	¥	5	8	5	0	0	0	0	0	0

会计主管: 记账: 复核: 制证:

附件 2 张

(6) 12 月 8 日,销售锚护机具 4 套,产品已发运,当天办妥委托收款手续。其原始凭证见表 3 - 22、表 3 - 23、表 3 - 24、表 3 - 25、表 3 - 26。

表 3－22

<u>电中国农业银行托收承付凭证(回单) 1</u>

| 承付期限 到期 2016 年 12 月 17 日 | 委托日期　2016 年 12 月 8 日 | 第 8 号 托收号码:3230 |

收款人	全　称	优卡股份有限公司	付款人	全　称	兖州矿业集团
	账　号	95599007766688888888		账　号	85599007776668899908
	开户银行	中国农业银行高新区支行		开户银行	工商行邹城市支行

委托金额	人民币(大写)贰佰叁拾肆万捌仟元整	千	百	十	万	千	百	十	元	角	分
		￥	2	3	4	8	0	0	0	0	0

款项内容	货款	委托收款凭证名称	销售发票	附寄单证张数	1

货物发运情况	已发运		合同号	16329

备注:	款项收妥日期	(中国农业银行股份有限公司 高新区支行银行盖章) 2016 年 12 月 8 日 业务办讫章
	年　月　日	

此联收付款人开户银行给收款单位的回单

表 3－23

<u>商品出库单</u>

2016 年 12 月 8 日

编号:1003
产成品库:1

产品或物品名称	规　格	计量单位	数　量	单　价	金　额	备　注
锚护机具		套	4			出售
合　计			4			

记账:马丽　　　　仓库保管员:王刚　　　　复合:马翔　　　　制单:王华

第二联:记账联

表 3‑24

山东省增值税专用发票

开票日期：二零壹陆年十二月8日   No 3173486

购货单位	名 称：兖州矿业集团 纳税人登记号：954585069862329 地 址、电 话：邹城市兖矿路168号 开户行及账号：工商行邹城市支行　8559900777766688899908															密码区	（略）									

商品或劳务名称	计量单位	数量	单 价	金 额										税率%	税 额									
				千	百	十	万	千	百	十	元	角	分		千	百	十	万	千	百	十	元	角	分
锚护机具	套	4	500 000		2	0	0	0	0	0	0	0	0	17		3	4	0	0	0	0	0	0
合 计				¥	2	0	0	0	0	0	0	0	0	17	¥	3	4	0	0	0	0	0	0

价税合计（大写）	贰佰叁拾肆万元整	¥2340000.00

销货单位	名 称：优卡股份有限公司 纳税人登记号：370900000000898 地 址、电 话：泰安市高新区南天街50号 开户银行及账号：中国农业银行高新区支行　9559900777666888888888	注 370900000000898

开票人：马强   收款人：田丽   复核：前程

表 3‑25

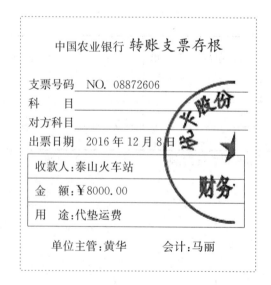

中国农业银行 转账支票存根

支票号码　NO. 08872606

科 目＿＿＿＿＿＿＿＿＿＿＿

对方科目＿＿＿＿＿＿＿＿＿＿＿

出票日期　2016 年 12 月 8 日

收款人：泰山火车站

金 额：¥8000.00

用 途：代垫运费

单位主管：黄华   会计：马丽

第四联 销货方记账凭证

表 3-26

山东省铁路运输专用发票

发票代码：

开票日期：　年　月 8 日

发票号码：

机打代码 机打号码 及其编码					税控码		
收货人及 纳税人识别号					承运人及 纳税人识别号		
货物名称	车数	计费运量	计费运距	计费单价	运输费用及金额	其他费用及金额
锚护机具					小计:¥7500.00	小计:¥500.00
备注	起点		终点			
	泰安					
合计:人民币(大写)捌仟元整					¥8000.00	

第四联　发票联

根据上述交易编制记账凭证(见表 3-27、表 3-28)。

表 3-27

转账凭证

2016 年 12 月 8 日　　　　　　　　　　　转字第 23 号

摘　要	总账科目	明细科目	账页	借方金额										贷方金额									
				千	百	十	万	千	百	十	元	角	分	千	百	十	万	千	百	十	元	角	分
销售锚护机具， 办妥托收手续	应收账款	兖州矿业公司	√		2	3	4	0	0	0	0	0	0										
	主营业务收入	锚护机具	√												2	0	0	0	0	0	0	0	0
	应交税费	应交增值税 (销项税额)	√													3	4	0	0	0	0	0	0
合　计				¥	2	3	4	0	0	0	0	0	0	¥	2	3	4	0	0	0	0	0	0

会计主管:　　　　　　记账:　　　　　　复核:　　　　　　制证:

附件 2 张

表 3-28

付款凭证

贷方科目:银行存款　　　　　2016 年 12 月 8 日　　　　　付字第 15 号

摘　要	借方科目		账页	金　额															
	总账科目	明细科目		总账科目								明细科目							
				十	万	仟	佰	十	元	角	分	十	万	仟	佰	十	元	角	分
代垫运费	应收账款		√		8	0	0	0	0	0									
		兖州矿业公司	√										8	0	0	0	0	0	
合　计			√	¥	8	0	0	0	0	0		¥	8	0	0	0	0	0	

会计主管:　　　　记账:　　　　出纳:　　　　复核:　　　　制证:

附件 2 张

（7）2016 年 12 月 12 日,销售给新矿集团华丰煤矿仪表 2 台,货款 400 000 元,增值税税率 17%,收到 468 000 元转账支票一张。填制银行进账单存入银行。其原始凭证见表 3-29、表 3-30、表 3-31。

表 3-29

山东省增值税专用发票

开票日期：2016 年 12 月 12 日　　　　　　　　　　　　　No 1063598

第四联　销货方记账凭证

购货单位	名　　　称：新矿集团华丰煤矿 纳税人登记号：370902000000121 地 址、电 话：泰安市泰山大街 1670 号 开户行及账号：工商行华丰支行　53000068645															密码区	（略）								

商品或劳务名称	计量单位	数量	单价	金　额										税率%	税　额									
				千	百	十	万	千	百	十	元	角	分		千	百	十	万	千	百	十	元	角	分
仪表	台	2	200 000		4	0	0	0	0	0	0	0	0	17			6	8	0	0	0	0	0	0
合　计				¥	4	0	0	0	0	0	0	0	0	17	¥		6	8	0	0	0	0	0	0

价税合计（大写）	肆拾陆万捌仟元整	¥468000.00

销货单位	名　　　称：优卡股份有限公司 纳税人登记号：370900000000898 地 址、电 话：泰安市高新区南天街 50 号 开户银行及账号：中国农业银行高新区支行　955990077666888888888	注 优卡股份有限公司 370900000000898 发票专用章 销货单位（章）

开票人：马强　　　　收款人：田丽　　　　复核：前程

表 3-30

中国农业银行进账单（收账通知）

2016 年 12 月 12 日　　　　　　　　　　　　　　第 065 号

收款人	全　称	优卡股份有限公司	付款人	全　称	新矿集团华丰煤矿
	账　号	955990077666888888888		账　号	53000068645
	开户银行	中国农业银行高新区支行		开户银行	工商行华丰支行

人民币（大写）肆拾陆万捌仟元整	千	百	十	万	千	百	十	元	角	分
		¥	4	6	8	0	0	0	0	0

票据种类	转账支票	中国农业银行股份有限公司 泰安市高新区支行 收款人开户行盖章 业务办讫章
票据张数	1	

单位主管：黄华　　　会计：马丽　　　复核：前程　　　记账：

表 3 - 31

商品出库单

2016 年 12 月 12 日

编号:2003

产成品库:2

产品或物品名称	规格	计量单位	数量	单价	金额	备注
仪表		台	2			出售
合计			2			

记账:马丽   仓库保管员:刘刚   复合:马翔   制单:王华

根据上述交易编制记账凭证(见表 3 - 32)。

表 3 - 32

收款凭证

借方科目:银行存款   2016 年 12 月 12 日   收字第 13 号

摘 要	贷方科目		账页	金 额														
	总账科目	明细科目		总账科目								明细科目					
				十	万	仟	佰	十	元	角	分	十	万	仟	佰	十	元	角	分
销售仪表	主营业务收入	仪表	√	4	0	0	0	0	0	0	0	4	0	0	0	0	0	0	0
	应交税费	应交增值税(销项税额)	√		6	8	0	0	0	0	0		6	8	0	0	0	0	0
合 计			√	4	6	8	0	0	0	0	0	4	6	8	0	0	0	0	0

会计主管: 记账: 出纳: 复核: 制证:

(8) 2016 年 12 月 16 日,销售锚护机具 1 套,产品已发运,当天办托委托收款手续。其原始凭证见表 3 - 33、表 3 - 34、表 3 - 35、表 3 - 36、表 3 - 37。

表 3－33

电中国农业银行托收承付凭证(回单)　1

承付期限		委托日期　2016 年 12 月 16 日			第 36 号	
到期 2016 年 12 月 19 日					托收号码:4717	

收款人	全　称	优卡股份有限公司	付款人	全　称	广东矿业公司
	账　号	95599007766688888888		账　号	755990077766688899904
	开户银行	中国农业银行高新区支行		开户银行	中行东莞支行

委托金额	人民币(大写)伍拾玖万元整	千	百	十	万	千	百	十	元	角	分
		¥	5	9	0	0	0	0	0	0	0

款项内容	货款	委托收款凭证名称	销售发票	附寄单证张数	1
货物发运情况	已发运			合同号	12617

备注:	款项受托日期 　　年　月　日	(收款人开户银行盖章) 中国农业银行股份有限公司 泰安高新区支行 2016 年 12 月 16 日 业务办迄章

此联为收付款人开户行交给收款人的回单

表 3－34

山东省增值税专用发票

发　山票　联

开票日期　2016 年 12 月 16 日　　　　　　　　　　No 1063474

购货单位	名　　称:广东矿业公司 纳税人登记号:444585069862385 地址 、电话:广东东莞工业南路 168 号 开户行及账号:工商银行人民路分理处　53000068645	密码区	(略)

商品或劳务名称	计量单位	数量	单价	金　额										税率%	税　额									
				千	百	十	万	千	百	十	元	角	分		千	百	十	万	千	百	十	元	角	分
锚护机具	套	1	500 000			5	0	0	0	0	0	0	0	17				8	5	0	0	0	0	0
合　计				¥	5	0	0	0	0	0	0	0	0	17	¥			8	5	0	0	0	0	0

价税合计(大写)	伍拾捌万伍仟元整	¥585000.00

销货单位	名　　称:优卡股份有限公司 纳税人登记号:370900000000898 地址 、电话:泰安市高新区南天街 50 号 开户银行及账号:中国农业银行高新区支行　95599007766688888888	注 优卡股份有限公司 370900000000898 发票专用章

開票人:马强　　　　收款人:田丽　　　　复核:前程　　　　(销货单位(章))

表 3－35

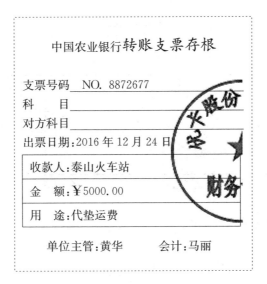

中国农业银行**转账支票存根**

支票号码　NO. 8872677

科　　目 _____

对方科目 _____

出票日期：2016 年 12 月 24 日

| 收款人：泰山火车站 |
| 金　　额：￥5000.00 |
| 用　　途：代垫运费 |

单位主管：黄华　　　会计：马丽

表 3－36

山东省铁路运输专用发票

发票代码：

发票号码：

开票日期：2016 年 12 月 16 日

机打代码 机打号码 及其编码					税控码	
收货人及 纳税人识别号					承运人及 纳税人识别号	
货物名称	车数	计费运输量	计费运距	计费单价	运输费用及金额	其他费用及金额
锚护机具						
备注	起点					
	泰安			东莞	小计：￥4500.00	小计：￥500.00
合计：人民币（大写）伍仟元整				￥5000.00		

第四联　发票联

表 3－37

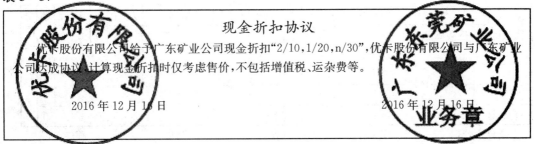

现金折扣协议

优卡股份有限公司给予广东矿业公司现金折扣"2/10,1/20,n/30"，优卡股份有限公司与广东矿业公司达成协议，计算现金折扣时仅考虑售价，不包括增值税、运杂费等。

2016 年 12 月 16 日　　　　　　　　　　2016 年 12 月 16 日

表 3－38

商品出库单

2016 年 12 月 16 日

编号:1004
产成品库:1

产品或 物品名称	规 格	计量单位	数 量	单 价	金 额	备 注
锚护机具		套	1			出售
合 计			1			

记账:马丽　　　　仓库保管员:王刚　　　　复合:马翔　　　　制单:王华

第二联:记账联

根据上述交易编制记账凭证(见表 3－39、表 3－40)。

表 3－39

转账凭证

2016 年 12 月 16 日

转字第 37 号

摘 要	总账科目	明细科目	账页	借方金额										贷方金额									
				千	百	十	万	千	百	十	元	角	分	千	百	十	万	千	百	十	元	角	分
销售锚护机具,办妥托收手续	应收账款	广东矿业公司	√		5	8	5	0	0	0	0	0	0										
	主营业务收入	锚护机具	√												5	0	0	0	0	0	0	0	0
	应交税费	应交增值税 (销项税额)	√													8	5	0	0	0	0	0	0
合 计				¥	5	8	5	0	0	0	0	0	0	¥	5	8	5	0	0	0	0	0	0

会计主管:　　　　记账:　　　　复核:　　　　制证:

附件 3 张

表 3－40

付款凭证

贷方科目:银行存款

2016 年 12 月 16 日

付字第 30 号

摘 要	借方科目		账页	金 额													
	总账科目	明细科目		总账科目							明细科目						
				十	万	千	百	十	元	角	分	十	万	千	百	十	元	角	分
代垫运费	应收账款	广东矿业公司	√			5	0	0	0	0	0			5	0	0	0	0	0
合 计			√		¥	5	0	0	0	0	0		¥	5	0	0	0	0	0

会计主管:　　　记账:　　　出纳:　　　复核:　　　制证:

附件 2 张

(9) 2016 年 12 月 16 日,委托开户银行托收的义蚂矿业公司货款已收回入账。其原始凭证见表 3－41。

表 3－41

中国农业银行托收承付凭证(收账通知) 4

电

承付期限				委托日期　2016 年 12 月 2 日					第 11 号					
到期 2016 年 12 月 16 日									托收号码:1116					

收款人	全　　称	优卡股份有限公司			付款人	全　　称	义蚂矿业公司							
	账　　号	95599007766688888888				账　　号	85599007776668889908							
	开户银行	中国农业银行高新区支行				开户银行	工商行义蚂市支行							

委托金额	人民币(大写)贰佰叁拾肆万捌仟元整		千	百	十	万	千	百	十	元	角	分
				¥	2	3	4	8	0	0	0	0	0

款项内容	货款	委托收款凭证名称	销售发票	附寄单证张数	1
货物发运情况	已发运			合同号	12128

备注: 本托收款项已由付款人开户行全额划回并收入贵账户 （收款人开户银行盖章） 2016 年 12 月 16 日	科目＿＿＿＿＿＿＿ 对方科目＿＿＿＿＿ 转账　　年　月　日 单位主管　会计　记账 复合

此联收款人开户银行在款项收托后给收款单位的收账通知

根据上述交易编制记账凭证(见表 3－42)。

表 3－42

收款凭证

借方科目:银行存款　　　　　　　　　　　2016 年 12 月 16 日　　　　　　　　　收字第 16 号

摘要	贷方科目		账页	金额																		
	总账科目	明细科目		总账科目									明细科目								
				千	百	十	万	千	百	十	元	角	分	千	百	十	万	千	百	十	元	角	分
收到货款	应收账款	义蚂矿业公司	√		2	3	4	8	0	0	0	0	0		2	3	4	8	0	0	0	0	0
合计			√	¥	2	3	4	8	0	0	0	0	0	¥	2	3	4	8	0	0	0	0	0

会计主管:　　　　　记账:　　　　　出纳:　　　　　复核:　　　　　制证:

附件 1 张

(10) 2016 年 12 月 17 日,委托开户银行托收的兖州矿业集团货款已收回入账。其原始凭证见表 3－43。

表 3－43

电中国农业银行托收承付凭证(收账通知)

承付期限 到期 2016 年 12 月 17 日	委托日期　2016 年 12 月 17 日		第 8 号 托收号码:3230

收款人	全　　称	优卡股份有限公司	付款人	全　　称	兖州矿业集团
	账　　号	95599007766688888888		账　　号	8559900777666888899908
	开户银行	中国农业银行高新区支行		开户银行	工商行邹城市支行

委托金额	人民币(大写)贰佰叁拾肆万捌仟元整	千 百 十 万 千 百 十 元 角 分 ¥ 2 3 4 8 0 0 0 0 0

款项内容	货款	委托收款 凭证名称	销售发票	附寄单 证张数	1

货物发运情况	已发运	合同号	12369

备注:	本托收款项已由付款人开户行全额划回 并收入收款人账户 (收款人开户银行盖章) 2016 年 12 月 17 日	科目＿＿＿＿＿＿ 对方科目＿＿＿＿＿ 转账　　　年　月　日 单位主管　会计　记账 复合

此联收款人开户银行在款项收托后给收款单位的收账通知

根据上述交易编制记账凭证(见表 3－44)。

表 3－44

收款凭证

借方科目:银行存款　　　　　　　2016 年 12 月 17 日　　　　　　收字第 17 号

摘要	贷方科目		账页	金　　额																	
	总账科目	明细科目		总账科目										明细科目							
				千	百	十	万	千	百	十	元	角	分	千	百	十	万	千	百	十	元	角	分
收到货款	应收账款	兖州矿业公司	✓		2	3	4	8	0	0	0	0	0		2	3	4	8	0	0	0	0	0
合计			✓	¥	2	3	4	8	0	0	0	0	0	¥	2	3	4	8	0	0	0	0	0

会计主管:　　　　记账:　　　　出纳:　　　　复核:　　　　制证:

附件 1 张

　(11) 2016 年 12 月 19 日,收到广东矿业公司的 12 月 16 日购锚护机具(有现金折扣)的货款。其原始凭证见表 3－45。

表 3 - 45

电中国农业银行托收承付凭证(收账通知) 4

承付期限	委托日期　2016 年 12 月 16 日	第 36 号
到期 2016 年 12 月 19 日		托收号码:4717

收款人	全　称	优卡股份有限公司	付款人	全　称	广东矿业公司
	账　号	95599007766688888888		账　号	755990077766688899904
	开户银行	中国农业银行高新区支行		开户银行	中行东莞支行

委托金额	人民币(大写)伍拾捌万元整	千 百 十 万 千 百 十 元 角 分
		¥ 5 8 0 0 0 0 0 0

款项内容	货款	委托收款凭证名称	销售发票	附寄单证张数	1
货物发运情况	已发运			合同号	12617

备注：本托款项已由付款人开户行全额划回并收入本行(收款人开户银行盖章)2016 年 12 月 19 日

科目＿＿＿＿
对方科目＿＿＿＿
转账　　　年　月　日
单位主管　会计　记账　复合

此联收款人开户银行在款项收托后给收款单位的收账通知

根据上述交易编制记账凭证(见表 3 - 46、表 3 - 47)。

表 3 - 46

转账凭证

2016 年 12 月 19 日　　　　　　　转字第 40 号

摘　要	总账科目	明细科目	账页	借方金额 千 百 十 万 千 百 十 元 角 分	贷方金额 千 百 十 万 千 百 十 元 角 分
销售锚护机具,办妥托收手续	财务费用		✓	1 0 0 0 0 0 0	
	应收账款	广东矿业公司	✓		1 0 0 0 0 0 0
合　计				¥ 1 0 0 0 0 0 0	¥ 1 0 0 0 0 0 0

会计主管：　　　记账：　　　复核：　　　制证：

附件 1 张

表 3-47

收款凭证

借方科目:银行存款 　　　　2016 年 12 月 19 日 　　　　收字第 18 号

摘要	贷方科目		账页	金　额																						
	总账科目	明细科目		总账科目										明细科目												
				千	百	十	万	千	百	十	元	角	分	千	百	十	万	千	百	十	元	角	分		
收到货款	应收账款	广东矿业公司	✓		5	8	0	0	0	0	0	0	0		5	8	0	0	0	0	0	0	0		
合计			✓	¥	5	8	0	0	0	0	0	0	0	¥	5	8	0	0	0	0	0	0	0		

附件 1 张

会计主管: 　　记账: 　　出纳: 　　复核: 　　制证:

(12) 2016 年 12 月 20 日,优卡股份有限公司以 2 套锚护机具对广东矿业公司进行长期股权投资,取得广东矿业公司 30% 的份额,能够对广东矿业公司实施重大影响。其原始凭证见表 3-48、表 3-49、表 3-50。

表 3-48

山东省增值税专用发票

开票日期:2016 年 12 月 20 日 　　　　No 463480

购货单位	名　称:广东矿业公司 纳税人登记号:444585069862385 地址、电话:广东东莞工业南路 168 号 开户行及账号:中行东莞支行 755990077766688899904													密码区	(略)								
商品或劳务名称	计量单位	数量	单价	金　额									税率%	税　额								
				千	百	十	万	千	百	十	元	角	分		千	百	十	万	千	百	十	元	角	分
锚护机具	台	2	500 000		1	0	0	0	0	0	0	0	0	17		1	7	0	0	0	0	0	0
合　计				¥	1	0	0	0	0	0	0	0	0	17	¥	1	7	0	0	0	0	0	0
价税合计(大写)	壹佰壹拾柒万元整			¥1170000.00																			
销货单位	名　称:优卡股份有限公司 纳税人登记号:370900000000898 地址、电话:泰安市高新区南天街 50 号 开户银行及账号:中国农业银行高新区支行 9559900776668888888																						

开票人:马强 　　收款人:田丽 　　复核:前程

表 3－49

投资协议书（摘要）

投资单位:优卡股份有限公司
被投资单位:广东矿业公司
·········
第二条:优卡股份有限公司以 2 套全新锚护机具对广东矿业公司进行投资。
第三条:优卡股份有限公司投资后,占广东矿业公司新注册资本的 30% 的份额。
第四条:投资日广东矿业公司所有者权益公允价值为人民币 300 万元。
·········

投资人(签章):优卡股份有限公司
2016 年 12 月 20 日

接受投资人(签章):广东矿业公司
2016 年 12 月 20 日

表 3－50

商品出库单

2016 年 12 月 20 日

编号:1005
产成品库:1

产品或物品 名称	规 格	计量单位	数 量	单 价	金 额	备 注
锚护机具		套	2			对外投资
合 计			2			

记账:马丽　　　　　仓库保管员:王刚　　　　　复合:马翔　　　　　制单:王华

第二联:记账联

根据上述交易编制记账凭证(见表 3－51)。

表 3－51

转账凭证

2016 年 12 月 20 日

转字第 50 号

摘 要	总账科目	明细科目	账页	借方金额										贷方金额								
				千	百	十	万	千	百	十	元	角	分	千	百	十	万	千	百	十	元	角	分
以产品对外 投资	长期股权投资	广东矿业公司	✓		1	1	7	0	0	0	0	0	0										
	主营业务收入	锚护机具	✓												1	0	0	0	0	0	0	0	0
	应交税费	应交增值税 (销项税额)														1	7	0	0	0	0	0	0
合 计				¥	1	1	7	0	0	0	0	0	0	0	¥	1	1	7	0	0	0	0	0	0	0

附件 2 张

会计主管:　　　　记账:　　　　复核:　　　　制证:

(13) 2016 年 12 月 20 日,优卡股份有限公司收到山东矿业公司的预付货款 200 000 元,汇款已收到。其原始凭证见表 3 - 52。

表 3 - 52

中国建设银行电汇凭证(收账通知)

2016 年 12 月 20 日 　　　　　　　　　　　　　　　第 091 号

<table>
<tr><td rowspan="4">收款人</td><td>全　称</td><td colspan="2">山东矿业公司</td><td rowspan="4">付款人</td><td>全　称</td><td colspan="9">优卡股份有限公司</td><td rowspan="13">此联是银行给收款人的收账通知</td></tr>
<tr><td>账　号</td><td colspan="2">155990077766688800001</td><td>账　号</td><td colspan="9">95599007766688888888</td></tr>
<tr><td>开户银行</td><td colspan="2">建行天桥区支行</td><td>开户银行</td><td colspan="9">中国农业银行高新区支行</td></tr>
<tr><td>汇出地点</td><td colspan="2">济南市</td><td>汇入地点</td><td colspan="9">山东泰安</td></tr>
<tr><td rowspan="2">金额</td><td rowspan="2" colspan="3">人民币(大写)贰拾万元整</td><td>千</td><td>百</td><td>十</td><td>万</td><td>千</td><td>百</td><td>十</td><td>元</td><td>角</td><td>分</td></tr>
<tr><td></td><td>¥2</td><td>0</td><td>0</td><td>0</td><td>0</td><td>0</td><td>0</td><td>0</td><td>0</td></tr>
<tr><td>款项性质</td><td colspan="3">预收货款</td><td colspan="10">汇出行盖章
中国建设银行股份有限公司
2016 年 12 月 20 日
天桥区支行
业务办讫章</td></tr>
<tr><td>单位主管　　会计　　复核　　记账</td><td colspan="13"></td></tr>
</table>

根据上述交易编制记账凭证(见表 3 - 53)。

表 3 - 53

收款凭证

借方科目:银行存款　　　　　　2016 年 12 月 19 日　　　　　　收字第 22 号

<table>
<tr><td rowspan="3">摘要</td><td colspan="2">贷方科目</td><td rowspan="3">账页</td><td colspan="20">金　额</td><td rowspan="24">附件1张</td></tr>
<tr><td rowspan="2">总账科目</td><td rowspan="2">明细科目</td><td colspan="10">总账科目</td><td colspan="10">明细科目</td></tr>
<tr><td>千</td><td>百</td><td>十</td><td>万</td><td>千</td><td>百</td><td>十</td><td>元</td><td>角</td><td>分</td><td>千</td><td>百</td><td>十</td><td>万</td><td>千</td><td>百</td><td>十</td><td>元</td><td>角</td><td>分</td></tr>
<tr><td>预收货款</td><td>预收账款</td><td>广东矿业公司</td><td>✓</td><td></td><td>2</td><td>0</td><td>0</td><td>0</td><td>0</td><td>0</td><td>0</td><td>0</td><td>0</td><td></td><td>2</td><td>0</td><td>0</td><td>0</td><td>0</td><td>0</td><td>0</td><td>0</td><td>0</td></tr>
<tr><td></td><td></td><td></td><td></td><td></td><td></td><td></td><td></td><td></td><td></td><td></td><td></td><td></td><td></td><td></td><td></td><td></td><td></td><td></td><td></td><td></td><td></td><td></td><td></td><td></td></tr>
<tr><td></td><td></td><td></td><td></td><td></td><td></td><td></td><td></td><td></td><td></td><td></td><td></td><td></td><td></td><td></td><td></td><td></td><td></td><td></td><td></td><td></td><td></td><td></td><td></td><td></td></tr>
<tr><td>合计</td><td></td><td></td><td>✓</td><td>¥</td><td>2</td><td>0</td><td>0</td><td>0</td><td>0</td><td>0</td><td>0</td><td>0</td><td>0</td><td>¥</td><td>2</td><td>0</td><td>0</td><td>0</td><td>0</td><td>0</td><td>0</td><td>0</td><td>0</td></tr>
</table>

会计主管:　　　　记账:　　　　出纳:　　　　复核:　　　　制证:

(14) 2016 年 12 月 20 日,优卡股份有限公司与济南钢铁公司达成协议,优卡股份有限公司用自产的 2 台仪表偿还对济南钢铁公司的货款,进行债务重组,仪表的市场价是 200 000 元/台。其原始凭证见表 3 - 54、表 3 - 55、表 3 - 56。

表 3 - 54

山东省增值税专用发票

开票日期:2016年12月20日   No 07564096

购货单位	名　　称:济南钢铁公司
	纳税人登记号:370110000000798
	地　址、电话:济南市工业南路7788号
	开户银行及账号:中国建设银行工业路支行　855990077766688899907

商品或劳务名称	计量单位	数量	单价	金额										税率%	税额									
				千	百	十	万	千	百	十	元	角	分	%	千	百	十	万	千	百	十	元	角	分
仪表	台	2	200 000		4	0	0	0	0	0	0	0	0	17		6	8	0	0	0	0	0
合　计				¥	4	0	0	0	0	0	0	0	0	17	¥	6	8	0	0	0	0	0
价税合计(大写)　　　肆拾陆万捌仟元整　　　　　　　　　　　　¥468000.00																						

销货单位	名　　称:优卡股份有限公司
	纳税人登记号:3709000000000898
	地　址、电话:泰安市高新区南天街50号
	开户银行及账号:中国农业银行高新区支行　9559900776668888888888

开票人:马强　　　　　收款人:田丽　　　　　复核:前程

（密码区：略）

第四联　记账联　销货方记账凭证

表 3 - 55

商品出库单

编号:2004

2016 年 12 月 20 日

产成品库:2

产品或物品名称	规格	计量单位	数量	单价	金额	备注
仪表		台	2			债务重组
合　计			2			

记账:马丽　　　　仓库保管员:王刚　　　　复合:马翔　　　　制单:王华

第二联：记账联

表 3-56

债务重组协议

甲方(债权人):济南钢铁公司

乙方(债务人):优卡股份有限公司

1. 乙方于 2016 年 12 月 10 月因向甲方采购形成 500 000.00 元的应付账款没能按期偿还,直至今日。因财务困难,乙方向甲方申请债务重组,为了保障债权人(甲方)最大限度的收回债权,同时也为了缓解债务人(乙方)的财务困难,经协商,双方达成如下协议:

甲方同意乙方于协议签署日以 2 台经评估确认公允价值为 200 000 元/台的仪表抵偿债务,余款甲方做出让步,不再追还,债务重组后,双方仍保持贸易往来。

2. 本协议签订后,乙方即付该款项。

3. 本协议经双方签署后即生效。

 甲方:济南钢铁公司
法人代表(签字):杜康
2016 年 12 月 20 日

 乙方:优卡股份有限公司
法人代表(签字):宁化强
2016 年 12 月 20 日

根据上述交易编制记账凭证(见表 3-57)。

表 3-57

转账凭证

2016 年 12 月 20 日　　　　　　　　　　转字第 57 号

摘要	总账科目	明细科目	账页	借方金额 千百十万千百十元角分	贷方金额 千百十万千百十元角分
债务重组	应付账款	济南钢铁公司	✓	5 0 0 0 0 0 0 0	
	库存商品	仪表	✓		4 0 0 0 0 0 0 0
	应交税费	应交增值税(销项税额)			6 8 0 0 0 0 0
	营业外收入	债务重组利得			3 2 0 0 0 0 0
合计				¥ 5 0 0 0 0 0 0 0	¥ 5 0 0 0 0 0 0 0

会计主管:　　　记账:　　　复核:　　　制证:

附件 2 张

(15) 2016 年 12 月 20 日,销售产品,款已收到。其原始凭证见表 3-58、表 3-59、表 3-60。

表 3-58

山东省增值税专用发票

开票日期：2016 年 12 月 20 日   No 31716478

购货单位	名 称：福建福旺机械有限公司 纳税人登记号：350181611314965 地 址、电 话：福州市工业开发区 开户行及账号：工行福州市支行 401102062529											密码区	(略)								

商品或劳务名称	计量单位	数量	单 价	金 额										税率%	税 额									
				千	百	十	万	千	百	十	元	角	分		千	百	十	万	千	百	十	元	角	分
仪表	台	2	200 000		4	0	0	0	0	0	0	0		17		6	8	0	0	0	0	0		
合 计				¥	4	0	0	0	0	0	0	0		17	¥	6	8	0	0	0	0	0		

价税合计(大写)	肆拾陆万捌仟元整	¥468000

销货单位	名 称：优卡股份有限公司 纳税人登记号：370900000000898 地 址、电 话：泰安市高新区南天街 50 号 开户银行及账号：中国农业银行高新区支行 9559900776668888888

开票人：马强   收款人：田丽   复核：前程   销货单位(章)

第四联 销货方记账凭证

表 3-59

中国农业银行进账单(收账通知)

2016 年 12 月 20 日   第 095 号

收款人	全 称	优卡股份有限公司	付款人	全 称	福建福旺机械有限公司									
	账 号	95599007766688888888		账 号	40116206529									
	开户银行	中国农业银行高新区支行		开户银行	工行福州市支行									

人民币(大写)肆拾陆万捌仟元整	千	百	十	万	千	百	十	元	角	分
		¥		8	0			0	0	0

票据种类	银行汇票
票据张数	1 张
单位主管 会计 复核 记账	收款人开户行业务办迄章

此联是收款人或收账行通知交给收款人

回单或收账通知交给收款人

表 3－60

商品出库单

2016 年 12 月 20 日

编号:2005
产成品库:2

产品或物品名称	规　格	计量单位	数　量	单　价	金　额	备　注
仪表		台	2			出售
合　计			2			

记账:马丽　　　　　　仓库保管员:王刚　　　　　　复合:马翔　　　　　　制单:王华

第二联:记账联

根据上述交易编制记账凭证(见表 3－61)。

表 3－61

收款凭证

借方科目:银行存款　　　　　　2016 年 12 月 19 日　　　　　　收字第 25 号

摘要	贷方科目		账页	金　额																		
	总账科目	明细科目		总账科目									明细科目								
				千	百	十	万	千	百	十	元	角	分	千	百	十	万	千	百	十	元	角	分
销售商品	主营业务收入	仪表	✓		4	0	0	0	0	0	0	0	0		4	0	0	0	0	0	0	0	0
	应交税费	应交增值税(销项税额)			6	8	0	0	0	0	0				6	8	0	0	0	0	0		
合计			✓	¥	4	6	8	0	0	0	0	0	0	¥	4	6	8	0	0	0	0	0	0

会计主管:　　　　记账:　　　　出纳:　　　　复核:　　　　制证:

附件 1 张

二、有关会计账簿资料

根据会计凭证登记销售与收款循环部分有关总账、明细账的资料如下:

(1) 销售与收款业务总账账户的登记,见表 3－62 至表 3－64。

表 3－62

总　账

会计科目:主营业务收入　　　　　　　　　　　　　　　　　　单位:元

2016 年		凭　证		摘　要	借　方	贷　方	借或贷	余　额
月	日	种类	号数					
12	15	科汇	1	1－15 发生额		5 480 000	贷	5 480 000
	31	科汇	2	16－31 发生额	7 380 000	1 900 000	平	0

表 3 - 63

总 账

会计科目:应收账款   单位:元

2016年		凭 证		摘 要	借 方	贷 方	借或贷	余 额
月	日	种类	号数					
12	1			期初余额			借	1 197 680
	15	科汇	1	1-15 发生额	4 696 000	600 000	借	5 293 680
	31	科汇	2	16-31 发生额	590 000	5 286 000	借	597 680

表 3 - 64

总 账

会计科目:坏账准备   单位:元

2016年		凭 证		摘 要	借 方	贷 方	借或贷	余 额
月	日	种类	号数					
12	1			期初余额			贷	4 680
	15	科汇	1	1-15 发生额	0	0	贷	4 680
	31	科汇	2	16-31 发生额	0	0	贷	4 680

(2)销售与收款业务有关明细账户的登记,见表 3 - 65 至表 3 - 70。

表 3 - 65

主营业务收入明细账

会计科目:主营业务收入   明细科目:锚护机具   单位:元

2016年		凭 证		摘 要	借 方	贷 方	借或贷	余 额
月	日	种类	号数					
12	2	转	2	销售锚护机具		2 000 000	贷	2 000 000
	5	转	4	销售锚护机具		500 000	贷	2 500 000
	8	转	23	销售锚护机具		2 000 000	贷	4 500 000
	16	转	37	销售锚护机具		500 000	贷	5 000 000
	20	转	50	锚护机具投资		1 000 000	贷	6 000 000
	31	转	78	结转	6 000 000	6 000 000	平	0

表 3 - 66

主营业务收入明细账

会计科目:主营业务收入　　　　　　明细科目:仪表　　　　　　单位:元

2016年		凭　证		摘　要	借　方	贷　方	借或贷	余　额
月	日	种类	号数					
	3	收	4	销售仪表		180 000	贷	180 000
	4	转	3	销售仪表		400 000	贷	580 000
	12	收	13	销售仪表		400 000	贷	980 000
	20	收	25	销售仪表		400 000	贷	1 380 000
	31	转	78	结转	1 380 000	1 380 000	平	0

表 3 - 67

应收账款明细账

二级科目或明细科目:广东矿业公司　　　　　　单位:元

2016年		凭　证		摘　要	借　方	贷　方	借或贷	余　额
月	日	种类	号数					
12	1			期初余额			借	834 000
	2	收	3	收回销货款		600 000	借	234 000
	16	转	37	销售锚护机具	585 000		借	819 000
	16	付	30	支付代垫运费	5 000		借	824 000
	19	收	18	收回货款		580 000	借	244 000
	19	转	40	现金折扣		10 000	借	234 000

表 3 - 68

应收账款明细账

二级科目或明细科目:义蚂矿业公司　　　　　　单位:元

2016年		凭　证		摘　要	借　方	贷　方	借或贷	余　额
月	日	种类	号数					
12	1			期初余额			借	359 000
	2	付	2	代垫销售运费	8 000		借	367 000
	2	转	2	销售锚护机具	2 340 000		借	2 707 000
	16	收	16	收回销货款		2 348 000	借	359 000

表 3－69

应收账款明细账

二级科目或明细科目:兖州矿业公司   单位:元

2016 年		凭 证		摘 要	借 方	贷 方	借或贷	余 额
月	日	种类	号数					
12	1			期初余额				4 680
	8	转	23	销售锚护机具	2 340 000		借	2 344 680
	8	付	15	代垫运费	8 000		借	2 352 680
	17	收	17	收回销货款		2 348 000	借	4 680

表 3－70

预收账款明细账

二级科目或明细科目:山东矿业公司   单位:元

2016 年		凭 证		摘 要	借 方	贷 方	借或贷	余 额
月	日	种类	号数					
12	20	收	22	预收货款		200 000	贷	200 000

三、有关会计报表资料

优卡股份有限公司 2015 年、2016 年各月主要产品销售收入、成本汇总表,见表 3－71、表 3－72。

表 3－71

锚护机具收入、成本情况汇总表

月 份	主营业务收入		主营业务成本	
	2015 年	2016 年	2015 年	2016 年
1	4 334 640	4 484 000	3 438 600	3 546 353
2	4 409 160	4 552 680	3 456 000	3 580 600
3	4 527 000	4 637 000	3 542 000	3 660 400
4	4 628 000	4 796 000	3 583 000	3 695 200
5	4 818 000	4 968 000	3 679 000	3 715 600
6	5 042 700	5 140 000	3 728 000	3 801 000.08
7	5 160 000	5 375 000	3 745 000	3 823 000
8	5 315 000	5 424 000	3 845 400	3 880 230
9	5 392 000	5 606 000	3 889 000	3 967 060
10	5 460 000	5 778 000	3 955 000	4 153 560
11	5 625 900	5 830 000	4 088 000	4 215 000
12	5 800 000	6 000 000	4 156 000	4 110 477.84
合 计	60 512 400	62 540 680	45 105 000	46 213 280.94

表 3 - 72

仪表收入、成本情况汇总表

月　份	主营业务收入		主营业务成本	
	2015 年	2016 年	2015 年	2016 年
1	1 405 600	1 465 680	1 132 000	1 159 000
2	1 407 000	1 467 000	1 182 000	1 178 000
3	1 409 000	1 469 000	1 218 000	1 207 000
4	1 410 000	1 475 000	1 222 000	1 254 000
5	1 413 000	1 475 000	1 230 000	1 244 000
6	1 419 000	1 474 000	1 295 000	1 257 000
7	1 421 000	1 471 000	1 310 000	1 302 000
8	1 425 000	1 485 000	1 325 000	1 335 800
9	1 424 000	1 499 000	1 328 000	1 310 000
10	1 431 000	1 491 000	1 336 000	1 329 000
11	1 448 000	1 488 000	1 345 000	1 372 196.92
12	1 455 000	1 380 000	1 382 000	1 456 430.06
合　计	17 067 600	17 639 680	15 305 000	15 404 426.98

第三节　营业收入审计实训

【实训目的】　通过本实验,利用检查、分析性复核、截止测试等审计方法,对优卡股份有限公司主营业务收入报表项目发生的真实性、记录的完整性、计价的准确性和分类及表达披露的恰当性进行实质性测试,理解和掌握营业收入主要工作底稿的编制方法,进而掌握"利润表"项目中主营业务收入、其他业务收入、投资收益、营业外收入的实质性测试程序和方法。

【实训内容】　针对本章第二节提供的优卡股份有限公司 2016 年 12 月份及本年度有关会计资料和本节补充提供的审计资料,进行以年度报表的合法性、公允性为一般目的的年报审计。

【补充资料】　为实现上述审计目标,完成有关审计内容,在已有会计资料的基础上,需要补充以下审计资料:

为进行审计截止测试,将优卡股份有限公司 2017 年 1 月份部分销售相关的业务整理如下,见表 3 - 73。

表 3－73

优卡股份有限公司 2017 年 1 月部分销售情况汇总表

日期	凭证编号	商品名称	营业收入	增值税	发票内容					发货记录		
					编号	日期	单价	数量	金额	日期	数量	金额
2	转 1	锚护设备	500 000	85 000	N：1688	2016.12.28	500 000	1	500 000	2016.12.28	1	500 000
5	收 2	仪表	100 000	17 000	N：1689	2017.1.5	100 000	1	100 000	2017.1.5	1	100 000
15	转 2	锚护设备	500 000	85 000	N：1690	2017.1.15	500 000	4	2 000 000	2017.1.20	4	2 000 000

【实训要求】　完成下列优卡股份有限公司"营业收入"相关审计工作底稿：主营业务收入明细表、产品销售分析表、月度毛利率分析表、营业收入真实性检查表、营业收入完整性检查表、主营业务收入截止测试表、营业收入审定表。

（1）编制完成"主营业务收入明细表"审计工作底稿。

根据优卡股份有限公司 2016 年 12 月份主营业务收入明细账和表 3－71、表 3－72 提供的资料，编制"主营业务收入明细表"工作底稿（见表 3－74）。并检查核对主营业务收入总账、明细账及利润表营业收入是否相符。

表 3－74

主营业务收入明细表

被审计单位：＿＿＿＿＿＿＿＿＿＿＿＿　　　索引号：＿＿＿＿＿＿＿＿＿＿＿＿

项目：　主营业务收入明细表　　　　　　所审计会计期间：＿＿＿＿＿＿＿＿＿＿

编制：＿＿＿＿＿＿＿＿＿＿＿＿＿　　　复核：＿＿＿＿＿＿＿＿＿＿＿＿＿＿

日期：＿＿＿＿＿＿＿＿＿＿＿＿＿　　　日期：＿＿＿＿＿＿＿＿＿＿＿＿＿＿

月　份	合　计					
1 月						
2 月						
3 月						
4 月						
5 月						
6 月						
7 月						
8 月						
9 月						
10 月						
11 月						
12 月						
合　计						
上期数						
变动额						
变动比例						

审计说明：

（2）编制完成"产品销售分析表"工作底稿。

产品销售分析表用以比较分析本年度主要产品或劳务与上年度可比产品或劳务的销售数量、销售收入、销售成本、销售毛利的变化情况,判断可比产品销售变动是否存在异常,进而帮助注册会计师确定审计重点。本表根据表3-71、表3-72编制完成,见表3-75。

表3-75

业务/产品销售分析表

被审计单位：＿＿＿＿＿＿＿＿＿＿＿＿＿＿＿＿＿＿＿＿ 索引号：＿＿＿＿＿＿＿＿＿＿＿＿＿＿＿＿＿

项目：　业务/产品销售分析表＿＿＿＿＿＿ 财务报表截止日/期间：＿＿＿＿＿＿＿＿＿

编制：＿＿＿＿＿＿＿＿＿＿＿＿＿＿＿＿＿＿＿＿ 复核：＿＿＿＿＿＿＿＿＿＿＿＿＿＿＿＿＿＿

日期：＿＿＿＿＿＿＿＿＿＿＿＿＿＿＿＿＿＿＿＿ 日期：＿＿＿＿＿＿＿＿＿＿＿＿＿＿＿＿＿＿

收入类别/产品名称	本期数				上期数				变动幅度			
	数量	主营业务收入	主营业务成本	毛利率	数量	主营业务收入	主营业务成本	毛利率	数量	主营业务收入	主营业务成本	毛利率
合计												

审计说明：

（3）编制完成"月度毛利率分析表"工作底稿。

月度毛利率分析表可以通过比较分析本年度主营业务收入、主营业务成本和主营业务毛利的变化情况,判断本年度各月份产品销售收入、成本和毛利的变动在各月之间的变动是否存在异常,进而帮助注册会计师确定本年度重点审计的会计期间。本工作底稿根据表3-71、表3-72提供的资料编制完成,见表3-76。

表 3-76

月度毛利率分析表

被审计单位：_____　　索引号：_____

项目：　月度毛利率分析表_____　　财务报表截止日/期间：_____

编制：_____　　复核：_____

日期：_____　　日期：_____

月　份	本期数				上期数				变动幅度
	主营业务收入	主营业务成本	毛　利	毛利率	主营业务收入	主营业务成本	毛　利	毛利率	
1									
2									
3									
4									
5									
6									
7									
8									
9									
10									
11									
12									
合　计									

审计说明：

（4）编制完成"营业收入真实性检查表"工作底稿。

本审计工作底稿是为了检查已列入会计报表的收入项目是否确实真实发生，重点审查是否存在高估收入项目的问题。审计路线应按照由"会计报表→明细账→会计凭证"的路线进行审计。此工作底稿要求以优卡股份有限公司 2016 年 12 月份锚护设备的销售业务为例编制，见表 3-77。

表 3-77

营业收入真实性检查情况表

被审计单位：_____　　　索引号：_____

项目：__营业收入真实性检查情况表__　　　财务报表截止日/期间：_____

编制：_____　　　复核：_____

日期：_____　　　日期：_____

日期	凭证编号	单位名称	核对明细账				核对发货单			核对合同			核对发货票		对应科目
			品名	数量	单价	金额	①	②	③	④	⑤	⑥	⑦	⑧	

1. 核对内容说明：（核对内容用"√"、"×"表示，不适用标"N/A"）
① 核对发票与品名一致　　④ 核对合同品名一致　　⑦ 正确过入明细账
② 核对发票规格一致　　⑤ 核对合同规格一致　　⑧ ……
③ 核对发票数量一致　　⑥ 核对合同单价与发票单价一致
2. 抽查样本数量：　　　收入总额：　　　抽查比例：

审计说明：

（5）编制完成"营业收入完整性检查表"工作底稿。

本审计工作底稿是为了检查优卡股份有限公司2016年度所发生的全部收入是否均已列入会计报表的收入项目,重点审查是否不存在遗漏和低估营业收入问题。审计路线应按照由"会计凭证→明细账→会计报表"的审计路线进行审计。此工作底稿要求以优卡股份有限公司2016年12月份仪表销售业务为例编制,见表3-78。

表3-78

营业收入完整性检查情况表

被审计单位:＿＿＿＿＿＿＿＿＿＿＿　　索引号:＿＿＿＿＿＿＿＿＿＿＿

项目:　营业收入完整性检查情况表　　　财务报表截止日/期间:＿＿＿＿＿＿＿

编制:＿＿＿＿＿＿＿＿＿＿＿　　　　　复核:＿＿＿＿＿＿＿＿＿＿＿

日期:＿＿＿＿＿＿＿＿＿＿＿　　　　　日期:＿＿＿＿＿＿＿＿＿＿＿

序号	摘要	单位名称	发货单核对				核对发票			核对合同			核对明细账		对应科目
			出库日期	品名	规格	数量	①	②	③	④	⑤	⑥	⑦	⑧	

1. 核对内容说明:(核对内容用"√"、"×"表示,不适用标"N/A")
① 核对发票与品名一致　　④ 核对合同品名一致　　⑦ 正确过入明细账
② 核对发票规格一致　　　⑤ 核对合同规格一致　　⑧ ……
③ 核对发票数量一致　　　⑥ 核对合同单价与发票单价一致
2. 抽查样本数量:　　　　收入总额:　　　　抽查比例:

审计说明及审计调整分录:

（6）编制完成"主营业务收入截止测试表"工作底稿。

主营业务收入截止测试表是用于测试被审计单位是否存在跨期调节收入的工作底稿。以优卡股份有限公司2016年12月份全部锚护设备销售及2017年1月份有关锚护设备销售业务（见表3-73）进行从发货单到明细账的截止测试，编制的工作底稿见表3-79。以优卡股份有限公司2016年12月份全部仪表销售及2017年1月份有关仪表销售业务（见表3-73）进行从明细账到发货单的截止测试，编制完成的工作底稿见表3-80。

表3-79

主营业务收入截止测试

被审计单位：＿＿＿＿＿＿＿＿＿＿＿　　索引号：＿＿＿＿＿＿＿＿＿＿＿

项目：__主营业务收入截止测试__　　财务报表截止日/期间：＿＿＿＿＿＿

编制：＿＿＿＿＿＿＿＿＿＿＿　　复核：＿＿＿＿＿＿＿＿＿＿＿

日期：＿＿＿＿＿＿＿＿＿＿＿　　日期：＿＿＿＿＿＿＿＿＿＿＿

从发货单到明细账

编号	发货单		发票内容					明细账				是否跨期 √(×)
	日期	号码	日期	客户名称	货物名称	销售额	税额	日期	凭证号	主营业务收入	税金	

截止日前：＿＿＿＿＿＿＿＿＿＿＿

截止日期：20　年　月　日＿＿＿

截止日后：＿＿＿＿＿＿＿＿＿＿＿

审计说明及调整分录：

表 3 - 80

主营业务收入截止测试

被审计单位：_____　　索引号：_____

项目：__主营业务收入截止测试__　　　　　财务报表截止日/期间：_____

编制：_____　　　　复核：_____

日期：_____　　　　日期：_____

从明细账到发货单

编号	明细账				发票内容					发货单		是否跨期√（×）
	日期	凭证号	主营业务收入	应交税金	日期	客户名称	货物名称	销售额	税额	日期	号码	

截止日前：_____

截止日期：20×7年×月×日_____

截止日后：_____

审计说明：

（7）编制完成"营业收入审定表"工作底稿。

营业收入审定表是在被审计单位提供会计报表所列营业收入的基础上，汇总审计中发现的营业收入存在的错弊，编制完成的工作底稿，见表3-81。

表3-81

<h1 style="text-align:center">营业收入审定表</h1>

被审计单位：_____　　索引号：_____

项目：__营业收入__　　　　　　　　　　　财务报表截止日/期间：_____

编制：_____　　复核：_____

日期：_____　　日期：_____

项目类别	本期未审数	账项调整		本期审定数	上期审定数	索引号
		借方	贷方			
一、主营业务收入						
小　计						
二、其他业务收入						
小　计						
营业收入合计						

审计结论：

第四节　应收账款审计实训

【实训目的】　通过本实验,利用检查、函证、重新计算等审计方法,对优卡股份有限公司资产负债表所列"应收账款"报表项目金额存在的真实性、记录的完整性、计价和分摊的准确性以及分类与表达披露的恰当性进行实质性测试,理解和掌握"应收账款"项目的主要工作底稿的编制方法,进而掌握"资产负债表"中应收账款、预付账款、应收票据、其他应收款等债权类项目的实质性测试程序和方法。

【实训内容】　针对本章第二节提供的优卡股份有限公司 2016 年 12 月份及本年度有关会计资料和本节补充提供的审计资料,进行以年度报表的合法性、公允性为一般目的的年报审计。

【补充资料】　应收账款审计相关资料:

(1)应收账款账户资料。

应收账款总账账户余额为借方余额 597 680 元,其中:应收广州矿业公司账款 234 000 元,已逾期 13 个月,应收义乌矿业公司账款 359 000 元,已逾期 6 个月,应收兖州矿业公司账款 4 680 元,在信用期内。

(2)公司坏账计提政策。

优卡股份有限公司对应收账款采用"应收账款余额百分比法计提坏账准备",确定的坏账计提率为 2%,2016 年年初坏账准备余额为 4 680 元,2016 年度未发生坏账损失,2016 年年末也未计提坏账准备。

注册会计师审计后认为:按证券法对上市公司的有关规定,该公司应采用账龄分析法计提坏账准备,重新估计后认为应收账款超期 3 年以上的坏账计提率应为 10%,超期 2～3 年的计提率为 5%,超期 1～2 年的计提率为 3%,超期 1 年以内的计提率为 1%,未到期应收款的计提率为 0.5%。

(3)应收账款函证。

注册会计师对优卡股份有限公司的应收账款的所有客户进行了函证,注册会计师向被审计单位的客户发函及回函记录见表 3-82。

表 3-82

注册会计师应收账款回函记录表

客　户	广州矿业公司			义乌矿业公司			兖州矿业公司		
	第1次	第2次	第3次	第1次	第2次	第3次	第1次	第2次	第3次
发函时间	2017.2.1	2017.2.10		2017.2.1			2017.2.1	2017.2.10	2017.2.15
发函人	初楚	初楚		初楚			初楚	初楚	初楚

由于客户比较集中,数量不多,注册会计师决定采用肯定式函证方式,并在约定时间收

回客户盖章确认的回函,函证询证函的回函工作底稿见表3-83、表3-84、表3-85。

表3-83

企业询证函

编号:1601

广州矿业公司(公司)

    本公司聘请的山东泰山联合会计师事务所正在对本公司财务报表进行审计,按照中国注册会计师审计准则的要求,应当询证本公司与贵公司的往来账项等事项。下列数据出自本公司账簿记录,如与贵公司记录相符,请在本函下端"数据证明无误"处签章证明;如有不符,请在"数据不符"处列明不符金额。回函请直接寄至山东泰山联合会计师事务所。

通信地址:山东省泰安市文化路44号

邮编:271000   电话:0538-8336284   传真: 联系人:初楚

1. 本公司与贵公司的往来账项列示如下:

截止日期	贵公司欠	欠贵公司	备 注
2016年12月31日	234 000元	200 000元	

2. 其他事项

本函仅为复核账目之用,并非催款结算。若款项在上述日期之后已经付清或以付函为盼。

(公司签章)

2017年2月10日

结论:1. 数据证明无误。

经办人:

(公司签章)

年   月   日

2. 数据不符,请列明不符的详细情况:

    截至2016年12月31日,我公司欠贵公司234 000元,存在合同纠纷,正协商解决。贵公司欠我公司应为300 000元,为我公司分2次支付给贵公司的预付采购商品款。

经办人:

(公司签章)

2017年2月15日

表 3－84

企业询证函

编号:1602

<u>兖州矿业公司</u>(公司)

　　本公司聘请的山东泰山联合会计师事务所正在对本公司财务报表进行审计,按照中国注册会计师审计准则的要求,应当询证本公司与贵公司的往来账项等事项。下列数据出自本公司账簿记录,如与贵公司记录相符,请在本函下端"数据证明无误"处签章证明;如有不符,请在"数据不符"处列明不符金额。回函请直接寄至山东泰山联合会计师事务所。

通信地址:山东省泰安市文化路 44 号

邮编:271000　　　　　　电话:0538－8336284　　　　　传真:　　　　联系人:初楚

1. 本公司与贵公司的往来账项列示如下:

截止日期	贵公司欠	欠贵公司	备　　注
2016 年 12 月 31 日	4 680 元	0 元	

2. 其他事项

本函仅为复核账目之用,并非催款结算。若款项在上述日期之后已经付清或何反有函不复为盼。

(公司签章)

2017 年 2 月 1 日

结论:1. 数据证明无误。

经办人:

(公司签章)

2017 年 2 月 1 日

2. 数据不符,请列明不符的详细情况:

(公司签章)

年　　月　　日

表 3 - 85

企业询证函

编号:1603

义蚂矿业公司(公司)

本公司聘请的山东泰山联合会计师事务所正在对本公司财务报表进行审计,按照中国注册会计师审计准则的要求,应当询证本公司与贵公司的往来账项等事项。下列数据出自本公司账簿记录,如与贵公司记录相符,请在本函下端"数据证明无误"处签章证明;如有不符,请在"数据不符"处列明不符金额。回函请直接寄至山东泰山联合会计师事务所。

通信地址:山东泰安市文化路 44 号

邮编:271000　　　电话:0538 - 8336284　　　传真:0538 - 8336284　　　联系人:初楚

1. 本公司与贵公司的往来账项列示如下:

截止日期	贵公司欠	欠贵公司	备　注
2016 年 12 月 31 日	359 000 元	0 元	

2. 其他事项

本函仅为复核账目之用,并非催款结算。若款项在上述日期之后已经付清,仍请及时函复为盼。

(公司签章)

2017 年 2 月 1 日

结论:1. 数据证明无误。

(公司签章)

2017 年 2 月 8 日

经办人:

2. 数据不符,请列明不符的详细情况:

(公司签章)

年　月　日

【实训要求】 完成下列优卡股份有限公司"应收账款"相关工作底稿:应收账款明细表、应收账款函证结果汇总表、应收账款函证结果调整表、应收账款替代测试表、应收账款坏账准备计算表及应收账款审定表。

(1) 编制完成"应收账款明细表"工作底稿。

审计人员应编制应收账款明细表,并与应收账款明细账、应收账款总账及会计报表项目金额核对,检查其是否相符。根据应收账款总账、明细账及补充审计资料填制完成"应收账款明细表"工作底稿(见表 3 - 86)。

表 3 - 86

被审计单位：_____
项目：__应收账款明细表__
编制：_____
日期：_____

应收账款明细表

索引号：_____
所审计会计期间：_____
复核：_____
日期：_____

项目名称	期末未审数					账项调整		重分类调整		期末审定数				
	合计	1年以内	1年至2年	2年至3年	3年以上	借方	贷方	借方	贷方	合计	1年以内	1年至2年	2年至3年	3年以上
一、关联方														
二、非关联方														
合　计														

编制说明：外币应收账款应列明原币金额及折合汇率。

审计说明：

（2）编制完成"应收账款函证结果汇总表"工作底稿。

将上述应收账款函证回函结果进行汇总,并分析应收账款函证是否存在差异及差异的原因,编制完成"应收账款函证结果汇总表"审计工作底稿(见表3-87)。

表3-87

应收账款函证结果汇总表

被审计单位：＿＿＿＿＿＿＿＿＿＿＿＿＿＿＿　　索引号：＿＿＿＿＿＿＿＿＿＿＿＿＿＿

项目：　应收账款函证结果汇总表　　　　　财务报表截止日/期间：＿＿＿＿＿＿＿＿＿

编制：＿＿＿＿＿＿＿＿＿＿＿＿＿＿＿＿＿　　复核：＿＿＿＿＿＿＿＿＿＿＿＿＿＿＿＿

日期：＿＿＿＿＿＿＿＿＿＿＿＿＿＿＿＿＿　　日期：＿＿＿＿＿＿＿＿＿＿＿＿＿＿＿＿

一、应收账款函证情况列表

项目 单位名称	询证函编号	函证方式	函证日期		回函日期	账面金额	回函金额	调节后是否存在差异	调节表索引号
			第一次	第二次					

二、对误差的分析

	金　额
1. 已识别的误差	
2. 推断出的总体误差(扣除已识别的误差)	

审计说明：

（3）编制完成"应收账款函证结果调整表"工作底稿。

经检查预收广州矿业公司预收款项目,优卡股份公司账面金额为 200 000 元,询证函回函中所列金额为 300 000 元,其不符的原因为广州矿业公司于 2016 年 12 月 30 日按合同预付第二批货款,优卡股份有限公司尚未收到银行到账通知,未记账。根据检查的结果编制预收账款函证结果调整表工作底稿(见表 3 - 88)。

表 3 - 88

应收账款函证结果调整表

被审计单位：_____　　索引号：_____

项目：　__预收账款函证结果调整表__　　　财务报表截止日/期间：_____

编制：_____　　　　　复核：_____

日期：_____　　　　　日期：_____

被审计单位：

回函日期：

金　额

1. 被询证单位回函余额：

2. 减:被询证单位已记录项目

序　号	日　期	摘要(运输途中、存在争议的项目等)	凭证号	金　额
1				
2				
3				
……				
合　计				

3. 加:被审计单位已记录项目

序　号	日　期	摘要(运输途中、存在争议的项目等)	凭证号	金　额
1				
2				
……				
合　计				

4. 调节后金额：

5. 被审计单位账面金额：

6. 调节后是否存在差异,差异金额：

审计说明：

（4）编制完成"应收账款替代测试表"审计工作底稿。

注册会计师向兖州矿业公司发出3次肯定式询证函,均未得到回复,而兖州矿业公司为优卡股份有限公司的重要客户,注册会计师决定采用替代程序予以审计,编制完成应收账款替代测试表工作底稿(见表3-89)。

表3-89

<h2 style="text-align:center">应收账款替代测试表</h2>

被审计单位：＿＿＿＿＿＿＿＿＿　　索引号：＿＿＿＿＿＿＿＿＿
项目：应收账款——(单位名称)替代测试　　所审计会计期间：＿＿＿＿＿＿＿＿＿
编制：＿＿＿＿＿＿＿＿＿　　复核：＿＿＿＿＿＿＿＿＿
日期：＿＿＿＿＿＿＿＿＿　　日期：＿＿＿＿＿＿＿＿＿

一、期初余额							
二、借方发生额							
入账金额				检查内容(用"√"、"×"表示)			
序　号	日　期	凭证号	金　额	①	②	③	……
1							
2							
3							
小　计							
全年借方发生额合计							
测试金额占全年借方发生额的比例							
三、贷方发生额							
入账金额				检查内容(用"√"、"×"表示)			
序　号	日　期	凭证号	金　额	①	②	③	……
1							
2							
3							
……							
小　计							
全年贷方发生额合计							
测试金额占全年贷方发生额的比例							
四、期末余额							
五、期后收款检查							

检查内容说明：① 原始凭证是否齐全；② 记账凭证与原始凭证是否相符；③ 账务处理是否正确；④ 是否记录于恰当的会计期间；⑤ ……

审计说明：

（5）编制完成"应收账款坏账准备计算表"工作底稿。

本审计工作底稿应根据审计补充资料计算完成,计算过程及结果见表 3－90。

表 3－90

应收账款坏账准备计算表

被审计单位：＿＿＿＿＿＿＿＿＿＿＿＿＿＿＿　　索引号：＿＿＿＿＿＿＿＿＿＿＿＿＿＿＿

项目：　应收账款坏账准备计算表　　　　　　财务报表截止日/期间：＿＿＿＿＿＿＿＿＿

编制：＿＿＿＿＿＿＿＿＿＿＿＿＿＿＿＿＿　　复核：＿＿＿＿＿＿＿＿＿＿＿＿＿＿＿＿

日期：＿＿＿＿＿＿＿＿＿＿＿＿＿＿＿＿＿　　日期：＿＿＿＿＿＿＿＿＿＿＿＿＿＿＿＿

计算过程					索引号
一、坏账准备本期期末应有金额①＝②＋③				①	
1. 期末单项金额重大且有客观证据表明发生了减值的应收款项对应坏账准备应有余额					
单位名称	金　额				
单位甲					
单位乙					
……					
合　计	②				
2. 期末单项金额非重大以及经单独测试后未减值的单项金额重大的应收款项对应坏账准备应有余额					
项　目	账　龄	应收款项余额	坏账准备计提比例	坏账准备应有余额	
应收账款	1 年以内（含 1 年）		×　%		
	1～2 年（含 2 年）		×　%		
	2～3 年（含 3 年）		×　%		
	3 年以上		×　%		
合　计				③	
二、坏账准备上期审定数				④	
三、坏账准备本期转出（核销）金额					
单位名称	金　额				
单位丙					
单位丁					
……					
合　计	⑤				
四、计算坏账准备本期全部应计提金额					
⑥＝①－④＋⑤				⑥	

审计说明：

（6）编制完成"应收账款审定表"工作底稿。

将本节上述审计工作底稿进行汇总，编制完成"应收账款审定表"工作底稿（见表3-91）。

表3-91

应收账款审定表

被审计单位：_____ 索引号：_____
项目： 应收账款审定表 _____ 财务报表截止日/期间：_____
编制：_____ 复核：_____
日期：_____ 日期：_____

项目名称	期末未审数	账项调整		重分类调整		期末审定数	上期末审定数	索引号
		借方	贷方	借方	贷方			
一、账面余额合计								
1年以内								
1年至2年								
2年至3年								
3年以上								
……								
二、坏账准备合计								
1年以内								
1年至2年								
2年至3年								
3年以上								
……								
三、账面价值合计								
1年以内								
1年至2年								
2年至3年								
3年以上								
……								

审计结论：

第四章　采购与付款循环审计

第一节　采购与付款循环审计概述

购货与付款循环主要指请购商品、订购商品、采购商品、验收并储存商品以及支付货款的过程,本循环涉及固定资产、在建工程、累计折旧、应付款项、预付款项等诸多资产负债表项目和利润表项目。

了解企业在购货与付款中的主要业务活动,对该业务循环的审计十分必要。企业应将各项职能活动指派给不同的部门或职员来完成。这样,每个部门或职员都可以独立检查其他部门和职员工作的正确性。下面以采购商品为例,分别阐述购货与付款循环中的主要业务活动。其主要交易或事项包括以下几个方面。

一、请购商品

企业的仓储部门负责对需要购买的已列入存货清单的项目填写请购单,其他部门也可以对所需要购买的未列入存货清单的项目编制请购单。大多数企业对正常经营所需物资的购买均做一般授权;但对资本性支出和租赁合同,企业则通常要求做特别授权,只允许指定人员提出请购。请购单可由手工或计算机编制,由于企业内不少部门都可以填列请购单,不便事先编号,为加强控制,每张请购单必须经过对这类支出预算负责任的主管人员签字批准。

二、编制订购单

采购部门在收到请购单后,对经过授权批准审核了的请购单发出订购单。订购单是采购业务中重要的凭证,验收、付款等部门都要使用。因此,订购单应事先连续编号,并列明所订购的货物的品名、数量、价格、供应商名称和地址等信息。订购单的正联要送交所选的供应商,副联则送达验收部门、应付凭单部门和请购部门。并且对每张订购单,采购部门应确定最佳的供应来源。对一些大额、重要的采购项目,应采取竞价方式来确定供应商,以保证供货的质量、及时性和成本的低廉。

三、验收商品

订购的商品到达后,验收部门首先应比较所收商品的品名、规格、数量、到货时间等是否与订购单上相符,并检验商品的质量。验收合格后,验收部门应对已收货的每张订购单编制一式多联、预先编号的验收单,作为验收和检验商品的依据。验收单是与采购业务"存在或发生"认定有关的重要凭证,应事先编号,并在货物送交仓库或其他请购部门时由其签收,以明确相应的保管责任。另外,对验收单应设立独立稽核制度,由专人独立检查是否每笔采购都编制了正确的验收单。

四、储存已验收的商品存货

将已验收商品的保管与采购的其他职责相分离,可减少未经授权的采购风险。存放商品的仓储区应相对独立,限制无关人员接近。

五、编制付款凭单

货物验收后,应核对购货单、验收单和供货发票的一致性,确认负债,编制付款凭单,并将经审核的付款凭单,连同每日的凭单汇总表一起送到会计部门,以编制有关记账凭证和登记有关明细账和总账账簿。

六、支付账款

订购商品验收入库或交付使用后,应付凭单部门要编制付款凭单。在准备付款前,应核对付款条件,并检查资金是否充足。在签发支票的同时登记支票簿和日记账,以便登记每一笔付款。已签发的支票连同有关发票、合同凭证应送交有关负责人审核签字,并将支票送交供应商。这一环节是付款活动的关键环节,应采用邮寄或其他方式以保证支票安全地送到供应商手中。

七、会计记录

根据付款凭单、支票登记簿、付款日记账和有关记账凭证登记有关明细账和总账账簿。

第二节 采购与付款循环审计的会计资料

一、有关会计凭证资料

优卡股份有限公司 2016 年 12 月份采购与付款交易或事项的原始凭证及根据原始凭证编制的记账凭证:

(1) 2016 年 12 月 5 日,从济南钢铁公司购入甲材料 20 吨,以银行存款进行结算,其相关资料见表 4-1、表 4-2、表 4-3、表 4-4。

表 4 - 1

山东省增值税专用发票
开票日期:2016 年 12 月 15 日

No 3173477

购货单位	名　　　称:优卡股份有限公司 纳税人登记号:370900000000898 地址、电话:泰安市高新区南天街 50 号 开户行及账号:中国农业银行高新区支行　账号:95599007766688888888		密码区	(略)

商品或劳务名称	计量单位	数量	单价	金额 千 百 十 万 千 百 十 元 角 分	税率 %	税额 千 百 十 万 千 百 十 元 角 分
甲材料	吨	20	50 000	1 0 0 0 0 0 0 0 0 0	17	1 7 0 0 0 0 0 0
合　计				¥ 1 0 0 0 0 0 0 0 0 0	17	¥ 1 7 0 0 0 0 0 0

价税合计(大写)	壹佰壹拾柒万元整	¥1170000.00

销货单位	名　　　称:济南钢铁公司 纳税人登记号:370110000000798 地 址、电 话:济南市工业南路 7788 号 开户银行及账号:中国建设银行工业路支行　8559900776668889907

开票人:李予　　　　收款人:刘梅　　　　复核:李红　　　　销货单位(章)

第三联　发票联

表 4 - 2

山东省增值税专用发票
开票日期:2016 年 12 月 15 日

No 3173476

购货单位	名　　　称:优卡股份有限公司 纳税人登记号:370900000000898 地址、电话:泰安市高新区南天街 50 号 开户行及账号:中国农业银行高新区支行　账号:95599007766688888888		密码区	(略)

商品或劳务名称	计量单位	数量	单价	金额 千 百 十 万 千 百 十 元 角 分	税率 %	税额 千 百 十 万 千 百 十 元 角 分
货物运输	公里			2 8 2 5 0 0 0 0	11	3 1 0 7 5 0
合　计				¥ 2 8 2 5 0 0 0 0	11	¥ 3 1 0 7 5 0

价税合计(大写)	叁万壹仟叁佰伍拾柒元零伍角整	¥31357.50

销货单位	名　　　称:济南火车站 纳税人登记号:370100000000110 地 址、电 话:济南火车站路 1 号 开户银行及账号:中国农业银行天桥支行　95599007766611111110

开票人:马山　　　　收款人:李红　　　　复核:刘利　　　　销货单位(章)

第二联　发票联

表 4－3

中国农业银行电汇凭证(回单)

委托日期 2016 年 12 月 5 日　　　　　　　　　　第 006 号

汇款人	全　称	优卡股份有限公司			收款人	全　称	济南钢铁公司		
	账　号	95599007766688888888				账　号	85599007766688899907		
	汇出地点	泰安	汇出行名称	农行高新区支行		汇入地点	济南	汇入行名称	建行工业路支行

金额(大写)人民币壹佰贰拾万壹仟叁佰伍拾柒元零伍角整	千	百	十	万	千	百	十	元	角	分
	¥	1	2	0	1	3	5	7	5	0

汇出行盖章	支付密码
中国农业银行股份有限公司 泰安高新区支行 业务办迄章	附加信息及用途　支付货款 复核　记账

此联是汇出银行交给汇款单位的回单

表 4－4

收料单

2016 年 12 月 5 日　　　　　　　　　　字第 001 号

供应单位:济南钢铁公司　　　　　　　　　　材料类别:原料及主要材料

材料编号	名称	规格	计量单位	数量		实际成本					计划成本	
				应收	实收	买价		运杂费	其他	合计	单位成本	金额
						单价	金额					
001	甲材料		吨	20	20	50 000	1 000 000	28 250		10 282 500	500 000	1 000 000
差　异				超支差　28 250 元								

记账联

仓库负责人:马翔　　　记账:马丽　　　仓库保管员:王刚　　　收料:田凯

根据有关原始凭证编制记账凭证(见表 4－5、表 4－6)。

表 4－5

付款凭证

贷方科目:银行存款　　　　　　2016 年 12 月 5 日　　　　　　付字第 3 号

摘　要	借方科目		账页	金　额																				
	总账科目	明细科目		总账科目										明细科目									
				千	百	十	万	千	百	十	元	角	分	千	百	十	万	千	百	十	元	角	分
购料	材料采购	甲材料	√		1	0	2	8	2	5	0	0	0										
	应交税费	应交增值税(进项税额)				1	7	3	1	0	7	5	0										
合　计			√	¥	1	2	0	1	3	5	7	5	0										

附件 3 张

会计主管:　　　记账:　　　出纳:　　　复核:　　　制证:

表 4-6

转账凭证

<u>2016</u> 年 <u>12</u> 月 <u>5</u> 日　　　　　　　　　　　　　　　　　　　　　　　　　　转字第 <u>5</u> 号

摘　要	总账科目	明细科目	账页	借方金额										贷方金额										
				千	百	十	万	千	百	十	元	角	分	千	百	十	万	千	百	十	元	角	分
材料入库	原材料	甲材料	✓		1	0	0	0	0	0	0	0	0										
	材料成本差异	甲材料	✓			2	8	2	5	0	0	0	0										
	材料采购	甲材料													1	0	2	8	2	5	0	0	0
合　计				¥	1	0	2	8	2	5	0	0	0	¥	1	0	2	8	2	5	0	0	0

会计主管：　　　　　记账：　　　　　复核：　　　　　制证：

附件 1 张

（2）2016 年 12 月 5 日，以预付款方式从莱芜钢铁公司购入乙材料 80 吨，前期预付款 4 300 000 元，余款退回。其相关原始凭证见表 4-7、表 4-8、表 4-9、表 4-10。

表 4-7

山东省增值税专用发票

开票日期：2016 年 12 月 5 日　　　　　　　　　　　　　　　No 3063472

购货单位	名　　称：优卡股份有限公司 纳税人登记号：370900000000898 地　址、电　话：泰安市高新区南天街 50 号 开户行及账号：中国农业银行高新区支行　账号：95599007766688888888												密码区	（略）									
商品或劳务名称	计量单位	数量	单价	金　额										税率%	税　额								
				千	百	十	万	千	百	十	元	角	分		千	百	十	万	千	百	十	元	角	分
乙材料	吨	80	45 000		3	6	0	0	0	0	0	0	0	17			6	1	2	0	0	0	0	0
合　计				¥	3	6	0	0	0	0	0	0	0	17	¥		6	1	2	0	0	0	0	0
价税合计（大写）	肆佰贰拾壹万贰仟元整									¥4212000.00													
销货单位	名　　称：莱芜钢铁公司 纳税人登记号：370810000000799 地　址、电　话：莱芜市工业路 6677 号 开户银行及账号：建行莱城区支行　65599007776668889911																						

开票人：李凌　　　　　收款人：刘海　　　　　复核：李欠　　　　　销货单位（章）

表 4 - 8

山东省增值税专用发票

开票日期:2016年12月5日

No 4173476

购货单位	名　　　称:优卡股份有限公司																	密码区			(略)								
	纳税人登记号:370900000000898																											
	地　址、电话:泰安市高新区南天街50号																											
	开户行及账号:中国农业银行高新区支行　账号:95599007766688888888																											

商品或劳务名称	计量单位	数量	单　价	金　额										税率%	税　额									
				千	百	十	万	千	百	十	元	角	分		千	百	十	万	千	百	十	元	角	分
货物运输	公里						8	1	0	0	0	0		11					8	9	1	0	0	
合　计						¥	8	1	0	0	0	0		11				¥	8	9	1	0	0	

价税合计(大写)	人民币捌仟玖佰玖拾壹元整	¥8991.00

销货单位	名　　　称:莱芜汽车站	起运地:莱芜
	纳税人登记号:371000000000110	
	地　址、电话:泰安市火车站路1号	
	开户银行及账号:中国农业银行钢城支行　95599008866611111117	

开票人:马华　　　　收款人:田二　　　　复核:前山

表 4 - 9

收料单

2016 年 12 月 5 日

字第 003 号

供应单位:莱芜钢铁公司　　　　　　　　　　　　　　　　材料类别:原料及主要材料

材料编号	名　称	规格	计量单位	数量		实际成本					计划成本	
				应收	实收	买　价		运杂费	其他	合　计	单位成本	金　额
						单　价	金　额					
003	乙材料		吨	80	80	45 000.00	3 600 000.00	8 100.00		3 608 100.00	46 000.00	3 680 000.00
差　异						节约差　71 900 元						

仓库负责人:马翔　　　记账:马丽　　　仓库保管员:王刚　　　收料:田凯

表 4 - 10

中国农业银行进账单(收账通知)

2016 年 12 月 5 日

第 006 号

收款人	全　　　称	优卡股份有限公司	付款人	全　　　称	莱芜钢铁公司
	账　　　号	95599007766688888888		账　　　号	65599007776668888999911
	开户银行	中国农业银行高新区支行		开户银行	建行莱城区支行

人民币(大写)柒万玖仟零玖元整		千	百	十	万	千	百	十	元	角	分
					7	9	0	0	9	0	0

票据种类	转账支票
票据张数	1
单位主管　　会计　　复核　　记账	收款人开户行盖章

根据有关原始凭证编制记账凭证(见表 4-11、表 4-12、表 4-13)。

表 4-11

转账凭证

2016 年 12 月 5 日　　　　　　　　　　　　　　　　转字第 6 号

摘要	总账科目	明细科目	借方金额										贷方金额									
			千	百	十	万	千	百	十	元	角	分	千	百	十	万	千	百	十	元	角	分
预付款购料	材料采购	乙材料		3	6	0	8	1	0	0	0	0										
	应交税费	应交增值税（进项税额）			6	1	2	8	9	1	0	0										
	预付账款	莱芜钢铁公司												4	2	2	0	9	9	1	0	0
合　计			¥	4	2	2	0	6	6	0	0	0	¥	4	2	2	0	9	9	1	0	0

会计主管：　　　记账：　　　复核：　　　制证：

附件 2 张

表 4-12

转账凭证

2016 年 12 月 5 日　　　　　　　　　　　　　　　　转字第 7 号

摘要	总账科目	明细科目	账页	借方金额										贷方金额									
				千	百	十	万	千	百	十	元	角	分	千	百	十	万	千	百	十	元	角	分
材料入库	原材料	乙材料	✓		3	6	8	0	0	0	0	0	0										
	材料成本差异	乙材料	✓														7	1	9	0	0	0	0
	材料采购	乙材料													3	6	0	8	1	0	0	0	0
合　计				¥	3	6	8	0	0	0	0	0	0	¥	3	6	8	0	0	0	0	0	0

会计主管：　　　记账：　　　复核：　　　制证：

附件 1 张

表 4-13

收款凭证

贷方科目:银行存款　　　　2016 年 12 月 5 日　　　　　　　　收字第 5 号

摘要	借方科目		账页	金额																			
	总账科目	明细科目		总账科目										明细科目									
				千	百	十	万	千	百	十	元	角	分	千	百	十	万	千	百	十	元	角	分
补付货款	预付账款	莱芜钢铁公司	✓			7	9	0	0	9	0	0				7	9	0	0	9	0	0	
合　计			✓	¥		7	9	0	0	9	0	0		¥		7	9	0	0	9	0	0	

会计主管：　　　记账：　　　出纳：　　　复核：　　　制证：

附件 1 张

(3) 2016 年 12 月 5 日,从莱芜钢铁公司购入丙材料 10 吨,以 2016 年 11 月 28 日签发银行汇票进行结算,余款退回。其相关资料见表 4-14,表 4-15,表 4-16、表 4-17、表 4-18。

表 4-14

山东省增值税专用发票

开票日期:2016 年 12 月 5 日　　　　　　　No 3063474

| 购货单位 | 名　称:优卡股份有限公司
纳税人登记号:370900000000898
地　址、电话:泰安市高新区南天街 50 号
开户行及账号:中国农业银行高新区支行　账号:9559900776688888888 | | | | 密码区 | (略) |

商品或劳务名称	计量单位	数量	单价	金额 千百十万千百十元角分	税率%	税额 千百十万千百十元角分
丙材料	吨	10	10 000	1 0 0 0 0 0 0 0	17	1 7 0 0 0 0 0
合　计				¥ 1 0 0 0 0 0 0 0	17	¥ 1 7 0 0 0 0 0
价税合计(大写)　壹拾壹万柒仟元整					¥117000.00	

| 销货单位 | 名　称:莱芜钢铁公司
纳税人登记号:370810000000799
地　址、电话:莱芜市工业路 6677 号
开户银行及账号:建行莱城区支行 6559900776688899911 | | 莱芜钢铁公司
370810000000799
发票专用章
销货单位(章) |

开票人:李凌　　　　收款人:刘海　　　　复核:李欠

第三联　发票联

表 4-15

山东省增值税专用发票

开票日期:2016 年 12 月 5 日　　　　　　　No 4173476

| 购货单位 | 名　称:优卡股份有限公司
纳税人登记号:370900000000898
地　址、电话:泰安市高新区南天街 50 号
开户行及账号:中国农业银行高新区支行　账号:9559900776688888888 | | | | 密码区 | (略) |

商品或劳务名称	计量单位	数量	单价	金额 千百十万千百十元角分	税率%	税额 千百十万千百十元角分
货物运输	公里			1 0 0 0 0 0 0	11	1 1 0 0 0 0
合　计				¥ 1 0 0 0 0 0 0	11	¥ 1 1 0 0 0 0
价税合计(大写)　人民币壹万壹仟壹佰元整					¥11100.00	

| 销货单位 | 名　称:莱芜汽车站
纳税人登记号:371000000000110
地　址、电话:泰安市火车站路 1 号
开户银行及账号:中国农业银行钢城支行 9559900886661111111 | | 起运地:莱芜
目的地:泰安
运输货物:丙材料
莱芜汽车站
371000000000110
发票专用章
销货单位(章) |

开票人:马天　　　　收款人:田红　　　　复核:前利

第三联　发票联

表 4－16

收料单

2016 年 12 月 8 日

字第 004 号

供应单位:莱芜钢铁公司

材料类别:原料及主要材料

材料编号	名 称	规格	计量单位	数量		实际成本						计划成本	
				应收	实收	买 价		运杂费	其他	合 计	单位成本	金 额
						单 价	金 额					
002	丙材料		吨	10	10	10 000.00	100 000.00	10 000.00		110 000.00	10 000.00	100 000.00
差 异				超支差 10 000 元								

仓库负责人:马翔　　　记账:马丽　　　仓库保管员:王刚　　　收料:田凯

表 4－17

中国农业银行　银行汇票　2

付款期
一个月

出票日期
(大写)贰零壹陆年壹拾壹月贰拾捌日

兑付地点:泰安　兑付行:农行高新区支行
行号:×

收款人:莱芜钢铁公司		账号或住址:65599007776668899911									
出票金额　人民币(大写)壹拾叁万元整			百	十	万	千	百	十	元	角	分
实际结算金额　人民币(大写)壹拾贰万捌仟壹佰元整			¥ 1	2	8	1	0	0	0	0	

申请人:优秀股份有限公司
出票行:中国农业银行高新区支行
备注:
凭票付款
出票行签章

账号:9559900776668888888

密押:	
多余金额	复核
百 十 万 千 百 十 元 角	记账
¥ 1 9 0 0 0	

此联代理付款行付款后作联行往账借方凭证附件

表 4 – 18

<h3 style="text-align:center">中国农业银行　银行汇票(多余款收账通知)4</h3>

<table>
<tr><td>付款期
一个月</td><td></td></tr>
</table>

出票日期
(大写)贰零壹陆年壹拾壹月贰拾捌日

	兑付地点:泰安　兑付行:农行高新区支行
	行号:×

收款人:莱芜钢铁公司	账号或住址:65599007776668899911

出票金额　人民币(大写)壹拾叁万元整		

实际结算金额　人民币(大写)壹拾贰万捌仟壹佰元整

	百	十	万	千	百	十	元	角	分
¥	1	2	8	1	0	0	0	0	0

申请人 优思特(股份)公司
出票行 中国农业银行高新区支行
备注:　泰安高新区支行
凭票付款
出票行签章 2016 年 11 月 28 日

账号:95599007776668888888888

密押:								复核
多余金额								记账
百	十	万	千	百	十	元	角	
			¥	1	9	0	0	0

此联出票行行结清多余款项后交申请人

根据以上原始凭证编制记账凭证(见表 4 – 19、表 4 – 20、表 4 – 21)。

表 4 – 19

<h3 style="text-align:center">转账凭证</h3>

2016 年 12 月 5 日

转字第 8 号

摘　要	总账科目	明细科目	账页	借方金额										贷方金额									
				千	百	十	万	千	百	十	元	角	分	千	百	十	万	千	百	十	元	角	分
预付款购料	材料采购	丙材料	✓		1	1	0	0	0	0	0	0	0										
	应交税费	应交增值税(进项税额)	✓			1	8	1	0	0	0	0	0										
	其他货币资金	银行汇票													1	2	8	1	0	0	0	0	0
合　计					¥	1	2	8	1	0	0	0	0	0	¥	1	2	8	1	0	0	0	0	0

附件 3 张

会计主管:　　　　记账:　　　　复核:　　　　制证:

表 4 - 20

转账凭证

<u>2016</u> 年 <u>12</u> 月 <u>5</u> 日   转字第 <u>9</u> 号

摘 要	总账科目	明细科目	账页	借方金额 千 百 十 万 千 百 十 元 角 分	贷方金额 千 百 十 万 千 百 十 元 角 分	
材料入库	原材料	丙材料	✓	1 0 0 0 0 0 0		附件1张
	材料成本差异	丙材料	✓	1 0 0 0 0 0		
	材料采购	丙材料			1 1 0 0 0 0 0 0	
合 计				￥ 1 1 0 0 0 0 0 0	￥ 1 1 0 0 0 0 0 0	

会计主管:　　　　　记账:　　　　　复核:　　　　　制证:

表 4 - 21

收款凭证

借方科目:银行存款　　　　　　<u>2016</u> 年 <u>12</u> 月 <u>5</u> 日　　　　　　收字第 <u>6</u> 号

摘要	贷方科目 总账科目	贷方科目 明细科目	账页	金 额 总账科目 千 百 十 万 千 百 十 元 角 分	金 额 明细科目 千 百 十 万 千 百 十 元 角 分	
余款收回	其他货币资金	银行汇票	✓	1 9 0 0 0 0	1 9 0 0 0 0	附件1张
合计			✓	￥ 1 9 0 0 0 0	￥ 1 9 0 0 0 0	

会计主管:　　　　　记账:　　　　　出纳:　　　　　复核:　　　　　制证:

　　(4) 2016 年 12 月 6 日,从泰安大河服装厂购入工作服 200 套。其相关资料见表 4 - 22、表 4 - 23、表 4 - 24。

表 4 - 22

山东省增值税专用发票

开票日期:2016 年 12 月 6 日　　　　　　　　　　　No 3173495

| 购货单位 | 名　称:优卡股份有限公司
纳税人登记号:370900000000898
地址、电话:泰安市高新区南天街 50 号
开户行及账号:中国农业银行高新区支行　账号:95599007766688888888 | | 密码区 | (略) |

商品或劳务名称	计量单位	数量	单价	金额										税率%	税额								
				千	百	十	万	千	百	十	元	角	分		千	百	十	万	千	百	十	元	角	分
工作服	套	200	250			5	0	0	0	0	0	0	0	17				8	5	0	0	0	0
合　计				¥		5	0	0	0	0	0	0	0	17	¥			8	5	0	0	0	0
价税合计(大写)	伍万捌仟伍佰元整											¥58500.00										

| 销货单位 | 名　称:泰安大河服装厂
纳税人登记号:370910000000245
地址、电话:迎宾大街 6778 号
开户银行及账号:建行岱宗支行　855990077766688899924 |

开票人:李凌　　　　收款人:文海　　　　复核:丁同　　　　销货单位(章)

第三联　发票联

表 4 - 23

收料单

2016 年 12 月 6 日　　　　　　　　　　　字第 009 号

供应单位:泰安大河服装厂　　　　　　　　　　材料类别:周转材料

材料编号	名　称	规格	计量单位	数　量		实际成本				
				应收	实收	买　价		运杂费	其他	合　计
						单价	金额			
004	工作服		套	200	200	250.00	50 000.00			50 000.00

仓库负责人:马翔　　　记账:马丽　　　仓库保管员:王刚　　　收料:田凯

记账联

表 4 - 24

中国农业银行转账支票存根

支票号码　NO.08872628

科　　目＿＿＿＿＿＿＿＿＿＿

对方科目＿＿＿＿＿＿＿＿＿＿

出票日期:2016 年 12 月 6 日

金　额:¥58500.00

用　途:支付工作服款

单位主管:黄华　　　会计:马丽

根据有关原始凭证编制记账凭证(见表 4 - 25)。

表 4 - 25

付款凭证

贷方科目:银行存款　　　　　　　　　　　2016 年 12 月 6 日　　　　　　　　　付字第 4 号

摘要	借方科目		账页	金　额																			
	总账科目	明细科目		总账科目										明细科目									
				千	百	十	万	千	百	十	元	角	分	千	百	十	万	千	百	十	元	角	分
购工作服	周转材料	工作服	✓			5	0	0	0	0	0	0	0										
	应交税费	应交增值税(进项税额)	✓				8	5	0	0	0	0											
合计			✓		¥	5	8	5	0	0	0	0	0										

会计主管:　　　　　记账:　　　　　出纳:　　　　　复核:　　　　　制证:

附件 3 张

(5) 2016 年 12 月 7 日,从泰安机械厂购入需安装设备 A 一台,以银行存款进行结算。其有关原始凭证见表 4 - 26、表 4 - 27。

表 4 - 26

山东省增值税专用发票

发票联

开票日期:2016 年 12 月 7 日　　　　　　　　　　　No 3173581

购货单位	名　　称:优卡股份有限公司 纳税人登记号:370900000000898 地　址、电话:泰安市高新区南天街 50 号 开户银行及账号:中国农业银行高新区支行　9559900777666888888888														密码区	（略）								
商品或劳务名称	计量单位	数量	单　价	金　额										税率%	税　额									
				千	百	十	万	千	百	十	元	角	分		千	百	十	万	千	百	十	元	角	分
设备 A	台	1	500 000		5	0	0	0	0	0	0	0	0	17			8	5	0	0	0	0	
合　计				¥	5	0	0	0	0	0	0	0	0	17	¥		8	5	0	0	0	0	
价税合计(大写)	伍拾捌万伍仟元整													¥585000.00										
销货单位	名　　称:泰安机械厂 纳税人登记号:370900000000108 地　址、电话:泰安市岱宗大街西段 开户银行及账号:中国农业银行高新区支行　9559900777666888888888																							

开票人:孙为　　　　　收款人:丁同　　　　　复核:李传强　　　　　销货单位(章)

第二联　发票联　购货方记账凭证

表 4 - 27

根据有关原始凭证编制记账凭证(见表 4 - 28)。

表 4 - 28

付款凭证

贷方科目:银行存款　　　　　　　　　2016 年 12 月 7 日　　　　　　　　　付字第 4 号

摘 要	借方科目		账页	金 额																	
	总账科目	明细科目		总账科目									明细科目								
				千	百	十	万	千	百	十	元	角	分	千	百	十	万	千	百	十	元	角	分
购设备	在建工程	设备 A	√			5	0	0	0	0	0	0	0									
	应交税费	应交增值税(进项税额)	√				8	5	0	0	0	0	0									
合 计			√		¥	5	8	5	0	0	0	0	0									

会计主管:　　　　记账:　　　　出纳:　　　　复核:　　　　制证:

附件 2 张

(6) 2016 年 12 月 7 日,企业自营构建公寓楼,购买工程物资,以银行存款支付。其有关原始凭证见表 4 - 29、表 4 - 30、表 4 - 31。

表 4－29

山东省增值税专用发票

发票联

开票日期：2016 年 12 月 7 日　　　　　　　　　　　No 4263585

| 购货单位 | 名　称：优卡股份有限公司
纳税人登记号：370900000000898
地址、电话：泰安市高新区南天街 50 号
开户银行及账号：中国农业银行高新区支行　9559900776688888888 | | | | | | 密码区 | | | （略） | | | | | | |

商品或劳务名称	计量单位	数量	单价	金　额									税率%	税　额								
				千	百	十	万	千	百	十	元	角	分		千	百	十	万	千	百	十	元	角	分
钢材	吨	10	30 000		3	0	0	0	0	0	0	0	0	17			5	1	0	0	0	0	0	0
合　计				¥	3	0	0	0	0	0	0	0	0	17		¥	5	1	0	0	0	0	0	0
价税合计（大写）	叁拾伍万壹仟元整												¥351000.00											

| 销货单位 | 名　称：泰安建筑材料公司
纳税人登记号：370900000000907
地址、电话：泰安市岱宗大街西段
开户银行及账号：中国农业银行高新区支行　9559900776688888888 | 泰安建筑材料公司
370900000000907
发票专用章
销货单位（章） |

开票人：高天　　　　　收款人：李海　　　　　复核：王涛

表 4－30

中国农业银行转账支票存根

支票号码　NO. 08872827

科　　目＿＿＿＿＿＿＿＿

对方科目＿＿＿＿＿＿＿

出票日期：2016 年 12 月 7 日

| 收款人：泰安建筑材料公司 |
| 金　额：¥351000.00 |
| 用　途：购钢材 |

单位主管：黄华　　　会计：马丽

表 4 - 31

工程物资入库单

2016 年 12 月 7 日

字第 0025 号

供应单位:泰安建筑材料公司

仓库:4 号

材料编号	名　称	规格	计量单位	数量		实际成本				
				应收	实收	买价		运杂费	税金及其他	合　计
						单价	金额			
0025	钢材		吨	10	10	30 000.00	300 000.00		51 000.00	351 000.00

仓库负责人:李梦　　　　　记账:马丽　　　　　仓库保管员:李瑞

根据原始凭证编制记账凭证(见表 4 - 32)。

表 4 - 32

付款凭证

贷方科目:银行存款

2016 年 12 月 7 日

付字第 8 号

摘要	借方科目		账页	金额																					
	总账科目	明细科目		总账科目										明细科目										
				千	百	十	万	千	百	十	元	角	分	千	百	十	万	千	百	十	元	角	分
购钢材	工程物资	钢材	√			3	0	0	0	0	0	0	0			3	0	0	0	0	0	0	0
	应交税费	应交增值税(进项税额)	√				5	1	0	0	0	0	0				5	1	0	0	0	0	0
合　计			√		¥	3	5	1	0	0	0	0	0											

附件 3 张

会计主管:　　　记账:　　　出纳:　　　复核:　　　制证:

(7) 2016 年 12 月 8 日,公寓楼工程领用工程物资钢材 10 吨。其原始凭证见表 4 - 33。

表 4 - 33

工程物资领料单

领料部门:基建部门

开票日期:2016 年 12 月 8 日

字第 0025 号

材料编号	工程物资名称	规　格	单位	请领数量	实发数量	金　额
0025	钢材		吨	10	10	300 000.00

用途 公寓楼工程用	领料部门		发料部门	
	领料单位负责人	领料人	核准人	发料人
	李力	李红		李瑞

根据上述原始凭证编制记账凭证(见表4-34)。

表4-34

转账凭证

2016 年 12 月 8 日   转字第 13 号

摘 要	总账科目	明细科目	账页	借方金额										贷方金额									
				千	百	十	万	千	百	十	元	角	分	千	百	十	万	千	百	十	元	角	分
工程领用	在建工程	公寓楼	✓			3	0	0	0	0	0	0	0										
工程物资	工程物资	钢材														3	0	0	0	0	0	0	0
合 计					￥	3	0	0	0	0	0	0	0		￥	3	0	0	0	0	0	0	0

附件 1 张

会计主管: 记账: 复核: 制证:

(8) 2016 年 12 月 8 日,优卡股份有限公司与泰安宏运公司达成非货币性资产交换协议。其原始凭证见表4-35、表4-36、表4-37、表4-38、表4-39。

表4-35

非货币性资产交换协议书

优卡股份有限公司以1台设备换入泰安宏运公司的丁材料8件。

优卡股份有限公司设备账面原价50 000元,已提折旧20 000元,公允价值40 000元。

泰安宏运公司8件丁材料账面价值45 000元,公允价值40 000元。

双方资产的计税价格均等于公允价值,双方适用增值税税率均为17%,均未对资产计提减值准备。优卡股份有限公司与泰安宏运公司不存在关联关系。

本协议自双方签字起开始生效。

优卡股份有限公司
2016 年 12 月 8 日

泰安宏运公司
2016 年 12 月 8 日

表 4-36

山东省增值税专用发票

发票联

开票日期：2016年12月8日   No 3173487

购货单位	名　　　　称:泰安宏运公司 纳税人登记号:307985069862329 地　址、电　话:泰安市迎宾路168号 开户行及账号:工商银行岱岳区支行　53000068666	密码区	（略）

商品或劳务名称	计量单位	数量	单价	金　额										税率%	税　额									
				千	百	十	万	千	百	十	元	角	分		千	百	十	万	千	百	十	元	角	分
设备	台	1	40 000			4	0	0	0	0	0	0	0	17					6	8	0	0	0	0
合　计				¥		4	0	0	0	0	0	0	0	17			¥		6	8	0	0	0	0

价税合计(大写)	肆万陆仟捌佰元整	￥46800.00

销货单位	名　　　　称:优卡股份有限公司 纳税人登记号:370900000000898 地　址、电　话:泰安市高新区南天街50号 开户银行及账号:中国农业银行高新区支行　9559900776668888888	优卡股份有限公司 370900000000898 发票专用章 销货单位(章)

开票人:马强   收款人:田丽   复核:前程

表 4-37

固定资产调拨单

调出单位:优卡股份有限公司

调入单位:泰安宏运公司   2016 年 12 月 8 日   调拨单号:

调拨资产名称		调出原因	非货币性资产交换	调拨方式	有　偿		
固定资产名称	规格及型号	单　位	数　量	预计使用年限	已使用年限	原　值	已提折旧	净　值	公允价值
设备		台	1	5		50 000	20 000	30 000	40 000
调出单位 公章: 财务: 经办:			调入单位 公章: 财务: 经办:				备　注

表 4－38

山东省增值税专用发票

发票联

开票日期：2016 年 12 月 8 日　　　　　　　　　　　No 393589

| 购货单位 | 名　　称：优卡股份有限公司 纳税人登记号：370900000000898 地　址、电话：泰安市高新区南天街 50 号 开户银行及账号：中国农业银行高新区支行　95599007766688888888 | | | | | | | | | | | | | 密码区 | （略） | | | | | | | | | |

商品或劳务名称	计量单位	数量	单　价	金　额									税率 %	税　额									
				千	百	十	万	千	百	十	元	角	分		千	百	十	万	千	百	十	元	角	分
丁材料	件	8	5 000				4	0	0	0	0	0	0	17					6	8	0	0	0	0
合　计						¥	4	0	0	0	0	0	0	17					¥	6	8	0	0	0	0
价税合计（大写）	肆万陆仟捌佰元整											¥46800.00												
销货单位	名　　称：泰安宏运公司 纳税人登记号：307985069862329 地　址、电话：泰安市迎宾路 168 号 开户行及账号：工商银行岱岳区支行　53000068666														注									

开票人：章强　　　　　收款人：孙力　　　　　复核：田红　　　　　销货单位（章）

表 4－39

收料单

2016 年 12 月 8 日　　　　　　　　　　　收字第 029 号

供应单位：泰安宏运公司　　　　　　　　　　　　　材料类别：原料及主要材料

材料编号	名　称	规格	计量单位	数　量		实际成本						计划成本	
				应收	实收	买　价		运杂费	其他	合　计	单位成本	金　额
						单　价	金　额					
006	丁材料		件	8	8	5 000.00	40 000.00			40 000.00	5 000.00	40 000.00
差　异				0								

仓库负责人：马翔　　　　记账：马丽　　　　仓库保管员：王刚　　　　收料：田凯

根据上述原始凭证编制记账凭证（见表 4－40、表 4－41、表 4－42）。

表 4 - 40

转账凭证

2016 年 12 月 8 日 转字第 15 号

摘 要	总账科目	明细科目	账页	借方金额										贷方金额									
				千	百	十	万	千	百	十	元	角	分	千	百	十	万	千	百	十	元	角	分
设备换材料	固定资产清理		√				3	0	0	0	0	0	0										
	累计折旧		√				2	0	0	0	0	0	0										
	固定资产	设备	√														5	0	0	0	0	0	0
合 计						¥	5	0	0	0	0	0	0			¥	5	0	0	0	0	0	0

会计主管: 记账: 复核: 制证:

附件 1 张

表 4 - 41

转账凭证

2016 年 12 月 8 日 转字第 16 号

摘 要	总账科目	明细科目	账页	借方金额										贷方金额									
				千	百	十	万	千	百	十	元	角	分	千	百	十	万	千	百	十	元	角	分
设备换材料	原材料	丁材料	√				4	0	0	0	0	0	0										
	应交税费	应交增值税(进项税额)	√					6	8	0	0	0	0										
	固定资产清理																4	0	0	0	0	0	0
	应交税费	应交增值税(销项税额)																6	8	0	0	0	0
合 计						¥	4	6	8	0	0	0	0		¥		4	6	8	0	0	0	0

会计主管: 记账: 复核: 制证:

附件 3 张

表 4 - 42

转账凭证

2016 年 12 月 8 日 转字第 17 号

摘 要	总账科目	明细科目	账页	借方金额										贷方金额									
				千	百	十	万	千	百	十	元	角	分	千	百	十	万	千	百	十	元	角	分
结转损益	固定资产清理		√				1	0	0	0	0	0	0										
	营业外收入	处置固定资产利得	√														1	0	0	0	0	0	0
合 计						¥	1	0	0	0	0	0	0			¥	1	0	0	0	0	0	0

会计主管: 记账: 复核: 制证:

（9）2016 年 12 月 8 日，优卡股份有限公司与泰安宏运公司达成非货币性资产交换协议。其原始凭证见表 4 - 43、表 4 - 44、表 4 - 45、表 4 - 46、表 4 - 47。

表 4 - 43

<h3 style="text-align:center">非货币性资产交换协议书</h3>

优卡股份有限公司以一项仪表专利 A 换入泰安宏运公司的量具 100 件。

优卡股份有限公司仪表专利 A 账面余额 600 000 元，已计提摊销 15 000 元，公允价值 551 886.8 元。

泰安宏运公司 100 件量具账面价值 440 000 元，公允价值 500 000 元。

双方资产的计税价格均等于公允价值，泰安宏运公司适用增值税税率均为 17%，双方均未对资产计提减值准备。优卡股份有限公司与泰安宏运公司不存在关联关系。假设交换过程中不考虑增值税以外的其他税费。

本协议自双方签字起开始生效。

表 4 - 44

<h3 style="text-align:center">无形资产出账通知单</h3>

2016 年 12 月 8 日　　　　　　　　　　　编号：02091

类 别	编 号	名 称	数 量	账面余额	摊销额		已使用年限	累计摊销额	出账原因
					年摊销额	月摊销额			
专利权		仪表专利 A	1	600 000	15 000	1 250	1	15 000	非货币性资产交换

批准：黄化强　　　　　　　会计主管：黄华　　　　　　　制单：刘莉

表 4 - 45

山东省增值税专用发票

开票日期:2016 年 12 月 8 日　　　　　　　　　No 3173487

购货单位	名　　称:泰安宏运公司 纳税人登记号:307985069862329 地　址 、电　话:泰安市迎宾路 168 号 开户行及账号:工商银行岱岳区支行　53000068666														密码区		（略）								

商品或劳务名称	计量单位	数量	单价	金额										税率%	税额									
				千	百	十	万	千	百	十	元	角	分		千	百	十	万	千	百	十	元	角	分
仪表专利 A	件	1			5	5	1	8	8	6	8	0	6	6				3	3	1	1	3	2	0
合　计				¥	5	5	1	8	8	6	8	0	6		¥		3	3	1	1	3	2	0	

价税合计（大写）	人民币伍拾捌万伍仟元整　　　　　　　　　　¥585000.00

销货单位	名　　称:优卡股份有限公司 纳税人登记号:370900000000898 地　址 、电　话:泰安市高新区南天街 50 号 开户银行及账号:中国农业银行高新区支行　95599007766688888888

开票人:马强　　　　收款人:田丽　　　　复核:前程　　　　销货单位（章）

第一联　记账联

表 4 - 46

山东省增值税专用发票

开票日期:2016 年 12 月 8 日　　　　　　　　　No 2063578

购货单位	名　　称:优卡股份有限公司 纳税人登记号:370900000000898 地　址 、电　话:泰安市高新区南天街 50 号 开户银行及账号:中国农业银行高新区支行　95599007766688888888														密码区		（略）								

商品或劳务名称	计量单位	数量	单价	金额										税率%	税额									
				千	百	十	万	千	百	十	元	角	分		千	百	十	万	千	百	十	元	角	分
量具	件	100	5 000		5	0	0	0	0	0	0	0	0	17			8	5	0	0	0	0	0	
合　计				¥	5	0	0	0	0	0	0	0	0		¥		8	5	0	0	0	0	0	

价税合计（大写）	伍拾捌万伍仟元整　　　　　　　　　　¥585000.00

销货单位	名　　称:泰安宏运公司 纳税人登记号:307985069862329 地　址 、电　话:泰安市迎宾路 168 号 开户行及账号:工商银行岱岳区支行　53000068666

开票人:李红　　　　收款人:丁同　　　　复核:高强　　　　销货单位（章）

第三联　发票联

表 4 - 47

收料单

2016 年 12 月 8 日　　　　　　　　　　　　　　　字第 047 号

供应单位:泰安宏运公司　　　　　　　　　　　　材料类别:周转材料

材料编号	名　称	规格	计量单位	数量		实际成本				
				应收	实收	买　价		运杂费	其　他	合　计
						单价	金　额			
005	量具		件	100	100	5 000	500 000			500 000

仓库负责人:马翔　　　　记账:马丽　　　　仓库保管员:王刚　　　　收料:田凯

根据上述原始凭证编制记账凭证(见表 4 - 48)。

表 4 - 48

转账凭证

2016 年 12 月 8 日　　　　　　　　　　　　　　转字第 19 号

摘　要	总账科目	明细科目	账页	借方金额										贷方金额									
				千	百	十	万	千	百	十	元	角	分	千	百	十	万	千	百	十	元	角	分
专利换量具	周转材料	量具	✓		5	0	0	0	0	0	0	0	0										
	应交税费	应交增值税(进项税额)	✓		8	5	0	0	0	0	0	0	0										
	累计摊销				1	5	0	0	0	0	0	0	0										
	营业外支出	无形资产转让			3	3	1	1	3	2	0												
	无形资产	仪表专利 A													6	0	0	0	0	0	0	0	0
	应交税费	应交增值税(销项税额)														3	3	1	1	3	2	0
合　计				¥	6	3	3	1	1	3	2	0		¥	6	3	3	1	1	3	2	0	

会计主管:　　　　记账:　　　　复核:　　　　制证:

（附件 5 张）

（10）2016 年 12 月 8 日,优卡股份有限公司从泰安机电公司采购电气元件一批,款项未付,材料已经验收入库。对方给出 $2/10,1/20,n/30$ 的现金折扣条件,折扣不包括增值税,其原始凭证见表 4 - 49、表 4 - 50、表 4 - 51。

表 4－49

山东省增值税专用发票

开票日期:2016 年 12 月 8 日　　　　　　　　　　　No 44067890

| 购货单位 | 名　　　称:优卡股份有限公司
纳税人登记号:3709000000000898
地址、电话:泰安市高新区南天街 50 号
开户行及账号:中国农业银行高新区支行　95599007766688888888 | | 密码区 | （略） |

商品或劳务名称	计量单位	数量	单价	金　额										税率%	税　额									
				千	百	十	万	千	百	十	元	角	分		千	百	十	万	千	百	十	元	角	分
电气元件	件	100	2 100		2	1	0	0	0	0	0	0	0	17			3	5	7	0	0	0	0
合　计				¥	2	1	0	0	0	0	0	0	0	17		¥	3	5	7	0	0	0	0

| 价税合计(大写) | 贰拾肆万伍仟柒佰元整　　　　　　　　　　　　　¥245700.00 |

| 销货单位 | 名　　　称:泰安机电公司
纳税人登记号:370010272213159
地址、电话:泰安市岱宗大街 19 号
开户银行及账号:工商银行岱宗支行　4567120000567812 | 泰安机电公司
370010272213159
发票专用章
注
销货单位(章) |

开票人:李霞　　　收款人:　　　复核:张平

第三联　发票联

表 4－50

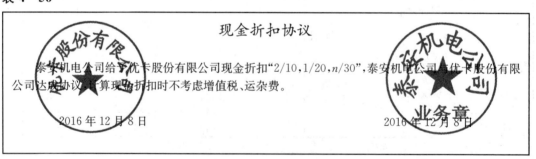

现金折扣协议

　　泰安机电公司给予优卡股份有限公司现金折扣"2/10,1/20,n/30",泰安机电公司与优卡股份有限公司达成协议,计算现金折扣时不考虑增值税、运杂费。

2016 年 12 月 8 日　　　　　　　　　　　　　　2016 年 12 月 8 日

表 4－51

收料单

收字第 047 号

供应单位:泰安宏运公司　　　　　2016 年 12 月 8 日　　　　材料类别:原料及主要材料

材料编号	名　称	规格	计量单位	数　量		实际成本					计划成本	
				应收	实收	买　价		运杂费	其他	合　计	单位成本	金　额
						单价	金　额					
016	电气元件		件	100	100	2 100.00	210 000.00			210 000.00	2 000.00	200 000.00
差　异				超支:10 000 元								

仓库负责人:马翔　　　记账:马丽　　　仓库保管员:王刚　　　收料:田凯

记账联

根据以上原始凭证编制记账凭证(见表 4-52、表 4-53)。

表 4-52

转账凭证

2016 年 12 月 8 日　　　　　　　　　　　　　　　　转字第 20 号

摘　要	总账科目	明细科目	账页	借方金额										贷方金额										附件2张
				千	百	十	万	千	百	十	元	角	分	千	百	十	万	千	百	十	元	角	分	
购电气元件	材料采购	电气元件	✓		2	1	0	0	0	0	0	0	0											
	应交税费	应交增值税(进项税额)	✓			3	5	7	0	0	0	0	0											
	应付账款	泰安机电公司														2	4	5	7	0	0	0	0	
合　计				¥	2	4	5	7	0	0	0	0	0	¥	2	4	5	7	0	0	0	0	0	

会计主管：　　　　记账：　　　　复核：　　　　制证：

表 4-53

转账凭证

2016 年 12 月 8 日　　　　　　　　　　　　　　　　转字第 21 号

摘　要	总账科目	明细科目	账页	借方金额										贷方金额										附件1张
				千	百	十	万	千	百	十	元	角	分	千	百	十	万	千	百	十	元	角	分	
元件入库	原材料	电气元件	✓		2	0	0	0	0	0	0	0	0											
	材料成本差异	电气元件	✓		1	0	0	0	0	0	0	0												
	材料采购	电气元件														2	1	0	0	0	0	0	0	
合　计				¥	2	1	0	0	0	0	0	0	0	¥	2	1	0	0	0	0	0	0	0	

会计主管：　　　　记账：　　　　复核：　　　　制证：

(11) 2016 年 12 月 9 日,从北京钢铁公司购入甲材料 25 吨,款未付。其相关资料见表 4-54、表 4-55、表 4-56、表 4-57、表 4-58。

表 4-54

北京市增值税专用发票

开票日期：2016年12月19日　　　　　　　　　　No 3063499

购货单位	名　称：优卡股份有限公司
	纳税人登记号：370900000000898
	地址、电话：泰安市高新区南天街50号
	开户行及账号：中国农业银行高新区支行　账号：95599007766688888888

密码区：（略）

商品或劳务名称	计量单位	数量	单价	金额 千 百 十 万 千 百 十 元 角 分	税率%	税额 千 百 十 万 千 百 十 元 角 分
甲材料	吨	25	50 000	1 2 5 0 0 0 0 0 0 0	17	2 1 2 5 0 0 0 0
合　计				¥ 1 2 5 0 0 0 0 0 0 0	17	¥ 2 1 2 5 0 0 0 0
价税合计（大写）	壹佰肆拾陆万贰仟伍佰元整					¥1462500.00

销货单位	名　称：北京钢铁公司
	纳税人登记号：100810000000799
	地址、电话：北京市工业路6677号
	开户银行及账号：建行西城区支行　65599007776668888899911

北京钢铁公司 100810000000799 发票专用章 销货单位（章）

开票人：李凌　　　　收款人：　　　　复核：李欠

第三联　发票联

表 4-55

北京市增值税专用发票

开票日期：2016年12月19日　　　　　　　　　　No 3063412

购货单位	名　称：优卡股份有限公司
	纳税人登记号：370900000000898
	地址、电话：泰安市高新区南天街50号
	开户行及账号：中国农业银行高新区支行　账号：95599007766688888888

密码区：（略）

商品或劳务名称	计量单位	数量	单价	金额 千 百 十 万 千 百 十 元 角 分	税率%	税额 千 百 十 万 千 百 十 元 角 分
货物运输		25	800	2 0 0 0 0 0 0	11	2 2 0 0 0 0
合　计				¥ 2 0 0 0 0 0 0	11	¥ 2 2 0 0 0 0
价税合计（大写）	贰万贰仟贰佰元整					¥22200.00

销货单位	名　称：北京火车北站
	纳税人登记号：110810000000121
	地址、电话：北京市火车路718号
	开户银行及账号：建行西城区支行　65599007776668888899908

北京火车北站 110810000000121 发票专用章 销货单位（章）

开票人：李凡　　　　收款人：李丽　　　　复核：王华

第三联　发票联

表 4－56

收料单

2016 年 12 月 9 日

字第 032 号

供应单位:北京钢铁公司

材料类别:原料及主要材料

材料编号	名 称	规格	计量单位	数量		实际成本						计划成本		记账联
				应收	实收	买 价		运杂费	其他	合 计		单位成本	金 额	
						单 价	金 额							
001	甲材料		吨	25	24	50 000.00	1 200 000.00	19 200.00		1 219 200.00		50 000.00	1 200 000.00	
差异			超支差　19 200 元											

仓库负责人:马翔　　　　记账:马丽　　　　仓库保管员:王刚　　　　收料:田凯

表 4－57

材料损耗报告单

2016 年 12 月 9 日

单位:元

供应单位	材料名称及规格	计量单位	损耗数量	单 价	价 款	税 款	运 费	合 计	损耗原因	处理意见
北京钢铁公司	甲材料	吨		50 000	50 000	8 588	800	59 388	运输部门丢失	由北京火车站赔偿
合 计								59 388		

审批:　　　　检验:　　　　仓库保管员:王刚　　　　制单:田凯

表 4－58

赔偿请求单

2016 年 12 月 9 日

单位:元

货物名称	甲材料	发运单位	北京钢铁公司	票据号码		发运数量	25 吨
价款(元)		增值税		运输费(元)	增值税		到达验收	24 吨
1 250 000.00		212 500.00		20 000.00	2 200.00		
损失品种		甲材料		损失数量	1 吨	要求赔偿金额(元)	59 388
损失原因	该货在北京火车站丢失,系北京火车站负责,请求赔偿价税及运杂费 59 388 元						

请求赔偿单位:优卡股份有限公司　　　　　　赔偿单位:北京火车站

根据以上原始凭证编制记账凭证(见表 4－59、表 4－60、表 4－61)。

表 4-59

转账凭证

<u>2016</u> 年 <u>12</u> 月 <u>8</u> 日 　　　　　　　　　　　　　　　转字第 <u>25</u> 号

摘 要	总账科目	明细科目	账页	借方金额										贷方金额										
				千	百	十	万	千	百	十	元	角	分	千	百	十	万	千	百	十	元	角	分
购电气元件	材料采购	甲材料	✓		1	2	7	0	0	0	0	0	0										
	应交税费	应交增值税（进项税额）	✓			2	1	4	7	0	0	0	0										
	应付账款	北京钢铁公司														1	4	8	4	7	0	0	0	0
合 计				¥	1	4	8	4	7	0	0	0	0	¥	1	4	8	4	7	0	0	0	0

会计主管：　　　　　　记账：　　　　　　复核：　　　　　　制证：

附件 2 张

表 4-60

转账凭证

<u>2016</u> 年 <u>12</u> 月 <u>8</u> 日 　　　　　　　　　　　　　　　转字第 <u>26</u> 号

摘 要	总账科目	明细科目	账页	借方金额										贷方金额										
				千	百	十	万	千	百	十	元	角	分	千	百	十	万	千	百	十	元	角	分
索赔款	其他应收款	北京火车站	✓				5	9	3	8	8	0	0										
	材料采购	电气元件	✓														5	0	8	0	0	0	0
	应交税费	应交增值税（进项税转出）	✓															8	5	8	8	0	0
合 计					¥		5	9	3	8	8	0	0		¥		5	9	3	8	8	0	0

会计主管：　　　　　　记账：　　　　　　复核：　　　　　　制证：

附件 2 张

表 4-61

转账凭证

<u>2016</u> 年 <u>12</u> 月 <u>8</u> 日 　　　　　　　　　　　　　　　转字第 <u>27</u> 号

摘 要	总账科目	明细科目	账页	借方金额										贷方金额										
				千	百	十	万	千	百	十	元	角	分	千	百	十	万	千	百	十	元	角	分
元件入库	原材料	电气元件	✓		1	2	0	0	0	0	0	0	0										
	材料成本差异	电气元件	✓			1	9	2	0	0	0	0											
	材料采购	电气元件													1	2	1	9	2	0	0	0	0
合 计				¥	1	2	1	9	2	0	0	0	0	¥	1	2	1	9	2	0	0	0	0

会计主管：　　　　　　记账：　　　　　　复核：　　　　　　制证：

附件 1 张

　　(12) 2016 年 12 月 10 日,从泰安北方车辆厂购入货车一辆,以银行存款进行结算。其原始凭证见表 4-62、表 4-63、表 4-64。

表 4-62

山东省增值税专用发票

发票联

开票日期:2016 年 12 月 10 日　　　　　　　　　　No 1063588

购货单位	名　　　称:优卡股份有限公司 纳税人登记号:370900000000898 地　址、电　话:泰安市高新区南天街 50 号 开户银行及账号:中国农业银行高新区支行　95599007766688888888													密码区					(略)					

商品或劳务名称	计量单位	数量	单　价	金　　额										税率%	税　　额									
				千	百	十	万	千	百	十	元	角	分		千	百	十	万	千	百	十	元	角	分
大货车	辆	1	500 000		5	0	0	0	0	0	0	0	0	17			8	5	0	0	0	0	0	
合　计				¥	5	0	0	0	0	0	0	0	0	17	¥		8	5	0	0	0	0	0	
价税合计(大写)	伍拾捌万伍仟元整								¥585000.00															

销货单位	名　　　称:泰安北方车辆厂 纳税人登记号:370900000000097 地　址、电　话:泰安市高新区南天街 50 号 开户银行及账号:中国农业银行高新区支行　95599007766688899915

开票人:丁同　　　　　收款人:王芳　　　　　复核:李红　　　　　销货单位(章)

第二联　发票联　购货方记账凭证

表 4-63

中国农业银行转账支票存根

支票号码　NO.08872818	
科　目	
对方科目	
出票日期:2016 年 12 月 10 日	
收款人:泰安北方车辆厂	
金　额:¥585000.00	
用　途:购货车	

单位主管:黄华　　　　会计:马丽

表 4 - 64

固定资产验收交结单

2016 年 12 月 10 日

资产编号	资产名称	型号规格或结构面积	计量单位	数量	购买价值或工程造价	基础或安装费用	附加费用（税金）	合计
	货车	东风5	辆	1	500 000.00		85 000.00	585 000.00
资产来源	外购		耐用年限	10			主要附属设备	
制造厂名	东风汽车公司		估计年限	10				
制造日期及编号	2016 年 8 月 1 日		月折旧率	0.83%				
工程项目或使用部门	车队		估计残值	5 000				

会计主管:黄华　　出纳:田丽　　复核:前程　　记账:马丽　　制单:刘莉

根据上述原始凭证编制记账凭证(见表 4 - 65)。

表 4 - 65

付款凭证

贷方科目:银行存款　　2016 年 12 月 10 日　　付字第 16 号

摘要	借方科目 总账科目	明细科目	账页	金额 总账科目 千百十万千百十元角分	明细科目 千百十万千百十元角分	
购入货车	固定资产	货车	✓	5 0 0 0 0 0 0 0	5 0 0 0 0 0 0 0	附件3张
	应交税费	应交增值税（进项税额）	✓	8 5 0 0 0 0		
合计			✓	¥5 8 5 0 0 0 0 0		

会计主管:　　记账:　　出纳:　　复核:　　制证:

(13) 2016 年 12 月 10 日,安装购入的设备 A 领用 G 材料,G 材料成本差异率 2%。其原始凭证见表 4 - 66。

表 4－66

领料单

领料部门：基本生产车间　　　　　开票日期：2016 年 12 月 31 日　　　　　字第 0051 号

材料编号	材料名称	规　格	单位	请领数量	实发数量	计划成本	
						计划单价	金　额
009	G 材料		公斤	100 公斤	100 公斤	500	50 000
用途 安装设备用		领料部门			发料部门		
		领料单位负责人	领料人	核准人		发料人	
		丁同	卞强			田凯	

根据以上原始凭证编制记账凭证（见表 4－67）。

表 4－67

转账凭证

2016 年 12 月 8 日　　　　　　　　　　　　转字第 29 号

摘　要	总账科目	明细科目	账页	借方金额										贷方金额									
				千	百	十	万	千	百	十	元	角	分	千	百	十	万	千	百	十	元	角	分
安装设备 领用材料	在建工程	A 设备	√		5	1	0	0	0	0	0												
	原材料	G 材料	√												5	0	0	0	0	0	0		
	材料成本差异		√													1	0	0	0	0	0		
合　计					¥	5	1	0	0	0	0	0				¥	5	1	0	0	0	0	

会计主管：　　　　记账：　　　　复核：　　　　制证：

（14）2016 年 12 月 10 日，设备安装完成，交付基本生产车间使用。其原始凭证见表 4－68。

表 4－68

固定资产验收交结单

2016 年 12 月 10 日

资产编号	资产名称	型号规格或结构面积	计量单位	数　量	购买价值或工程造价	基础或安装费用	附加费用（税金）	合　计
	设备		台	1	551 000.00			551 000.00
资产来源		外购、安装	耐用年限		10 年		主要附属设备	
制造厂名		泰安机械厂	估计年限		10 年			
制造日期及编号		2016 年 10 月 1 日	月折旧率		0.83%			
工程项目或使用部门		基本生产车间	估计残值		1 000 元			

会计主管：黄华　　　　出纳：田丽　　　　复核：前程　　　　记账：马丽　　　　制单：刘莉

根据以上交易编制记账凭证(见表 4 - 69)。

表 4 - 69

转账凭证

2016 年 12 月 10 日 转字第 30 号

摘 要	总账科目	明细科目	账页	借方金额										贷方金额										附件1张
				千	百	十	万	千	百	十	元	角	分	千	百	十	万	千	百	十	元	角	分	
A设备交付使用	固定资产	A设备	✓		5	5	1	0	0	0	0	0	0											
	在建工程	A设备	✓												5	5	1	0	0	0	0	0	0	
合 计					¥	5	5	1	0	0	0	0	0		¥	5	5	1	0	0	0	0	0	

会计主管: 记账: 复核: 制证:

(15) 2016 年 12 月 10 日,公寓楼工程领用 G 材料,G 材料成本差异率 2%。其原始凭证见表 4 - 70。

表 4 - 70

领料单

领料部门:基建部门 开票日期:2016 年 12 月 10 日 字第 0052 号

材料编号	材料名称	规 格	单位	请领数量	实发数量	计划成本	
						计划单价	金 额
009	G材料		公斤	200 公斤	200 公斤	500	100 000
用途 安装设备用		领料部门			发料部门		
		领料单位负责人	领料人	核准人		发料人	
		李力	李红			田凯	

第二联 会计记账联

根据原始凭证编制记账凭证(见表 4 - 71)。

表 4 - 71

转账凭证

2016 年 12 月 10 日 转字第 31 号

摘 要	总账科目	明细科目	账页	借方金额										贷方金额										附件1张
				千	百	十	万	千	百	十	元	角	分	千	百	十	万	千	百	十	元	角	分	
公寓楼建设	在建工程	公寓楼工程	✓			1	0	2	0	0	0	0	0											
领用材料	原材料	G材料	✓													1	0	0	0	0	0	0	0	
	材料成本差异		✓															2	0	0	0	0	0	
合 计					¥	1	0	2	0	0	0	0	0		¥	1	0	2	0	0	0	0	0	

会计主管: 记账: 复核: 制证:

（16）2016 年 12 月 11 日，自营建造的公寓楼工程完工交付使用。其原始凭证见表 4－72。

表 4－72

<h1 style="text-align:center">自营工程竣工验收单</h1>

项目名称	办公楼工程		批准时间	2010 年 11 月 20 日	
项目性质	自用		完成时间	2016 年 12 月 10 日	
预算价格	1 402 000.00		决算价格	1 402 000.00	
结构类型	砖混结构		建筑面积	1 000 m²	
验收意见	经检验，质量达到原设计要求，同意交付使用				
验收人员	使用部门	企业负责人	外聘专家	建筑监理	财务科	资产部
	孙强	王国化	李青	国田	黄华	汪和
备注：					

验收单位 负责人：黄化强	使用单位 负责人：孙强

根据以上交易编制记账凭证（见表 4－73）。

表 4－73

<h1 style="text-align:center">转账凭证</h1>

2016 年 12 月 11 日　　　　　　　　　　　转字第 32 号

摘　要	总账科目	明细科目	账页	借方金额										贷方金额									
				千	百	十	万	千	百	十	元	角	分	千	百	十	万	千	百	十	元	角	分
公寓楼交付使用	固定资产	公寓楼工程	✓		1	4	0	2	0	0	0	0	0										
	在建工程	公寓楼工程	✓												1	4	0	2	0	0	0	0	0
合　计				¥	1	4	0	2	0	0	0	0	0	¥	1	4	0	2	0	0	0	0	0

会计主管：　　　　记账：　　　　复核：　　　　制证：

附件 1 张

（17）2016 年 12 月 13 日，预付莱芜钢铁公司购料款 500 000 元，以电汇方式支付。其原始凭证见表 4－74、表 4－75。

表 4 - 74

预付款项申请单

2016 年 12 月 13 日

申请金额:500 000 元	批准金额:500 000 元		预付方式:电汇
收款单位:莱芜钢铁公司	收款单位开户行:建行莱城区支行		账号:655990077766688899911
预付内容: 货款 　　合同(协议)总金额:600 000 元　　　　　　已预付款:0 元 　　附合同 _1_ 份,书面协议_____份,合同号 02021 。			
预计到货或工程完工时间:2016 年 12 月 18 日			
批准人:黄化强　　总会计师:贾仁			
执行情况			

单位主管:黄化强　　　　申请人:文海　　　　会计主管:黄华　　　　财务经办:田丽

① 存根联附传票

表 4 - 75

中国农业银行电汇凭证(回单)

委托日期 2016 年 12 月 13 日　　　　　　　　　　　第 047 号

汇款人	全　　称	优卡股份有限公司		收款人	全　　称	莱芜钢铁公司	
	账　　号	95599007766688888888			账　　号	655990077766688899911	
	汇出地点	泰安	汇出行名称 农行高新区支行		汇入地点 莱芜	汇入行名称	建行莱城区支行

此联是汇出银行交给汇款单位的

人民币(大写)伍拾万元整　　　　　　　　　千 百 十 万 千 百 十 元 角 分
　　　　　　　　　　　　　　　　　　　　　　¥ 5 0 0 0 0 0 0 0

汇出行盖章	支付密码
中国农业银行股份有限公司 泰安高新区支行 业务办讫章	附加信息及用途　支付货款 　　　　　复核　　记账

根据上述原始凭证编制记账凭证(见表 4 - 76)。

表 4 - 76

付款凭证

贷方科目:银行存款　　　　　　　2016 年 12 月 13 日　　　　　　　　付字第 25 号

摘要	借方科目		账页	金　额																		
	总账科目	明细科目		总账科目									明细科目									
				千	百	十	万	千	百	十	元	角	分	千	百	十	万	千	百	十	元	角	分
预付购莱钢货款	预付账款	莱芜钢铁厂	✓			5	0	0	0	0	0	0	0			5	0	0	0	0	0	0	0
合　计			✓		¥	5	0	0	0	0	0	0	0										

会计主管:　　　　记账:　　　　出纳:　　　　复核:　　　　制证:

附件 2 张

(18) 2016 年 12 月 18 日,从莱芜钢铁公司购入甲材料 10 吨,以前期预付款 500 000 元进行结算,差额部分 96 100 尚未支付。其相关原始凭证见表 4-77、表 4-78、表 4-79。

表 4-77

表 4-78

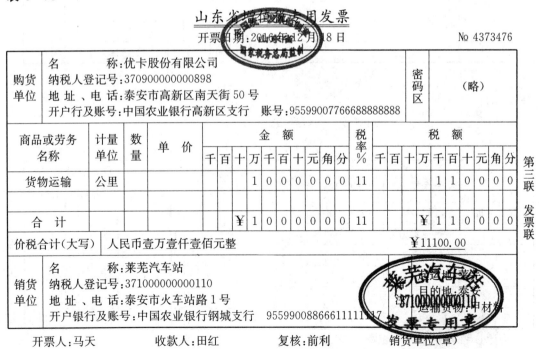

表 4 - 79

收料单

2016 年 12 月 18 日 字第 074 号

供应单位:莱芜钢铁公司 材料类别:原料及主要材料

材料编号	名称	规格	计量单位	数量		实际成本					计划成本		
				应收	实收	买 价		运杂费	其他	合 计	单位成本	金 额	记账联
						单价	金额						
001	甲材料		吨	10	10	50 000.00	500 000.00	10 000.00		510 000.00	50 000.00	500 000.00	
差 异				超支差 10 000 元									

仓库负责人:马翔   记账:马丽   仓库保管员:王刚   收料:田凯

根据上述原始凭证编制记账凭证(见表 4 - 80、表 4 - 81)。

表 4 - 80

转账凭证

2016 年 12 月 18 日 转字第 38 号

摘 要	总账科目	明细科目	账页	借方金额										贷方金额										附件2张
				千	百	十	万	千	百	十	元	角	分	千	百	十	万	千	百	十	元	角	分	
购甲材料	材料采购	甲材料	√			5	1	0	0	0	0	0	0											
	应交税费	应交增值税(进项税额)	√			8	6	1	0	0	0	0												
	预付账款	莱芜钢铁厂														5	9	6	1	0	0	0	0	
合 计						¥	5	9	6	1	0	0	0	0		¥	5	9	6	1	0	0	0	0

会计主管: 记账: 复核: 制证:

表 4 - 81

转账凭证

2016 年 12 月 18 日 转字第 39 号

摘 要	总账科目	明细科目	账页	借方金额										贷方金额										附件1张
				千	百	十	万	千	百	十	元	角	分	千	百	十	万	千	百	十	元	角	分	
元件入库	原材料	电气元件	√			5	0	0	0	0	0	0	0											
	材料成本差异	电气元件	√			1	0	0	0	0	0	0												
	材料采购	电气元件														5	1	0	0	0	0	0	0	
合 计						¥	5	1	0	0	0	0	0	0		¥	5	1	0	0	0	0	0	0

会计主管: 记账: 复核: 制证:

（19）2016 年 12 月 18 日,开出转账支票,预付泰安海华公司 2017 年度办公楼租金 240 000 元。其原始凭证见表 4 - 82、表 4 - 83。

表 4 - 82

预付款项申请单

2016 年 12 月 18 日

申请金额:240 000 元	批准金额:240 000 元		预付方式:支票
收款单位:泰安海华公司	收款单位开户行:泰山商业银行		账号:955990077766688899111
预付内容: 预付房租 　　合同(协议)总金额:240 000 元　已预付款:0 元 　　附合同＿1＿份,书面协议＿＿＿份,合同号08021。			
预计到货或工程完工时间:　　　　年　　　月　　　日			
批准人:黄化强　　总会计师:贾仁			
执行情况			

单位主管:黄化强　　　　申请人:田文　　　　会计主管:黄华　　　　财务经办:田丽

① 存根联附传票

表 4 - 83

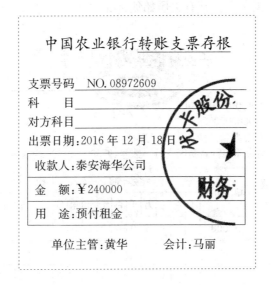

根据上述原始凭证编制记账凭证(见表 4 - 84)。

表 4-84

付款凭证

贷方科目:银行存款   2016 年 12 月 13 日   付字第 31 号

摘要	借方科目		账页	金额																				
	总账科目	明细科目		总账科目										明细科目										
				千	百	十	万	千	百	十	元	角	分	千	百	十	万	千	百	十	元	角	分
预付房屋租金	预付账款	海华公司	√		2	4	0	0	0	0	0	0	0		2	4	0	0	0	0	0	0	0
合计			√	¥	2	4	0	0	0	0	0	0	0										

会计主管: 记账: 出纳: 复核: 制证:

附件 2 张

(20) 2016 年 12 月 19 日,从徐州钢铁公司购入丙材料 5 吨,签发并承兑一张 3 个月期限的商业承兑汇票交给销货方。其有关原始凭证见表 4-85、表 4-86、表 4-87、表 4-88。

表 4-85

江苏省增值税专用发票

开票日期:2016 年 12 月 19 日   No 2073478

购货单位	名 称:优卡股份有限公司 纳税人登记号:370900000000898 地址、电话:泰安市高新区南天街 50 号 开户行及账号:中国农业银行高新区支行 账号:95599007766688888888															密码区		(略)						
商品或劳务名称	计量单位	数量	单价	金额										税率 %	税额									
				千	百	十	万	千	百	十	元	角	分		千	百	十	万	千	百	十	元	角	分
丙材料	吨	5	10 000			5	0	0	0	0	0	0	0	17				8	5	0	0	0	0
合计				¥		5	0	0	0	0	0	0	0	17			¥	8	5	0	0	0	0
价税合计(大写)	伍万捌仟伍佰元整									¥58500.00													
销货单位	名 称:徐州钢铁公司 纳税人登记号:470310000000798 地址、电话:徐州市工业路 7788 号 开户银行及账号:中国建设银行工业路支行 755990077766688899908																备注 徐州钢铁公司 470310000000798 发票专用章 销货单位(章)							

开票人:陆予   收款人:刘梅   复核:韩红   销货单位(章)

表 4-86

江苏省增值税专用发票

开票日期：2016年12月19日　　　　　　　　　No 3173476

购货单位	名　　称：优卡股份有限公司																				密码区	（略）	
	纳税人登记号：370900000000898																						
	地址、电话：泰安市高新区南天街50号																						
	开户行及账号：中国农业银行高新区支行　账号：95599007766688888888																						

商品或劳务名称	计量单位	数量	单价	金　　额										税率%	税　　额									
				千	百	十	万	千	百	十	元	角	分		千	百	十	万	千	百	十	元	角	分
货物运输	公里							8	0	0	0	0	0	11						8	8	0	0	0
合　计							￥	8	0	0	0	0	0	11					￥	8	8	0	0	0

价税合计（大写）	人民币捌仟捌佰捌拾元整	￥8880.00

销货单位	名　　称：徐州火车站
	纳税人登记号：450100000000110
	地址、电话：徐州火车站路1号
	开户银行及账号：中国农业银行天桥支行　95599007766611111110

开票人：马山　　　　　收款人：李红　　　　　复核：刘利　　　　　销货单位（章）

第二联　发票联

表 4-87

商业承兑汇票（卡片）　　1

出票日期（大写）	贰零壹陆年壹拾贰月壹拾玖日				汇票号码第　号									
出票人全称	优卡股份有限公司			收款人	全　称	徐州钢铁公司								
出票人账号	95599007766688888888				账　号	75599007776668899908								
付款行全称	农业高新区支行		行号		开户银行	建行工业路支行			行号					
汇票金额	人民币（大写）陆万柒仟叁佰捌拾元整			百	十	万	千	百	十	元	角	分		
					￥	6	7	3	8	0	0	0		
出票到期日	贰零壹柒年零叁月壹拾玖日			付款人开户行	行号									
交易合同号码	01099				地址	山东泰安								
出票人签章					备注：									

此联承兑人（付款人）留存

表 4-88

收料单

2016 年 12 月 19 日

字第 039 号

供应单位:徐州钢铁公司

材料类别:原料及主要材料

材料编号	名称	规格	计量单位	数量 应收	数量 实收	实际成本 买价 单价	实际成本 买价 金额	实际成本 运杂费	实际成本 其他	实际成本 合计	计划成本 单位成本	计划成本 金额	
002	丙材料		吨	5	5	10 000.00	50 000.00	8 000.00		58 000.00	10 000.00	50 000.00	记账联
差异			超支差 8 000 元										

仓库负责人:马翔　　　记账:马丽　　　仓库保管员:王刚　　　收料:田凯

根据上述原始凭证编制记账凭证(见表 4-89、表 4-90)。

表 4-89

转账凭证

2016 年 12 月 19 日

转字第 41 号

摘要	总账科目	明细科目	账页	借方金额 千百十万千百十元角分	贷方金额 千百十万千百十元角分	
购入丙材料	材料采购	丙材料	√	5 8 0 0 0 0 0		附件2张
	应交税费	应交增值税(进项税额)	√	9 3 8 0 0 0		
	应付票据	徐州钢铁公司			6 7 3 8 0 0 0	
合计				¥6 7 3 8 0 0 0	¥6 7 3 8 0 0 0	

会计主管:　　　记账:　　　复核:　　　制证:

表 4-90

转账凭证

2016 年 12 月 19 日

转字第 42 号

摘要	总账科目	明细科目	账页	借方金额 千百十万千百十元角分	贷方金额 千百十万千百十元角分	
丙材料入库	原材料	电气元件	√	5 0 0 0 0 0 0		附件1张
	材料成本差异	电气元件	√	8 0 0 0 0 0		
	材料采购	电气元件			5 8 0 0 0 0 0	
合计				¥5 8 0 0 0 0 0	¥5 8 0 0 0 0 0	

会计主管:　　　记账:　　　复核:　　　制证:

（21）2016 年 12 月 19 日,从泰安量具公司购入量具 100 件,款未付。其相关资料见表 4 - 91、表 4 - 92。

表 4 - 91

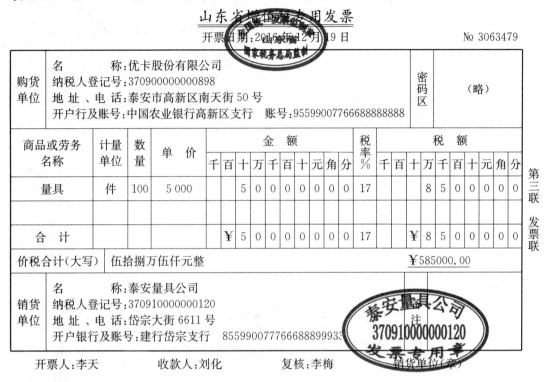

表 4 - 92

收料单

2016 年 12 月 19 日

供应单位:泰安金星服装厂　　　　　　　　　　　　　　　　　　　　　　　　　　　　　字第 071 号

材料类别:周转材料

材料编号	名称	规格	计量单位	数量		实际成本					记账联
				应收	实收	买价		运杂费	其他	合计	
						单价	金额				
005	量具		件	100	100	5 000	500 000			500 000	

仓库负责人:马翔　　　　记账:马丽　　　　仓库保管员:王刚　　　　收料:田凯

根据上述原始凭证编制记账凭证(见表 4 - 93)。

表 4–93

转账凭证

2016 年 12 月 19 日　　　　　　　　　　　　　　　转字第 43 号

摘　要	总账科目	明细科目	账页	借方金额										贷方金额									
				千	百	十	万	千	百	十	元	角	分	千	百	十	万	千	百	十	元	角	分
购入量具	周转材料	量具	✓		5	0	0	0	0	0	0	0	0										
	应交税费	应交增值税（进项税额）	✓			8	5	0	0	0	0	0											
		应付账款	泰安量具公司													5	8	5	0	0	0	0	0
合　计				¥	5	8	5	0	0	0	0	0	0	¥	5	8	5	0	0	0	0	0	0

会计主管：　　　　　记账：　　　　　复核：　　　　　制证：

　　（22）2016 年 12 月 19 日，从泰安金星服装厂购入工作服 200 套，签发 3 个月期限的无息银行承兑汇票一张。其相关资料见表 4–94、表 4–95、表 4–96、表 4–97、表 4–98。

表 4–94

山东省增值税专用发票

开票日期：2016 年 12 月 19 日　　　　　　　　　　　No 3063487

购货单位	名　　称：优卡股份有限公司 纳税人登记号：370900000000898 地址、电话：泰安市高新区南天街 50 号 开户行及账号：中国农业银行高新区支行　账号：95590007766688888888										密码区		（略）							
商品或劳务名称	计量单位	数量	单价	金　额									税率 %	税　额							
				千	百	十	万	千	百	十	元	角	分		千	百	十	万	千	百	十	元	角	分
工作服	套	200	300				6	0	0	0	0	0	0	17				1	0	2	0	0	0	0
合　计						¥	6	0	0	0	0	0	0	17			¥	1	0	2	0	0	0	0
价税合计（大写）	柒万零贰佰元整													¥70200.00										
销货单位	名　　称：泰安金星服装厂 纳税人登记号：370910000000119 地址、电话：岱宗大街 6677 号 开户银行及账号：建行岱宗支行　855990077666889922																							

开票人：王营　　　　　收款人：王海　　　　　复核：李力

表 4－95

收料单

2016 年 12 月 19 日　　　　　　　　　　　　　字第 072 号

供应单位：泰安金星服装厂　　　　　　　　　　　　　　　材料类别：周转材料

材料编号	名　称	规格	计量单位	数量		实际成本					记账联
				应收	实收	买价		运杂费	其他	合　计	
						单价	金额				
004	工作服		套	200	200	300.00	60 000.00			60 000.00	

仓库负责人：马翔　　　　记账：马丽　　　　仓库保管员：王刚　　　　收料：田凯

表 4－96

银行承兑汇票（存根）　4

出票日期　贰零壹陆年壹拾贰月壹拾玖日

出票人全称	优卡股份有限公司	收款人	全　称	泰安金星服装厂								第四联　存根联　出票人留存
出票人账号	95599007766688888888		账　号	855990077766688899922								
付款行全称	农业高新区支行	行号		开户银行	建行岱宗支行		行号					
出票金额	人民币（大写）柒万零贰佰元整			百	十	万	千	百	十	元	角	分
					¥	7	0	2	0	0	0	0
出票到期日	贰零壹柒年零叁月壹拾玖日		付款人开户行	行号								
承兑协议编号	1346			地址	山东泰安							
本汇票请你行承兑，到期无条件支付款项。 出票人签章			科目（借） 对方科目（贷） 转账　　年　月　日 复核　　记账									

表 4－97

银行承兑协议

编号：　1345　

银行承兑汇票的内容：

收款人全称　泰安金星服装厂		付款人全称　优卡股份有限公司	
开户银行　建行岱宗支行		开户银行　中国农业银行泰安高新区支行	
账　号　855990077766688899922		账　号　95599007766688888888	
汇票号码		汇票金额（大写）柒万零贰佰元整	
签发日期　2016 年 12 月 19 日		到期日期　2017 年 3 月 19 日	

以上汇票经承兑银行承兑，承兑申请人（下称申请人）愿遵守《银行结算办法》的规定以及下列条款：

一、申请人于汇票到期日前将应付票款足额交存承兑银行。

二、承兑手续费按票面金额千分之（一）计划，在银行承兑时一次付清。

三、承兑汇票如发生任何交易纠纷，均由收付双方自行处理，票款不受其影响按第一条办理。

四、承兑汇票到期日，承兑银行凭票无条件支付票款。如到期日之前申请人不能足额交付票款时，承兑银行对不足支付票款转作承兑申请人逾期贷款，并按照有关规定计收罚息。

五、承兑汇票款付清后，本协议自动失效。本协议第一、二联分别由承兑银行信贷部门和承兑申请人存执，协议副本由承兑银行会计部门存查。

承兑申请人　优卡股份有限公司（盖章）　　　承兑银行　中国农业银行泰安高新区支行（盖章）

订立承兑协议日期 2016 年 12 月 19 日

表 4-98

中国农业银行收费凭证(客户回单)

2016 年 12 月 19 日

账 号	95599007766688888888			
户 名	优卡股份有限公司			
交易量	1	交易金额	70.2	币 种	01
业务种类	票据承兑手续费	多级账簿编号		
收费种类名称		收费金额		
银行承兑汇票承兑手续费		70.20		
收费合计(大写)	人民币柒拾元零贰角整			
收费合计(小写)	¥70.20			

复核:　　　　　　　　　　制单:于亮

根据上述原始凭证编制记账凭证(见表 4-99、表 4-100)。

表 4-99

转账凭证

2016 年 12 月 19 日　　　　　　　　　　转字第 44 号

摘　要	总账科目	明细科目	账页	借方金额 千 百 十 万 千 百 十 元 角 分	贷方金额 千 百 十 万 千 百 十 元 角 分
购入工作服	周转材料	工作服	√	6 0 0 0 0 0 0	
	应交税费	应交增值税(进项税额)	√	1 0 2 0 0 0 0	
	应付票据	泰安金星服装厂			7 0 2 0 0 0 0
合　计				¥ 7 0 2 0 0 0 0	¥ 7 0 2 0 0 0 0

会计主管:　　　　记账:　　　　复核:　　　　制证:

附件 4 张

表 4－100

付款凭证

贷方科目:银行存款　　　　　　　2016 年 12 月 19 日　　　　　　　付字第 32 号

摘 要	借方科目		账页	金 额																		
	总账科目	明细科目		总账科目									明细科目									
				百	十	万	千	百	十	元	角	分	百	十	万	千	百	十	元	角	分	
支付银行承兑手续费	财务费用	承兑费用	√						7	0	2	0							7	0	2	0
合 计			√					¥	7	0	2	0					¥	7	0	2	0	

附件 1 张

会计主管:　　　　记账:　　　　出纳:　　　　复核:　　　　制证:

　　(23) 2016 年 12 月 20 日,支付前欠泰安量具公司购货款。其原始凭证(见表 4－101)。

表 4－101

　　根据上述原始凭证编制记账凭证(见表 4－102)。

表 4－102

付款凭证

贷方科目:银行存款　　　　　　2016 年 12 月 20 日　　　　　　付字第 33 号

摘　要	借方科目		账页	金　额																			
	总账科目	明细科目		总账科目									明细科目										
				百	十	万	千	百	十	元	角	分	百	十	万	千	百	十	元	角	分		
支付货款	应付账款	泰安量具公司	✓		5	8	5	0	0	0	0	0		5	8	5	0	0	0	0	0		附件1张
合　计			✓		5	8	5	0	0	0	0	0		5	8	5	0	0	0	0	0		

会计主管:　　　记账:　　　出纳:　　　复核:　　　制证:

（24）2016 年 12 月 20 日,开出转账支票支付 12 月 8 日泰安机电公司电气元件货款(享受 1%现金折扣)。其原始凭证见表 4－103。

表 4－103

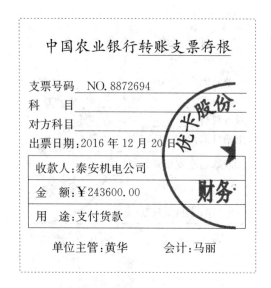

根据上述原始凭证编制记账凭证(见表 4－104、表 4－105)。

表 4－104

转账凭证

2016 年 12 月 20 日　　　　　　　　　　　　　转字第 55 号

摘　要	总账科目	明细科目	账页	借方金额										贷方金额										
				千	百	十	万	千	百	十	元	角	分	千	百	十	万	千	百	十	元	角	分
结转现金折扣	应付账款	泰安机电公司	✓					2	1	0	0	0	0										
	财务费用		✓															2	1	0	0	0	0
合　计						¥	2	1	0	0	0	0					¥	2	1	0	0	0	0

会计主管：　　　　记账：　　　　复核：　　　　制证：　　　附件 1 张

表 4－105

付款凭证

贷方科目：银行存款　　　　2016 年 12 月 20 日　　　　　付字第 34 号

摘　要	借方科目		账页	金　额																		
	总账科目	明细科目		总账科目									明细科目									
				百	十	万	千	百	十	元	角	分	百	十	万	千	百	十	元	角	分
支付货款	应付账款	泰安机电公司	✓		2	4	3	6	0	0	0	0		2	4	3	6	0	0	0	0
合　计			✓	¥	2	4	3	6	0	0	0	0		2	4	3	6	0	0	0	0

会计主管：　　　记账：　　　出纳：　　　复核：　　　　制证：　　　附件 1 张

（25）2016 年 12 月 20 日,优卡股份有限公司由于资金紧张,与济南钢铁公司达成债务重组协议,优卡股份有限公司欠济南钢铁公司的 468 000 元,优卡股份有限公司偿还 460 000 元,余款不再追究。优卡股份有限公司于 12 月 20 日当日支付款项。其有关资料见表 4－106、表 4－107。

表 4－106

债务重组协议

甲方(债权人):济南钢铁公司

乙方(债务人):优卡股份有限公司

1. 乙方于 2016 年 9 月 8 日因向甲方采购形成 468 000.00 元的应付账款没能按期偿还,直至今日。因财务困难,乙方向甲方申请债务重组,为了保障债权人(甲方)最大限度地收回债权,同时也为了缓解债务人(乙方)的财务困难,经协商,双方达成如下协议:

甲方同意乙方以肆拾陆万元(￥460000 元)清偿所欠甲方款项肆拾陆万捌仟元整(￥468000 元),余款 8 000 元甲方做出让步,不再追还,债务重组后,双方仍保持贸易往来。

2. 本协议签订后,乙方即付该款项。

3. 本协议经双方签署后即生效。

甲方:济南钢铁厂

法人代表(签字):杜康

2016 年 12 月 20 日

乙方:优卡股份有限公司

法人代表(签字):黄化强

2016 年 12 月 20 日

表 4－107

中国农业银行电汇凭证(回单)

委托日期 2016 年 12 月 20 日　　　　　　　　第 048 号

汇款人	全　称	优卡股份有限公司		收款人	全　称	济南钢铁公司									
	账　号	95599007766688888888			账　号	85599007776668899907									
	汇出地点	泰安	汇出行名称 农行高新区支行		汇入地点	济南	汇入行名称 建行工业路支行								

		千	百	十	万	千	百	十	元	角	分
人民币(大写)肆拾陆万元整			￥	4	6	0	0	0	0	0	0

汇出行盖章 中国农业银行股份有限公司 泰安高新区支行 业务办讫章	支付密码
	附加信息及用途　支付前欠货款 　　　　复核　　　　记账

此联是汇出银行交给汇款单位的回单

根据上述原始凭证编制记账凭证(见表 4－108、表 4－109)。

表 4‑108

转账凭证

<u>2016</u> 年 <u>12</u> 月 <u>20</u> 日　　　　　　　　　　　　　　　　　　　转字第 <u>56</u> 号

摘　要	总账科目	明细科目	账页	借方金额 千 百 十 万 千 百 十 元 角 分	贷方金额 千 百 十 万 千 百 十 元 角 分
结转债务重组利得	应付账款	济南钢铁公司	✓	8 0 0 0 0 0	
	营业外收入	债务重组利得			8 0 0 0 0 0
合　计				￥8 0 0 0 0 0	￥8 0 0 0 0 0

会计主管：　　　　　记账：　　　　　复核：　　　　　制证：

附件 1 张

表 4‑109

付款凭证

贷方科目:银行存款　　　　　<u>2016</u> 年 <u>12</u> 月 <u>20</u> 日　　　　　　　付字第 <u>35</u> 号

摘　要	借方科目 总账科目	借方科目 明细科目	账页	金　额 总账科目 千 百 十 万 千 百 十 元 角 分	金　额 明细科目 千 百 十 万 千 百 十 元 角 分
债务重组	应付账款	济南钢铁公司	✓	4 6 0 0 0 0 0 0	
合　计			✓	￥4 6 0 0 0 0 0 0	

会计主管：　　　　记账：　　　　出纳：　　　　复核：　　　　制证：

附件 2 张

　　(26) 2016 年 12 月 20 日,优卡股份有限公司与济南钢铁公司达成协议,优卡股份有限公司用自产的 2 台仪表偿还前欠济南钢铁公司的货款,仪表的市场价是 200 000 元/台。其有关资料见表 4‑110、表 4‑111、表 4‑112。

表 4 - 110

债务重组协议

甲方(债权人):济南钢铁公司

乙方(债务人):优卡股份有限公司

1. 乙方于 2016 年 12 月 10 月因向甲方采购形成 500 000.00 元的应付账款没能按期偿还,直至今日。因财务困难,乙方向甲方申请债务重组,为了保障债权人(甲方)最大限度地收回债权,同时也为了缓解债务人(乙方)的财务困难,经协商,双方达成如下协议:

甲方同意乙方于协议签署日以 2 台经评估确认公允价值为 200 000 元/台的仪表抵偿债务,余款甲方做出让步,不再追还,债务重组后,双方仍保持贸易往来。

2. 本协议签订后,乙方即付该款项。

3. 本协议经双方签署后即生效。

甲方:济南钢铁公司

法人代表(签字):杜康

2016 年 12 月 20 日

乙方:优卡股份有限公司

法人代表(签字):黄化强

2016 年 12 月 20 日

表 4 - 111

山东省增值税专用发票

开票日期:2016 年 12 月 20 日   No 07564096

购货单位	名　称:济南钢铁公司 纳税人登记号:370110000000798 地　址、电话:济南市工业南路 7788 号 开户银行及账号:中国建设银行工业路支行　8559900777666888899907									密码区		(略)								

商品或劳务名称	计量单位	数量	单价	金　额									税率%	税　额								
				千	百	十	万	千	百	十	元	角	分		千	百	十	万	千	百	十	元	角	分
仪表	台	2	200 000		4	0	0	0	0	0	0	0	0	17			6	8	0	0	0	0	0
合　计				¥	4	0	0	0	0	0	0	0	0	17		¥	6	8	0	0	0	0	0

价税合计(大写)	肆拾陆万捌仟元整	¥468000.00

销货单位	名　称:优卡股份有限公司 纳税人登记号:3709000000000898 地　址、电话:泰安市高新区南天街 50 号 开户银行及账号:中国农业银行高新区支行　9559900776668888888

开票人:马强　　　　收款人:　　　　复核:前程　　　　销货单位(章)

第一联　记账联

表 4‑112

商品出库单

2016 年 12 月 20 日

编号:2004
产成品库:2

产品或物品名称	规　格	计量单位	数　量	单　价	金　额	备　注
仪表		台	2			债务重组
合　计			2			

记账:马丽　　　仓库保管员:刘刚　　　复合:马翔　　　制单:王华

根据上述原始凭证编制记账凭证(见表 4‑113)。

表 4‑113

转账凭证

2016 年 12 月 20 日

转字第 57 号

摘　要	总账科目	明细科目	账页	借方金额 千百十万千百十元角分	贷方金额 千百十万千百十元角分
债务重组	应付账款	济南钢铁公司	✓	5 0 0 0 0 0 0 0	
	库存商品	仪表			4 0 0 0 0 0 0 0
	应交税费	应交增值税(销项税额)	✓		6 8 0 0 0 0
	营业外收入	债务重组利得	✓		3 2 0 0 0 0
合　计				¥5 0 0 0 0 0 0 0	¥5 0 0 0 0 0 0 0

会计主管:　　　记账:　　　复核:　　　制证:

附件 3 张

(27) 2016 年 12 月 31 日,计提固定资产折旧。其原始凭证见表 4‑114。

表 4‑114

固定资产折旧计算表

2016 年 12 月 31 日

科目	部门	类别	月初应计折旧 固定资产原价	折旧 月折旧率	折旧 月折旧额
制造费用	基本生产车间	房屋及建筑物	3 000 000	2%	60 000
		机器设备	2 000 000	5%	100 000
		车　辆	1 600 000	4%	64 000
		小　计	6 600 000		224 000
管理费用	管理部门	房屋及建筑物	1 000 000	2%	20 000
		机器设备	1 400 000	5%	70 000
		小　计	2 400 000		90 000
总　计			9 000 000		314 000

会计主管:黄华　　　　　　　制单:刘莉

根据上述原始凭证编制记账凭证(见表 4 - 115)。

表 4 - 115

转账凭证

2016 年 12 月 31 日　　　　　　　　　　转字第 63 号

摘　要	总账科目	明细科目	账页	借方金额										贷方金额									
				千	百	十	万	千	百	十	元	角	分	千	百	十	万	千	百	十	元	角	分
计提固定资产折旧	制造费用		✓			2	2	4	0	0	0	0	0										
	管理费用		✓				9	0	0	0	0	0	0										
	累计折旧															3	1	4	0	0	0	0	0
合　计					¥	3	1	4	0	0	0	0	0		¥	3	1	4	0	0	0	0	0

会计主管:　　　　记账:　　　　复核:　　　　制证:

附件 1 张

二、有关会计账簿资料

(一)有关总账资料

根据会计凭证登记有关总账账户(见表 4 - 116 至表 4 - 119)。

表 4 - 116

总　账

会计科目:固定资产　　　　　　　　　　　　　　　　　单位:元

2016 年		凭　证		摘　要	借　方	贷　方	借或贷	余　额
月	日	种类	号数					
12	1			期初余额			借	9 000 000
	15	科汇	1	1 - 15 发生额	2 453 000	50 000	借	11 403 000
	31	科汇	2	16 - 31 发生额	0	0	借	11 403 000

表 4 - 117

总　账

会计科目:累计折旧　　　　　　　　　　　　　　　　　单位:元

2016 年		凭　证		摘　要	借　方	贷　方	借或贷	余　额
月	日	种类	号数					
12	1			期初余额			贷	100 000
	15	科汇	1	1 - 15 发生额	20 000	0	贷	8 0000
	31	科汇	2	16 - 31 发生额	0	314 000	贷	394 000

表 4 - 118

总 账

会计科目:应付账款

单位:元

2016 年		凭　证		摘　要	借　方	贷　方	借或贷	余　额
月	日	种类	号数					
12	1			期初余额			贷	968 000
	15	科汇	1			1 730 400	贷	2 698 400
	31	科汇	2		1 798 700	585 000	贷	1 484 700

表 4 - 119

总 账

会计科目:预付账款

单位:元

2016 年		凭　证		摘　要	借　方	贷　方	借或贷	余　额
月	日	种类	号数					
12	1			期初余额			借	4 300 000
	31	科汇	1	1 - 15 发生额	500 000	4 300 000	借	500 000
	31	科汇	2	16 - 31 发生额	240 000	596 100	借	143 900

(二) 有关明细账户

根据有关会计凭证登记采购与付款循环相关的部分明细账(见表 4 - 120 至表 4 - 128)。

表 4 - 120

固定资产明细账

二级科目或明细科目:房屋建筑物类

单位:元

2016 年		凭　证		摘　要	借　方	贷　方	借或贷	余　额
月	日	种类	号数					
12	1			期初余额			借	4 000 000
	11	转	32	公寓楼建成使用	1 402 000		借	5 402 000

表 4 - 121

固定资产明细账

二级科目或明细科目:机器设备类

单位:元

2016 年		凭　证		摘　要	借　方	贷　方	借或贷	余　额
月	日	种类	号数					
12	1			期初余额			借	3 400 000
	8	转	15	非货币性交易换出		50 000	借	3 350 000
	10	转	30	购入 A 设备安装完成	551 000		借	3 901 000

表 4－122

固定资产明细账

二级科目或明细科目:运输设备
单位:元

2016 年		凭 证		摘 要	借 方	贷 方	借或贷	余 额
月	日	种类	号数					
12	1			期初余额			借	1 600 000
	10	付	16	购入大货车	500 000		借	2 100 000

表 4－123

应付账款明细账

二级科目或明细科目:济南钢铁公司
单位:元

2016 年		凭 证		摘 要	借 方	贷 方	借或贷	余 额
月	日	种类	号数					
12	1			期初余额			贷	968 000
	20	转	56		8 000		贷	960 000
	20	付	35		460 000		贷	500 000
	20	转	57		500 000		平	0

表 4－124

应付账款明细账

二级科目或明细科目:泰安机电公司
单位:元

2016 年		凭 证		摘 要	借 方	贷 方	借或贷	余 额
月	日	种类	号数					
12	8	转	20	采购电器元件		245 700	贷	245 700
	20	转	55	享受现金折扣	2 100		贷	243 600
	20	付	34	偿还欠款	243 600		平	0

表 4 - 125

应付账款明细账

二级科目或明细科目:北京钢铁公司　　　　　　　　　　　　　　　　　　　　单位:元

2016 年		凭证		摘　要	借　方	贷　方	借或贷	余　额
月	日	种类	号数					
12	1			期初余额			贷	0
	9	转	25			1 484 700	贷	1 484 700

表 4 - 126

应付账款明细账

二级科目或明细科目:泰安量具公司　　　　　　　　　　　　　　　　　　　　单位:元

2016 年		凭证		摘　要	借　方	贷　方	借或贷	余　额
月	日	种类	号数					
12	1			期初余额			贷	0
	19	转	43	采购量具		585 000	贷	585 000
	20	付	33	偿还货款	585 000		平	0

表 4 - 127

预付账款明细账

二级科目或明细科目:莱芜钢铁公司　　　　　　　　　　　　　　　　　　　　单位:元

2016 年		凭证		摘　要	借　方	贷　方	借或贷	余　额
月	日	种类	号数					
12	1			期初余额			借	4 300 000
	5	收	5	收回多余预付款		79 009	借	4 220 991
	5	转	6	收到预付款购材料		4 220 991	平	0
	13	付	25	预付货款	500 000		借	500 000
	18	转	38	购入甲材料		596 100	贷	96 100

表 4 - 128

预付账款明细账

二级科目或明细科目:华海公司

单位:元

2016年		凭证		摘 要	借 方	贷 方	借或贷	余 额
月	日	种类	号数					
12	18	付	31	付租金	240 000		借	240 000

第三节   固定资产审计实训

【实训目的】 通过本实验,利用检查、分析性复核、重新计算等审计方法,对优卡股份有限公司"固定资产"报表项目存在的真实性、记录的完整性、计价的准确性和分类及表达披露的恰当性进行实质性测试,理解和掌握固定资产、累计折旧等主要工作底稿的编制方法,进而训练"资产负债表"项目中固定资产、无形资产、长期待摊费用等项目的实质性测试程序和方法。

【实训内容】 针对本章第二节提供的优卡股份有限公司 2016 年 12 月份及该年度有关会计资料和本节补充提供的审计资料,进行以年度报表的合法性、公允性为一般目的的年报审计。

【补充资料】 为顺利实施本实训,结合优卡股份有限公司的规模、行业等情况,补充如下审计资料:

(1)经注册会计师审计核实,查明优卡股份有限公司 2016 年 12 月 1 日固定资产分布明细情况见表 4 - 129。

表 4 - 129

固定资产明细表

2016 年 12 月 1 日

使用部门	固定资产名称	计量单位	数 量	金额(万元)	备 注
锚护车间	厂房	幢	2	2 100 000	
	专用设备-A	套	3	800 000	
	专用设备-B	套	2	400 000	
	运输设备	台	6	1 600 000	
小 计				4 900 000	

使用部门	固定资产名称	计量单位	数 量	金额(万元)	备 注
仪表车间	厂房 自动化矫正仪 检测仪	幢 套 套	1 5 10	900 000 500 000 300 000	
小 计				1 700 000	
公司管理部门	行政办公楼 办公设备(电脑等)	幢 套	2	1 000 000 1 400 000	
小 计				2 400 000	
合 计				9 000 000	

(2) 固定资产累计折旧明细情况表。经注册会计审计核实,优卡股份有限公司至 2016 年 12 月初,各类固定资产累计已提折旧情况见表 4 - 130。

表 4 - 130

固定资产累计折旧明细表

2016 年 12 月 20 日

使用部门	固定资产名称	取得时间	预计使用年限	已计提折旧	已提减值准备
锚护车间	厂房 专用设备-A 专用设备-B 运输设备	2016 年 9 月 2016 年 10 月 2016 年 10 月 2016 年 10 月	20 5 5 10	17 325 12 800 6 400 12 600	
小 计				49 125	
仪表车间	厂房 自动化矫正仪 检测仪	2016 年 9 月 2016 年 10 月 2016 年 10 月	20 5 5	7 425 8 000 4 800	
小 计				20 225	
管理部门	行政办公楼 办公设备	2016 年 9 月 2016 年 10 月	20 10	8 250 22 400	
小 计				30 650	
合 计				100 000	

注:注册会计师评估并认可公司董事会通过的该公司固定资产政策如下:
  房屋建筑物:预计使用年限 20 年,月折旧率 0.412 5%,净残值率 1%;
  机器设备:预计使用年限 5 年,月折旧率 1.6%,净残值率 4%;
  运输设备:预计使用年限 10 年,月折旧率 0.8%,残值率 4%;
  公司固定资产采用平均年限法计提折旧。

（3）审计人员在检查优卡股份有限公司 2016 年 12 月 22 日财产清查记录时，发现"固定资产盘点盈亏报告表"一份，未及时进行会计处理，针对该情况向被审计单位管理当局询问，其会计人员给出的理由是该固定资产财产清查结果的处理需报股东大会审议，做出决议后才能处理。其盘存单及账存实存对比表见表 4 - 131、表 4 - 132。

表 4 - 131

盘存单

序号	名　称	规格型号	计量单位	实存数量	单　价	金　额	备　注
1	专用设备 A		套	3			
2	专用设备 B		套	2			
3	自动化矫正仪		台	5			
4	检测仪		台	11			
5	车辆		辆	6			
6	电脑		台	300			
7	……						

盘点人签章：贾宝建　　　　　　　　　保管人签章：周斌

表 4 - 132

实存账存对比表

单位名称：　　　　　　　　　　2016 年 12 月 22 日

序号	名　称	计量单位	实存数		账存数		实存与账存对比				备注
							盘　盈		盘　亏		
			数　量	金　额	数　量	金　额	数　量	金　额	数　量	金　额	
1	检测仪	台	11		10		1	60 000			

盘点人签章：贾宝建　　　　　　　　　保管人签章：周斌

【实训要求】　完成优卡股份有限公司"固定资产"、"累计折旧"实质性测试相关工作底稿：固定资产、累计折旧及减值准备明细表，固定资产盘点检查情况表，固定资产增加检查表，固定资产减少检查表，折旧计算检查表，固定资产审定表。

（1）编制完成"固定资产、累计折旧及减值准备明细表"工作底稿。

根据固定资产、累计折旧总账、明细账记录及优卡股份有限公司 2016 年 12 月份发生的部分有关固定资产增加、减少交易或事项编制完成"固定资产、累计折旧及减值准备明细表"审计工作底稿（见表 4 - 133）。为简化业务举例，以 2016 年 12 份业务作为 2016 年的年度资料，该公司固定资产未计提减值准备。

表 4－133

固定资产、累计折旧及减值准备明细表

被审计单位：＿＿＿＿＿＿＿＿＿＿＿＿＿＿＿＿ 索引号：＿＿＿＿＿＿＿＿＿＿＿＿＿＿＿＿＿

项目：固定资产、累计折旧及减值准备明细表 财务报表截止日/期间：＿＿＿＿＿＿＿＿＿＿

编制：＿＿＿＿＿＿＿＿＿＿＿＿＿＿＿＿＿＿ 复核：＿＿＿＿＿＿＿＿＿＿＿＿＿＿＿＿＿＿

日期：＿＿＿＿＿＿＿＿＿＿＿＿＿＿＿＿＿＿ 日期：＿＿＿＿＿＿＿＿＿＿＿＿＿＿＿＿＿＿

项目名称	期初余额	本期增加	本期减少	期末余额	备 注
一、原价合计					
其中：房屋、建筑物					
机器设备					
运输工具					
……					
二、累计折旧合计					
其中：房屋、建筑物					
机器设备					
运输工具					
……					
三、固定资产减值准备合计					
其中：房屋、建筑物					
机器设备					
运输工具					
……					
四、固定资产账面价值合计					
其中：房屋、建筑物					
机器设备					
运输工具					
……					

编制说明：备注栏可填列固定资产的使用年限、剩余使用年限、残值率和年折旧率等情况。

审计说明：

（2）编制完成"固定资产盘点检查情况表"工作底稿。

根据固定资产明细账，补充资料盘存单（见表4-131）和账存实存对比表（见表4-132）等资料编制完成"固定资产盘点检查情况表"工作底稿（见表4-134），并提出审计意见。因该公司固定资产品种不多，采用全面审计方式审查全部固定资产。

表4-134

固定资产盘点检查情况表

被审计单位：_____ 索引号：_____

项目：固定资产盘点检查情况表_____ 财务报表截止日/期间：_____

编制：_____ 复核：_____

日期：_____ 日期：_____

序号	名称	规格型号	计量单位	单价	账面结存		被审计单位盘点			实际检查			备注
					数量	金额	数量	金额	盈亏（＋、－）	数量	金额	盈亏（＋、－）	

检查时间：　　　　检查地点：　　　　检查人：　　　　盘点检查比例：

审计说明：

（3）编制完成"固定资产增加检查表"工作底稿。

依据优卡股份有限公司2016年12月份有关固定资产增加的交易和事项，完成"固定资产增加检查表"工作底稿（见表4-135）。因固定资产增加的交易不多，采用全面检查方式，设定检查中未发现异常。

表 4 - 135

固定资产增加检查表

被审计单位：_____　　索引号：_____

项目：固定资产增加检查表_____　财务报表截止日/期间：_____

编制：_____　　　　复核：_____

日期：_____　　　　日期：_____

固定资产名称	取得日期	取得方式	固定资产类别	增加情况		凭证号	核对内容(用"√"、"×"表示)							
				数量	原价		1	2	3	4	5	6	7	8

核对内容说明：1. 与发票是否一致；2. 与付款单据是否一致；3. 与购买/建造合同是否一致；4. 与验收报告或评估报告等是否一致；5. 审批手续是否齐全；6. 与在建工程转出数核对是否一致；7. 会计处理是否正确(入账日期和入账金额)；8. ……

审计说明：

（4）编制"完成固定资产减少检查表"工作底稿。

依据优卡股份有限公司 2016 年 12 月份的有关固定资产减少的交易和事项，完成"固定资产减少检查表"工作底稿(见表 4 - 136)。因固定资产减少的交易不多，采用全面检查方式，检查中未发现异常。

表 4 - 136

固定资产减少检查表

被审计单位：＿＿＿＿＿＿＿＿＿＿＿＿＿ 索引号：＿＿＿＿＿＿＿＿＿＿＿

项目：固定资产减少检查表＿＿＿＿＿＿＿ 财务报表截止日/期间：＿＿＿＿＿＿

编制：＿＿＿＿＿＿＿＿＿＿＿＿＿＿＿＿ 复核：＿＿＿＿＿＿＿＿＿＿＿＿＿＿＿

日期：＿＿＿＿＿＿＿＿＿＿＿＿＿＿＿＿ 日期：＿＿＿＿＿＿＿＿＿＿＿＿＿＿＿

固定资产名称	取得日期	处置方式	处置日期	固定资产原价	累计折旧	减值准备	账面价值	处置收入	净损益	索引号	核对内容（用"√"、"×"表示）				
											1	2	3	4	5

核对内容说明：1. 与收款单据是否一致；2. 与合同是否一致；3. 审批手续是否完整；4. 会计处理是否正确；5. ……

审计说明：

（5）编制完成"折旧计算检查表"工作底稿。

依据优卡股份有限公司 2016 年 12 月份的有关固定资产折旧的账务处理，结合本实验提供的补充审计资料，检查其折旧政策和会计估计，完成"折旧计算检查表"工作底稿的编制（见表 4 - 137）。

表 4 - 137

<h2 align="center">折旧计算检查表</h2>

被审计单位:＿＿＿＿＿＿＿＿＿＿＿＿＿＿ 索引号:＿＿＿＿＿＿＿＿＿＿＿＿＿＿＿＿

项目:折旧计算检查表＿＿＿＿＿＿＿ 财务报表截止日/期间:＿＿＿＿＿＿＿＿＿

编制:＿＿＿＿＿＿＿＿＿＿＿＿＿＿＿ 复核:＿＿＿＿＿＿＿＿＿＿＿＿＿＿＿＿

日期:＿＿＿＿＿＿＿＿＿＿＿＿＿＿＿ 日期:＿＿＿＿＿＿＿＿＿＿＿＿＿＿＿＿

固定资产名称	取得时间	使用年限	固定资产原值	残值率	累计折旧期初余额	减值准备期初余额	本期应提折旧	本期已提折旧	差 异
小 计									

审计说明:

（6）编制完成"固定资产审定表"工作底稿。

分析汇总固定资产和累计折旧审计编制的审计工作底稿,根据审计工作底稿表 4 - 133、表 4 - 134、表 4 - 135、表 4 - 136、表 4 - 137 编制完成"固定资产审定表"工作底稿(见表 4 - 138)。

表 4 - 138

固定资产审定表

被审计单位：_____   索引号：_____

项目：固定资产_____   财务报表截止日/期间：_____

编制：_____   复核：_____

日期：_____   日期：_____

项目名称	期末未审数	账项调整		重分类调整		期末审定数	上期末审定数
		借方	贷方	借方	贷方		
一、固定资产原值合计							
其中:房屋、建筑物							
机器设备							
运输工具							
……							
二、累计折旧合计							
其中:房屋、建筑物							
机器设备							
运输工具							
……							
三、减值准备合计							
其中:房屋、建筑物							
机器设备							
运输工具							
……							
四、账面价值合计							
其中:房屋、建筑物							
机器设备							
运输工具							
……							

审计结论：

第四节 应付账款审计实训

【实训目的】 通过本实验,利用检查、分析性复核、重新计算等审计方法,对优卡股份有限公司应付账款报表项目发生的真实性、记录的完整性、计价的准确性和分类及表达披露的恰当性进行实质性测试,理解和掌握应付账款的主要工作底稿的编制方法,进而训练"资产负债表"项目中应付账款、预收账款、应付票据、应付职工薪酬、应交税费、应付股利、其他应付款等负债项目的实质性测试程序和方法。

【实训内容】 针对本章第二节提供的优卡股份有限公司 2016 年 12 月份及本年度有关会计资料和本节补充提供的审计资料,进行以年度报表的合法性、公允性为一般目的年报审计。

【补充资料】 为了检查被审计单位是否存在隐瞒负债的舞弊行为,注册会计师抽查审计了优卡股份有限公司 2017 年 1 月 1 日至 1 月 10 日的付款凭证,检查结果(见表 4 - 139)。

表 4 - 139

优卡股份有限公司资产负债表日后付款业务检查表

收货记录		银行支票		银行对账单		记账凭证及明细账			备 注
编 号	日 期	编 号	日 期	编 号	日 期	编 号	日 期	金 额	
NO1233	2016.12.28	17001	2017.12.1	17001	2017.1.1	01	2017.1.2	58 500	济钢公司
NO0101	2017.1.1	17002	2017.1.1	17002	2017.1.1	01	2017.1.2	68 000	北京钢铁
NO0102	2017.1.3	17003	2017.1.3	17003	2017.1.3	01	2017.1.4	34 000	莱芜钢铁
NO1236	2016.12.31	17004	2017.1.4	17004	2017.1.4	01	2017.1.5	46 800	莱芜钢铁
NO1235	2017.1.5	17005	2017.1.5	17005	2017.1.5	01	2017.1.5	96 000	济南钢铁

【实训要求】 完成下列优卡股份有限公司"应付账款"实质性测试相关工作底稿,主要包括应付账款明细表、应付账款替代测试表、应付账款核对表、应付账款日后付款测试表、未入账应付账款汇总表、应付账款审定表审计工作底稿。

(1)编制完成"应付账款明细表"工作底稿。

根据优卡股份有限公司 2016 年 12 月 31 日的有关应付账款明细账,编制完成"应付账款明细账表"审计工作底稿(见表 4 - 140),并检查与"应付账款"总账及资产负债表项目中"应付账款"项目金额是否相符。

表 4-140

应付账款明细表

被审计单位:_____ 索引号:_____

项目:应付账款明细表_____ 财务报表截止日/期间:_____

编制:_____ 复核:_____

日期:_____ 日期:_____

单位名称	借方余额			贷方余额			合 计			备注
	原币	汇率	折合本位币	原币	汇率	折合本位币	原币	汇率	折合本位币	
一、关联方										
小 计										
二、非关联方										
济南钢铁公司										
北京钢铁公司										
泰安机电公司										
泰安量具公司										
小 计										
合 计										

审计说明:

(2)编制完成"应付账款替代测试表"工作底稿。

审计人员从优卡股份有限公司应付账款客户中选择了期末余额较大的北京钢铁公司和期末余额为零,但日常交易频繁的济南钢铁公司(优卡股份有限公司的重要客户)进行了肯定式函证,其中:济南钢铁公司回函予以确认,核对相符,而北京钢铁公司对审计人员三次肯定式函证均未予回函,审计人员决定对所欠北京公司的应付账款实施替代程序,请完成"应付账款替代测试表"工作底稿(见表 4-141),经替代程序测试未发现异常。

表 4 - 141

应付账款替代测试表

被审计单位：_____　　索引号：_____

项目：应付账款——(单位名称)替代测试　　所审计会计期间：_____

编制：_____　　复核：_____

日期：_____　　日期：_____

一、期初余额							
二、贷方发生额							
入账金额				检查内容(用"√"、"×"表示)			
序　号	日　期	凭证号	金　额	①	②	③	……
1							
2							
3							
小　计							
全年贷方发生额合计							
测试金额占全年贷方发生额的比例							
三、借方发生额							
入账金额				检查内容(用"√"、"×"表示)			
序　号	日　期	凭证号	金　额	①	②	③	……
1							
2							
3							
……							
小　计							
全年借方发生额合计							
测试金额占全年借方发生额的比例							
四、期末余额							
五、期后付款检查							

检查内容说明：① 原始凭证内容是否完整；② 记账凭证与原始凭证是否相符；③ 账务处理是否正确；
④ 金额是否正确……

审计说明：

（3）编制完成"应付账款核对表"工作底稿。

审计人员应通过检查的方法,检查应付账款入账的真实性和计价的准确性。本实验要求将优卡股份有限公司 2016 年 12 月份的应付账款业务逐一进行检查,编制完成"应付账款核对表"工作底稿(见表 4 - 142)。核对结果设定为相符。

表 4 - 142

应付账款核对表

被审计单位:＿＿＿＿＿＿＿＿＿＿＿＿＿＿＿　　索引号:＿＿＿＿＿＿FD4＿＿＿＿＿＿

项目:应付账款核对表＿＿＿＿＿＿＿＿＿　　财务报表截止日/期间:＿＿＿＿＿＿＿＿＿

编制:＿＿＿＿＿＿＿＿＿＿＿＿＿＿＿＿＿　　复核:＿＿＿＿＿＿＿＿＿＿＿＿＿＿＿＿

日期:＿＿＿＿＿＿＿＿＿＿＿＿＿＿＿＿＿　　日期:＿＿＿＿＿＿＿＿＿＿＿＿＿＿＿＿

序号	明细账凭证			摘要	入库单日期			购货发票			入库单与发票的核对	明细账与发票核对
	编号	日期	金额		编号	日期	金额	日期	供应商名称	金额		

核对要点:
1. 入库单中的货物名称、数量、单价及金额与购货发票核对是否一致;
2. 记账凭证内容与购货发票核对是否一致。

审计说明:

（4）编制完成"应付账款日后付款测试表"工作底稿。

在会计报表中隐瞒少计负债,可以优化被审计单位的财务状况,是注册会计师进行负债审计应重点关注的风险领域。注册会计师根据补充资料表 4 - 139,编制完成"应付账款日后付款测试表"工作底稿(见表 4 - 143)。

表 4 - 143

应付账款日后付款测试表

被审计单位：_____　　索引号：_____
项目：应付账款日后付款测试表_____　　财务报表截止日/期间：_____
编制：_____　　复核：_____
日期：_____　　日期：_____

从资产负债表日后的付款凭证中抽取若干张：

序　号	金　额	银行对账单日期	支票		明细账凭证		说　明	截止是否适当
			编　号	日　期	编　号	日　期		

审计说明：

（5）编制完成"未入账应付账款汇总表"工作底稿。

审计人员应将检查出的未入账应付账款进行汇总，编制完成"未入账应付账款汇总表"审计工作底稿，具体可根据表 4 - 143"应付账款日后付款测试表"工作底稿，编制完成表 4 - 144。

表 4 - 144

未入账应付账款汇总表

被审计单位：_____   索引号：_____FD5

项目：未入账应付账款汇总表_____   财务报表截止日/期间：_____

编制：_____   复核：_____

日期：_____   日期：_____

应付账款单位	业务内容	应付金额	未付及未入账原因

编制说明：本表用来汇总实施审计程序后发现的未入账的应付账款。

审计说明：

（6）编制完成"应付账款审定表"工作底稿。

审计人员在对应付账款进行审计时发现漏记2笔交易（见表4-144），另外审计还发现"预付账款—莱芜钢铁公司"明细账出现贷方余额（见表4-127），对预付账款存在的贷方余额96 100，应编制重分类调整分录，借:预付账款96 100;贷:应付账款96 100。根据查出的问题，编制"应付账款审定表"审计工作底稿（见表4-145）。

表4-145

应付账款审定表

被审计单位:_____　　索引号:_____FD1_____

项目:应付账款_____　　财务报表截止日/期间:_____

编制:_____　　复核:_____

日期:_____　　日期:_____

项目名称	期末未审数	账项调整		重分类调整		期末审定数	上期末审定数	索引号
		借方	贷方	借方	贷方			
一、关联方:								
小　计								
二、非关联方:								
小　计								
合　计								

审计结论:

第五章　生产与存货循环审计

第一节　生产与存货循环审计概述

生产与存货循环涉及的内容主要是存货的管理及费用归集和生产成本的计算等。本循环涉及存货、应付职工薪酬、主营业务成本等资产负债表项目和利润表项目。实施生产与存货循环审计,首先必须明确本循环的主要业务活动。

生产与存货循环的主要目标是按照企业的生产计划生产出产品,它由原材料转化为产成品的有关活动所组成。该循环交易从领料生产开始,到加工、销售产成品时结束。通常情况下,该循环典型的业务活动包括以下内容。

一、计划和安排生产

生产计划部门的职责是根据顾客订单或者对销售预测和存货需求的分析来制订生产计划,决定生产授权。如决定授权生产,即签发预先编号的生产通知单,并对整个生产过程进行控制。该部门通常应将发出的所有生产通知单顺序编号并加以记录控制。此外,还需要编制一份材料需求报告,列示所需要的材料和零件及其库存。

二、领用原材料

购进的原材料经验收部门验收后,交由仓库保管。仓库部门根据从生产部门收到的领料单发出原材料。领料单上必须列示所需的材料数量和种类,以及领料部门的名称。领料单可以一单一料,也可以一单多料,通常需一式三联。仓库发料后,将其中一联连同材料交还领料部门,其余两联经仓库登记材料明细账后,送会计部门进行材料收发核算和成本核算。

三、生产产品

生产部门在收到生产通知单及领取原材料后,便将生产任务分解到每一个生产工人,并将所领取的原材料交给生产工人,据以执行生产任务。生产工人在完成生产任务后,将完成的产品交生产部门查点,然后转交检验员验收并办理入库手续;或是将所完成的产品移交下一部门,做进一步加工。整个生产过程,既是将原材料加工成在产品,最终生产出产成品的实物流转过程,也是生产成本的汇集和计算过程。

四、核算产品成本

为了正确地核算并有效控制产品成本,必须建立健全成本会计制度,将生产控制和成本核算有机结合在一起。一方面,生产过程中的各种记录、生产通知单、领料单、计工单、入库单等文件资料都要汇集到会计部门,由会计部门对其进行核算和控制;另一方面,会计部门要设置相应的会计账户,会同有关部门对生产过程中的成本进行核算和控制。

五、储存产成品

产成品入库,须由仓库部门先行点验和检查,然后签收。签收后,将实际入库数量通知会计部门。据此,仓库部门确立了本身应承担的责任,并对验收部门的工作进行验证。除此之外,仓库部门还应根据产成品的品质特征分类存放,并填制标签。

六、发出库存商品

库存商品的发出须由独立的发运部门进行。装运库存商品时必须持有经有关部门核准的发运通知单,并据此编制出库单。出库单至少一式四联,一联交仓库部门;一联发运部门留存;一联送交顾客;一联作为给顾客开发票的依据。

第二节　生产与存货循环审计的会计资料

一、有关会计凭证资料

优卡股份有限公司 2016 年 12 月份生产与存货交易或事项的原始凭证及根据原始凭证编制的记账凭证(按计划成本计价的甲、乙、丙、电器元件发出的核算采用期末编制发料凭证汇总方式核算,以简化日常会计核算),周转材料采用逐笔核算。

(1) 2016 年 12 月 5 日,生产领用甲材料,相关资料见表 5-1 月终汇总核算。

表 5-1

领料单

领料部门:基本生产车间　　　　　开票日期:2016 年 12 月 5 日　　　　　字第 0010 号

材料编号	材料名称	规　格	单　位	请领数量	实发数量	计划成本	
						计划单价	金　额
001	甲材料		吨	20 吨	20 吨	50 000	1 000 000

用途	领料部门		发料部门	
生产仪表用 5 吨 生产锚护机具用 15 吨	领料单位负责人	领料人	核准人	发料人
	丁同	卞强		田凯

第二联　会计记账联

(2) 2016 年 12 月 5 日,领用工作服,相关资料见表 5-2。

表 5-2

<h3 align="center">领料单</h3>

领料部门:基本生产车间　　　　　　开票日期:2016 年 12 月 5 日　　　　　　字第 0011 号

材料编号	材料名称	规　格	单　位	请领数量	实发数量	数　量	
						实际单价	金　额
004	工作服		套	120 套	100 套 20 套	180 300	18 000 6 000
用途 基本车间生产人员领用 100 套×180 辅助生产车间生产人员领用 20 套×300		领料部门			发料部门		
		领料单位负责人	领料人		核准人	发料人	
		丁同	卞强				

根据以上原始凭证编制记账凭证(见表 5-3)。

表 5-3

<h3 align="center">转账凭证</h3>

2016 年 12 月 5 日　　　　　　转字第 10 号

摘　要	总账科目	明细科目	账页	借方金额										贷方金额									
				千	百	十	万	千	百	十	元	角	分	千	百	十	万	千	百	十	元	角	分
生产领用材料	制造费用	基本生产车间	✓				1	8	0	0	0	0	0										
	制造费用	辅助生产车间	✓					6	0	0	0	0	0										
	周转材料	工作服															2	4	0	0	0	0	0
合　计						¥	2	4	0	0	0	0	0			¥	2	4	0	0	0	0	0

会计主管:　　　　　　记账:　　　　　　复核:　　　　　　制证:

(3) 2016 年 12 月 6 日,领用材料,相关资料见表 5-4、表 5-5,月终汇总核算。

表 5－4

领料单

领料部门:基本生产车间　　　　开票日期:2016 年 12 月 6 日　　　　字第 0015 号

材料编号	材料名称	规 格	单 位	请领数量	实发数量	计划成本	
						计划单价	金 额
001	甲材料		吨	12 吨	12 吨	50 000	600 000

用途 生产仪表用 4 吨 生产锚护机具用 8 吨	领料部门		发料部门	
	领料单位负责人	领料人	核准人	发料人
	丁同	卞强		田凯

第二联　会计记账联

表 5－5

领料单

领料部门:辅助生产车间　　　　开票日期:2016 年 12 月 6 日　　　　字第 0016 号

材料编号	材料名称	规 格	单 位	请领数量	实发数量	计划成本	
						计划单价	金 额
001	甲材料		吨	1 吨	1 吨	50 000	50 000
006	丁材料		件	2 件	2 件	5 000	10 000

用途 生产经营	领料部门		发料部门	
	领料单位负责人	领料人	核准人	发料人
	丁同	卞强		田凯

第二联　会计记账联

（4）2016 年 12 月 8 日,生产领用材料,相关资料见表 5－6、表 5－7,月终汇总核算。

表 5－6

领料单

领料部门:基本生产车间　　　　开票日期:2016 年 12 月 8 日　　　　字第 0027 号

材料编号	材料名称	规 格	单 位	请领数量	实发数量	计划成本	
						计划单价	金 额
003	乙材料		吨	5 吨	5 吨	46 000	230 000

用途 生产仪表用 2 吨 生产锚护机具用 3 吨	领料部门		发料部门	
	领料单位负责人	领料人	核准人	发料人
	丁同	卞强		田凯

第二联　会计记账联

表 5-7

领料单

领料部门:基本生产车间　　　　　开票日期:2016 年 12 月 8 日　　　　　字第 0028 号

材料编号	材料名称	规 格	单 位	请领数量	实发数量	计划成本	
						计划单价	金 额
002	丙材料		吨	5 吨	5 吨	10 000	50 000

用途 生产仪表用 1 吨 生产锚护机具用 4 吨	领料部门		发料部门	
	领料单位负责人	领料人	核准人	发料人
	丁同	卞强		田凯

(5) 2016 年 12 月 8 日,领用工作服,相关资料见表 5-8、表 5-9。

表 5-8

领料单

领料部门:基本生产车间　　　　　开票日期:2016 年 12 月 8 日　　　　　字第 0029 号

材料编号	材料名称	规 格	单 位	请领数量	实发数量	数 量	
						实际单价	金 额
004	工作服		套	200 套	200 套	300	60 000

用途 基本生产车间人员领用	领料部门		发料部门	
	领料单位负责人	领料人	核准人	发料人
	丁同	卞强		

表 5-9

领料单

领料部门:辅助生产车间　　　　　开票日期:2016 年 12 月 8 日　　　　　字第 0030 号

材料编号	材料名称	规 格	单 位	请领数量	实发数量	数 量	
						实际单价	金 额
004	工作服		套	10 套	10 套	250	2 500

用途 辅助生产车间人员领用	领料部门		发料部门	
	领料单位负责人	领料人	核准人	发料人
	丁同	卞强		

第二联　会计记账联

根据以上原始凭证编制记账凭证(见表 5－10)。

表 5－10

转账凭证

2016 年 12 月 8 日　　　　　　　　　　　　　　　转字第 14 号

摘　要	总账科目	明细科目	账页	借方金额										贷方金额								
				千	百	十	万	千	百	十	元	角	分	千	百	十	万	千	百	十	元	角	分
生产领用材料	制造费用	基本生产车间	✓			6	0	0	0	0	0	0	0										
	制造费用	辅助生产车间	✓				2	5	0	0	0	0	0										
	周转材料	工作服															6	2	5	0	0	0	0
合　计					¥	6	2	5	0	0	0	0	0		¥	6	2	5	0	0	0	0	0

会计主管：　　　　　　记账：　　　　　　　复核：　　　　　　制证：

附件 2 张

(6) 2016 年 12 月 8 日,领用材料,相关资料见表 5－11、表 5－12、表 5－13、表 5－14。 (领用原材料暂不进行账务处理,领用周转材料—量具,应及时进行账务处理)

表 5－11

领料单

领料部门:基本生产车间　　　　开票日期:2016 年 12 月 8 日　　　　字第 0031 号

材料编号	材料名称	规格	单位	请领数量	实发数量	计划成本	
						计划单价	金　额
001	甲材料		吨	20 吨	20 吨	50 000	1 000 000
用途 生产仪表用 5 吨 生产锚护机具用 15 吨			领料部门		发料部门	
			领料单位负责人	领料人	核准人	发料人
			丁同	卞强		田凯

第二联　会计记账联

表 5－12

领料单

领料部门:辅助生产车间　　　　　　开票日期:2016 年 12 月 8 日　　　　　　字第 0033 号

材料编号	材料名称	规　格	单　位	请领数量	实发数量	计划成本	
						计划单价	金　额
006	丁材料		件	20	20	5 000	100 000

用途	领料部门		发料部门	
辅助生产车间生产经营用 16 件 辅助生产车间一般耗用 4 件	领料单位负责人	领料人	核准人	发料人
	丁同	卞强		田凯

第二联　会计记账联

表 5－13

领料单

领料部门:基本生产车间　　　　　　开票日期:2016 年 12 月 8 日　　　　　　字第 0032 号

材料编号	材料名称	规　格	单　位	请领数量	实发数量	数　量	
						实际单价	金　额
005	量具		件	10 件	10 件	5 000	50 000

用途	领料部门		发料部门	
车间管理使用	领料单位负责人	领料人	核准人	发料人
	丁同	卞强		田凯

第二联　会计记账联

表 5－14

领料单

领料部门:办公室　　　　　　开票日期:2016 年 12 月 8 日　　　　　　字第 0034 号

材料编号	材料名称	规　格	单　位	请领数量	实发数量	数　量	
						实际单价	金　额
005	量具		件	2 件	2 件	5 000	10 000

用途	领料部门		发料部门	
厂部管理使用	领料单位负责人	领料人	核准人	发料人
	丁同	卞强		田凯

第二联　会计记账联

根据以上部分原始凭证编制记账凭证(见表5-15)。

表5-15

转账凭证

2016 年 12 月 8 日   转字第 18 号

摘　要	总账科目	明细科目	账页	借方金额 千百十万千百十元角分	贷方金额 千百十万千百十元角分
生产领用材料	制造费用	基本生产车间		5 0 0 0 0 0 0	
	管理费用			1 0 0 0 0 0 0	
	周转材料	量具			6 0 0 0 0 0 0
合　计				¥ 6 0 0 0 0 0 0	¥ 6 0 0 0 0 0 0

会计主管：　　　　　记账：　　　　　复核：　　　　　制证：

附件1张

（7）2016 年 12 月 9 日,生产领用材料,相关资料见表5-16、表5-17、表5-18,月终汇总核算。

表5-16

领料单

领料部门:基本生产车间　　　开票日期:2016 年 12 月 9 日　　　字第 0045 号

材料编号	材料名称	规　格	单　位	请领数量	实发数量	计划成本 计划单价	金　额
003	乙材料		吨	10 吨	10 吨	46 000	460 000

用途 生产仪表用2吨 生产锚护机具用8吨	领料部门		发料部门	
	领料单位负责人	领料人	核准人	发料人
	丁同	卞强		田凯

第二联 会计记账联

表 5-17

领料单

领料部门:基本生产车间　　　　开票日期:2016 年 12 月 9 日　　　　　字第 0046 号

材料编号	材料名称	规 格	单 位	请领数量	实发数量	计划成本	
						计划单价	金 额
0016	电气元件		件	50	50	2 000	100 000

用途 生产仪表用 40 件 生产锚护机具用 10 件	领料部门		发料部门	
	领料单位负责人	领料人	核准人	发料人
	丁同	卞强		田凯

第二联　会计记账联

表 5-18

领料单

领料部门:辅助生产车间　　　　开票日期:2016 年 12 月 9 日　　　　　字第 0047 号

材料编号	材料名称	规 格	单 位	请领数量	实发数量	计划成本	
						计划单价	金 额
0016	电气元件		件	25	25	2 000	50 000

用途 生产经营用 20 件 车间一般耗用 5 件	领料部门		发料部门	
	领料单位负责人	领料人	核准人	发料人
	丁同	卞强		田凯

第二联　会计记账联

(8) 2016 年 12 月 9 日,领用量具,相关资料见表 5-19。

表 5-19

领料单

领料部门:基本生产车间　　　　开票日期:2016 年 12 月 9 日　　　　　字第 0048 号

材料编号	材料名称	规 格	单 位	请领数量	实发数量	数 量	
						实际单价	金 额
005	量具		件	25 件	25 件	5 000	125 000

用途 车间生产一般耗用	领料部门		发料部门	
	领料单位负责人	领料人	核准人	发料人
	丁同	卞强		田凯

第二联　会计记账联

根据以上原始凭证编制记账凭证(见表 5-20)。

表 5-20

转 账 凭 证

2016 年 12 月 9 日   转字第 24 号

摘 要	总账科目	明细科目	账页	借方金额 千 百 十 万 千 百 十 元 角 分	贷方金额 千 百 十 万 千 百 十 元 角 分
生产领用材料	制造费用	基本生产车间	✓	1 2 5 0 0 0 0 0	
	周转材料	量具			1 2 5 0 0 0 0 0
合 计				¥1 2 5 0 0 0 0 0	¥1 2 5 0 0 0 0 0

会计主管: 记账: 复核: 制证:

附件1张

(9) 2016 年 12 月 10 日,基本生产车间领用电气元件,相关资料见表 5-21,月终汇总核算。

表 5-21

领料单

领料部门:基本生产车间   开票日期:2016 年 12 月 10 日   字第 0049 号

材料编号	材料名称	规 格	单 位	请领数量	实发数量	计划成本 计划单价	计划成本 金 额
0016	电气元件		件	50	50	2 000	100 000

用途 生产仪表用 40 件 生产锚护机具用 10 件	领料部门	领料部门	发料部门	发料部门
	领料单位负责人	领料人	核准人	发料人
	丁同	卞强		田凯

第二联 会计记账联

(10) 2016 年 12 月 10 日,管理部门领用工作服,相关资料见表 5 - 22。

表 5 - 22

领料单

领料部门:办公室　　　　　　开票日期:2016 年 12 月 10 日　　　　　　字第 0050 号

材料编号	材料名称	规　格	单　位	请领数量	实发数量	数　量	
						实际单价	金　额
004	工作服		套	100 套	100 套	250	25 000
用途 管理部门领用		领料部门			发料部门		
		领料单位负责人	领料人	核准人		发料人	
		丁同	卞强			田凯	

根据以上原始凭证编制记账凭证(见表 5 - 23)。

表 5 - 23

转账凭证

2016 年 12 月 10 日　　　　　　转字第 28 号

摘　要	总账科目	明细科目	账页	借方金额										贷方金额									
				千	百	十	万	千	百	十	元	角	分	千	百	十	万	千	百	十	元	角	分
行政管理部门领用工作服	管理费用	服装费	√				2	5	0	0	0	0	0										
	周转材料	服装	√														2	5	0	0	0	0	0
合　计						¥	2	5	0	0	0	0	0			¥	2	5	0	0	0	0	0

会计主管:　　　　　记账:　　　　　复核:　　　　　制证:

(11) 2016 年 12 月 10 日,仪表、锚护机具完工入库,相关资料见表 5 - 24,该业务暂不编制记账凭证。

表 5－24

<h3 style="text-align:center">库存商品(产成品)验收入库单</h3>

交库单位:基本生产车间 　　　　　　　2016 年 12 月 10 日 　　　　　　　第 0102 号

产品名称	交验数量	检验结果		实收数量	计量单位	单位成本	金额(元)
		合 格	不合格				
仪表	10	10		10	台		
锚护机具	10	10		10	台		
合 计							

基本生产车间:刘强 　　　　　　　检验人:李华 　　　　　　　仓库经手人:田凯

(12) 12 月 11 日,领用材料,相关资料见表 5－25、表 5－26、表 5－27、表 5－28,月终汇总核算。

表 5－25

<h3 style="text-align:center">领料单</h3>

领料部门:基本生产车间 　　　　开票日期:2016 年 12 月 11 日 　　　　字第 0055 号

材料编号	材料名称	规 格	单 位	请领数量	实发数量	计划成本	
						计划单价	金 额
001	甲材料		吨	10 吨	10 吨	50 000	500 000

用途 生产仪表用 2 吨 生产锚护机具用 8 吨	领料部门		发料部门	
	领料单位负责人	领料人	核准人	发料人
	丁同	卞强		田凯

第二联 会计记账联

表 5－26

<h3 style="text-align:center">领料单</h3>

领料部门:基本生产车间 　　　　开票日期:2016 年 12 月 11 日 　　　　字第 0056 号

材料编号	材料名称	规 格	单 位	请领数量	实发数量	计划成本	
						计划单价	金 额
0016	电气元件		件	50	50	2 000	100 000

用途 生产仪表用 40 件 生产锚护机具用 10 件	领料部门		发料部门	
	领料单位负责人	领料人	核准人	发料人
	丁同	卞强		田凯

第二联 会计记账联

表 5－27

领料单

领料部门:辅助生产车间　　　　　　开票日期:2016 年 12 月 11 日　　　　　　字第 0057 号

材料编号	材料名称	规　格	单　位	请领数量	实发数量	计划成本	
						计划单价	金　额
0016	电气元件		件	25	25	2 000	50 000

用途	领料部门		发料部门	
生产经营用 20 件 一般耗用 5 件	领料单位负责人	领料人	核准人	发料人
	丁同	卞强		田凯

表 5－28

领料单

领料部门:管理部门　　　　　　开票日期:2016 年 12 月 11 日　　　　　　字第 0058 号

材料编号	材料名称	规　格	单　位	请领数量	实发数量	计划成本	
						计划单价	金　额
006	丁材料		件	10	10	5 000	50 000

用途	领料部门		发料部门	
管理部门一般耗用	领料单位负责人	领料人	核准人	发料人
	丁同	卞强		田凯

(13) 2016 年 12 月 14 日,领用材料,相关资料见表 5－29、表 5－30,月终汇总核算。

表 5－29

领料单

领料部门:基本生产车间　　　　　　开票日期:2016 年 12 月 14 日　　　　　　字第 061 号

材料编号	材料名称	规　格	单　位	请领数量	实发数量	计划成本	
						计划单价	金　额
001	甲材料		吨	6 吨	6 吨	50 000	300 000

用途	领料部门		发料部门	
生产仪表用 1 吨 生产锚护机具用 5 吨	领料单位负责人	领料人	核准人	发料人
	丁同	卞强		田凯

表 5－30

领料单

领料部门:基本生产车间　　　　开票日期:2016 年 12 月 14 日　　　　字第 0062 号

材料编号	材料名称	规 格	单 位	请领数量	实发数量	计划成本	
						计划单价	金 额
002	丙材料		吨	10 吨	10 吨	10 000	100 000

用途 生产仪表用 4 吨 生产锚护机具用 6 吨	领料部门		发料部门	
	领料单位负责人	领料人	核准人	发料人
	丁同	卞强		田凯

第二联 会计记账联

（14）2016 年 12 月 14 日,领用工作服,相关资料见表 5－31。

表 5－31

领料单

领料部门:基本生产车间　　　　开票日期:2016 年 12 月 14 日　　　　字第 0063 号

材料编号	材料名称	规 格	单 位	请领数量	实发数量	数 量	
						实际单价	金 额
004	工作服		套	90 套	90 套	250	22 500

用途 车间生产人员领用	领料部门		发料部门	
	领料单位负责人	领料人	核准人	发料人
	丁同	卞强		

第二联 会计记账联

根据以上原始凭证编制记账凭证(见表 5－32)。

表 5－32

转账凭证

2016 年 12 月 14 日　　　　转字第 35 号

摘 要	总账科目	明细科目	账页	借方金额										贷方金额									
				千	百	十	万	千	百	十	元	角	分	千	百	十	万	千	百	十	元	角	分
基本生产车间领用工作服	制造费用	服装费	✓			2	2	5	0	0	0	0	0										
	周转材料	服装	✓													2	2	5	0	0	0	0	0
合 计					¥	2	2	5	0	0	0	0	0		¥	2	2	5	0	0	0	0	0

附件 1 张

会计主管:　　　　记账:　　　　复核:　　　　制证:

(15) 2016 年 12 月 15 日,购置车间办公用品,以现金支付,相关资料见表 5 - 33。

表 5 - 33

山东省商业销售统一发票

委托单位:优卡股份有限公司　　　　　　　　　　　　　　　　　No　3002886

项 目	说 明	单 位	数 量	单 价	金 额							备 注
					万	千	百	十	元	角	分	
办公用品			1	900.00		9	0	0	0	0		
					¥	9	0	0	0	0		
合计人民币(大写)×万×仟玖佰元整					¥900.00							

受托单位(盖章):　　　　　收款人:李玉斌　　　　　开票人:夏飞天

根据有关原始凭证编制记账凭证(见表 5 - 34)。

表 5 - 34

付款凭证

贷方科目:银行存款　　　　　2016 年 12 月 15 日　　　　　付字第 29 号

摘 要	借方科目		账页	金 额																		
	总账科目	明细科目		总账科目									明细科目								
				千	百	十	万	千	百	十	元	角	分	千	百	十	万	千	百	十	元	角	分
购工作服	制造费用	基本生产车间	√					9	0	0	0	0										
合 计			√				¥	9	0	0	0	0										

会计主管:　　　　记账:　　　　出纳:　　　　复核:　　　　制证:

(16) 2016 年 12 月 15 日,仪表、锚护机具完工入库,相关资料见表 5 - 35。

表 5 - 35

库存商品(产成品)验收入库单

交库单位:基本生产车间　　　　　　2016 年 12 月 15 日　　　　　　第 0134 号

产品名称	交验数量	检验结果		实收数量	计量单位	单位成本	金额(元)
		合格	不合格				
仪表	5	5		5	台		
锚护机具	5	5		5	台		
合　计							

基本生产车间:刘强　　　　　　检验人:李华　　　　　　仓库经手人:田凯

(17) 2016 年 12 月 20 日,管理部门领用工作服,相关资料见表 5 - 36。

表 5 - 36

领料单

领料部门:办公室　　　　开票日期:2016 年 12 月 20 日　　　　字第 0085 号

材料编号	材料名称	规格	单位	请领数量	实发数量	数量	
						实际单价	金额
004	工作服		套	100 套	100 套	300	30 000

用途 管理部门领用	领料部门		发料部门	
	领料单位负责人	领料人	核准人	发料人
	丁同	卞强		田凯

根据以上原始凭证编制记账凭证(见表 5 - 37)。

表 5 - 37

转账凭证

2016 年 12 月 20 日　　　　　　转字第 45 号

摘　要	总账科目	明细科目	账页	借方金额										贷方金额									
				千	百	十	万	千	百	十	元	角	分	千	百	十	万	千	百	十	元	角	分
行政管理部门领用工作服	管理费用	服装费	✓				3	0	0	0	0	0	0										
	周转材料	服装	✓														3	0	0	0	0	0	0
合　计							¥	3	0	0	0	0	0				¥	3	0	0	0	0	0

会计主管:　　　　　记账:　　　　　复核:　　　　　制证:

(18) 2016 年 12 月 20 日,领用材料,相关资料见表 5 - 38、表 5 - 39,月终汇总核算。

表 5 - 38

领料单

领料部门:基本生产车间　　　　　开票日期:2016 年 12 月 20 日　　　　　字第 0086 号

材料编号	材料名称	规 格	单 位	请领数量	实发数量	计划成本	
						计划单价	金 额
003	乙材料		吨	10 吨	10 吨	46 000	460 000

用途	领料部门		发料部门	
生产仪表用 2 吨	领料单位负责人	领料人	核准人	发料人
生产锚护机具用 8 吨	丁同	卞强		田凯

表 5 - 39

领料单

领料部门:辅助生产车间　　　　　开票日期:2016 年 12 月 20 日　　　　　字第 0087 号

材料编号	材料名称	规 格	单 位	请领数量	实发数量	数 量	
						计划单价	金 额
016	电气元件		件	50 件	50 件	2 000	100 000

用途	领料部门		发料部门	
生产经营用 40 件	领料单位负责人	领料人	核准人	发料人
车间一般耗用 10 件	丁同	卞强		田凯

(19) 2016 年 12 月 20 日,基本生产车间领用量具,相关资料见表 5 - 40。

表 5 - 40

领料单

领料部门:基本生产车间　　　　　开票日期:2016 年 12 月 20 日　　　　　字第 0088 号

材料编号	材料名称	规 格	单 位	请领数量	实发数量	数 量	
						实际单价	金 额
005	量具		件	10 件	10 件	5 000	50 000

用途	领料部门		发料部门	
车间生产一般耗用	领料单位负责人	领料人	核准人	发料人
	丁同	卞强		田凯

根据以上原始凭证编制记账凭证(见表5－41)。

转账凭证

2016 年 12 月 20 日 　　　　　　　　　　　　　　转字第 46 号

摘　要	总账科目	明细科目	账页	借方金额										贷方金额											附件1张
				千	百	十	万	千	百	十	元	角	分	千	百	十	万	千	百	十	元	角	分	
基本生产车间领用量具	制造费用	低值易耗品	✓				5	0	0	0	0	0	0											
	周转材料	量具	✓														5	0	0	0	0	0	0	
合　计							¥	5	0	0	0	0	0	0			¥	5	0	0	0	0	0	0	

会计主管：　　　　　　记账：　　　　　　复核：　　　　　　制证：

(20) 2016 年 12 月 20 日,管理部门领用 G 材料,G 材料成本差异率 2%,相关资料见表5－42。

领料单

领料部门:管理部门 　　　　开票日期:2016 年 12 月 20 日 　　　　字第 0089 号

材料编号	材料名称	规　格	单　位	请领数量	实发数量	计划成本		第二联　会计记账联
						计划单价	金　额	
009	G 材料		公斤	40公斤	40公斤	500	20 000	
用途 管理部门耗用			领料部门			发料部门		
			领料单位负责人	领料人		核准人	发料人	
			孙力	王强			田凯	

根据以上原始凭证编制记账凭证(见表5－43)。

表5－43

转账凭证

2016 年 12 月 20 日　　　　　　　　　　　　转字第 51 号

摘　要	总账科目	明细科目	账页	借方金额 千 百 十 万 千 百 十 元 角 分	贷方金额 千 百 十 万 千 百 十 元 角 分
行政管理部门领用材料	管理费用	材料费	✓	2 0 4 0 0 0 0	
	原材料	G材料	✓		2 0 0 0 0 0 0
	材料成本差异	G材料	✓		4 0 0 0 0
合　计				¥ 2 0 4 0 0 0 0	¥ 2 0 4 0 0 0 0

会计主管：　　　　记账：　　　　　　复核：　　　　　　制证：

附件1张

（21）2016 年 12 月 20 日,生产领用材料,相关资料见表 5－44、表 5－45,月终汇总核算。

表5－44

领料单

领料部门:基本生产车间　　　　开票日期:2016 年 12 月 20 日　　　　字第 0090 号

材料编号	材料名称	规　格	单　位	请领数量	实发数量	计划成本 计划单价	金　额
003	乙材料		吨	5 吨	5 吨	46 000	230 000

用途 生产仪表用 2 吨 生产锚护机具用 3 吨	领料部门		发料部门	
	领料单位负责人	领料人	核准人	发料人
	丁同	卞强		田凯

第二联　会计记账联

表5－45

领料单

领料部门:基本生产车间　　　　开票日期:2016 年 12 月 20 日　　　　字第 0091 号

材料编号	材料名称	规　格	单　位	请领数量	实发数量	计划成本 计划单价	金　额
002	丙材料		吨	5 吨	5 吨	10 000	50 000

用途 生产仪表用 1 吨 生产锚护机具用 4 吨	领料部门		发料部门	
	领料单位负责人	领料人	核准人	发料人
	丁同	卞强		田凯

第二联　会计记账联

（22）2016 年 12 月 31 日,计提固定资产折旧。其原始凭证见表 5-46。

表 5-46

<h2 style="text-align:center">固定资产折旧计算表</h2>

2016 年 12 月 31 日

科目	部门	类别 \ 项目	月初应计折旧固定资产原价	月折旧率	月折旧额
制造费用	基本生产车间	房屋及建筑物	3 000 000	2%	60 000
		机器设备	2 000 000	5%	100 000
		车辆	1 600 000	4%	64 000
		小 计	6 600 000		224 000
管理费用	管理部门	房屋及建筑物	1 000 000	2%	20 000
		机器设备	1 400 000	5%	70 000
		小 计	2 400 000		90 000
总 计			9 000 000		314 000

会计主管:黄华　　　　　　　　　　　制单:刘莉

根据以上原始凭证编制记账凭证(见表 5-47)。

表 5-47

<h2 style="text-align:center">转账凭证</h2>

2016 年 12 月 31 日　　　　　　　转字第 61 号

摘 要	总账科目	明细科目	账页	借方金额 千百十万千百十元角分	贷方金额 千百十万千百十元角分
计提固定资产折旧	制造费用		√	2 2 4 0 0 0 0 0	
	管理费用		√	9 0 0 0 0 0 0	
	累计折旧		√		3 1 4 0 0 0 0 0
合 计				¥3 1 4 0 0 0 0 0	¥3 1 4 0 0 0 0 0

会计主管:　　　　记账:　　　　　复核:　　　　　制证:

附件 1 张

（23）2016 年 12 月 31 日,计提无形资产摊销,其相关资料见表 5-48。

表 5 - 48

无形资产摊销计算表

2016 年 12 月 31 日   编号:02016

无形资产名称	无形资产余额	使用年限	本月摊销额
锚护技术专利	600 000	10	5 000
合　计	600 000		5 000

会计主管:黄华   制单:刘莉

根据以上原始凭证编制记账凭证(见表 5 - 49)。

表 5 - 49

转账凭证

2016 年 12 月 31 日   转字第 62 号

摘　要	总账科目	明细科目	账页	借方金额 千百十万千百十元角分	贷方金额 千百十万千百十元角分
摊销锚护专利权	管理费用		√	5 0 0 0 0 0	
	累计摊销		√		5 0 0 0 0 0
合　计				¥5 0 0 0 0 0	¥5 0 0 0 0 0

附件1张

会计主管:　　　记账:　　　复核:　　　制证:

(24) 2016 年 12 月 31 日,分配本月工资薪酬费用(基本生产车间生产工人工资薪酬由锚护机具承担 60%,仪表承担 40%),相关资料见表 5 - 50、表 5 - 51。

表 5 - 50

工资薪酬结算汇总表

2016 年 12 月 31 日   单位:元

车间或部门		计时工资	计件工资	奖　金	津贴补贴	缺勤扣款	应付工资	代扣款 水电费	保险费	公积金	实发工资
基本车间	生产	600 000	250 000	100 000	20 000	22 000	948 000	12 000	104 280	94 800	736 920
	管理	200 000		40 000	10 000	12 000	238 000	6 000	26 180	23 800	182 020
辅助车间	生产	100 000	50 000	60 000	50 000	20 000	240000	18 000	26 400	24 000	171 600
	管理	10 000		30 000	20 000	10 000	50 000	7 200	5 500	5 000	32 300
公司管理人员		40 000		50 000	30 000		120 000	30 000	13 200	12 000	64 800
专设销售机构		60 000		40 000	30 000		130 000	30 000	14 300	13 000	72 700
合　计		1 010 000	300 000	320 000	160 000	64 000	1 726 000	103 200	189 860	172 600	1 260 340

会计主管:黄华   人力资源部:汪海   制单:刘莉

表 5－51

工资薪酬费用分配表

2016 年 12 月　　　　　　　　　　　　　　　　　　单位:元

车间/部门＼应借科目	锚护机具	仪 表	基本生产车间	辅助生产车间	公司管理人员	专设销售机构	合 计
生产成本——基本生产成本	568 800	379 200					948 000
生产成本——辅助生产成本				240 000			240 000
制造费用			238 000	50 000			288 000
管理费用					120 000		120 000
销售费用						130 000	130 000
合 计	568 800	379 200	238 000	196 000	120 000	130 000	1 726 000

会计主管:黄华　　　　　　　　　　　制单:刘莉

根据以上原始凭证编制记账凭证(见表 5－52)。

表 5－52

转账凭证

2016 年 12 月 31 日　　　　　　　　　　　转字第 64 号

摘 要	总账科目	明细科目	账页	借方金额	贷方金额
计算分配职工薪酬	生产成本	锚护机具	√	5 6 8 8 0 0 0 0	
	生产成本	仪表	√	3 7 9 2 0 0 0 0	
	生产成本	辅助生产成本	√	2 4 0 0 0 0 0 0	
	制造费用	基本生产车间	√	2 3 8 0 0 0 0 0	
	制造费用	辅助生产车间	√	5 0 0 0 0 0 0	
	管理费用		√	1 2 0 0 0 0 0 0	
	销售费用		√	1 3 0 0 0 0 0 0	
	应付职工薪酬	应付工资	√		1 7 2 6 0 0 0 0 0
合 计				¥1 7 2 6 0 0 0 0 0	¥1 7 2 6 0 0 0 0 0

会计主管:　　　记账:　　　复核:　　　制证:

附件1张

（25）2016 年 12 月 31 日，计提工会经费、职工教育经费，资料见表 5-53。

表 5-53

工资薪酬附加费计算分配表

2016 年 12 月 31 日

单位：元

应借科目	项目	应付工资总额	应提工会经费		应提职工教育经费	
			计提比例	金额	计提比例	金额
基本车间	锚护机具	568 800	2%	11 376	1.5%	8 532
	仪表	379 200	2%	7 584	1.5%	5 688
	小计	948 000	2%	18 960	1.5%	14 220
	管理	238 000	2%	4 760	1.5%	3 570
辅助车间	生产	240 000	2%	4 800	1.5%	3 600
	管理	50 000	2%	1 000	1.5%	750
公司管理人员		120 000	2%	2 400	1.5%	1 800
专设销售机构		130 000	2%	2 600	1.5%	1 950
合计		1 726 000	2%	34 520	1.5%	25 890

会计主管：黄华　　　　　　　　　　制单：刘莉

根据以上原始凭证编制记账凭证（见表 5-54）。

表 5-54

转账凭证

2016 年 12 月 31 日　　　　　　　　　转字第 65 号

摘要	总账科目	明细科目	账页	借方金额 千百十万千百十元角分	贷方金额 千百十万千百十元角分
计提工会经费	生产成本	锚护机具	√	1 9 9 0 8 0 0	
职工教育经费	生产成本	仪表	√	1 3 2 7 2 0 0	
	生产成本	辅助生产成本	√	8 4 0 0 0 0	
	制造费用	基本生产车间	√	8 3 3 0 0 0	
	制造费用	辅助生产车间	√	1 7 5 0 0	
	管理费用		√	4 2 0 0 0 0	
	销售费用		√	4 5 5 0 0 0	
	应付职工薪酬	工会经费	√		3 4 5 2 0 0 0
	应付职工薪酬	职工教育经费	√		2 5 8 9 0 0 0
合计				¥6 0 4 1 0 0 0	¥6 0 4 1 0 0 0

会计主管：　　　　记账：　　　　复核：　　　　制证：

附件 1 张

（26）2016 年 12 月 31 日,计提职工公积金,资料见表 5 - 55。

表 5 - 55

住房公积金计提表

2016 年 12 月 31 日　　　　　　　　　　　　　　　　　　　　　　　单位:元

应借科目 \ 项　目		应付工资总额	住房公积金			
			单位负担		个人负担	
			比　例	金　额	比　例	金　额
基本车间	锚护机具	568 800	10%	56 880	10%	56 880
	仪表	379 200	10%	37 920	10%	37 920
	小计	948 000	10%	94 800	10%	94 800
	管理	238 000	10%	23 800	10%	23 800
辅助车间	生产	240 000	10%	24 000	10%	24 000
	管理	50 000	10%	5 000	10%	5 000
公司管理人员		120 000	10%	12 000	10%	12 000
专设销售机构		130 000	10%	13 000	10%	13 000
合　计		1 726 000	10%	172 600	10%	172 600

会计主管:黄华　　　　　　　　制单:刘莉

根据以上原始凭证编制记账凭证(见表 5 - 56)。

表 5 - 56

转账凭证

2016 年 12 月 31 日　　　　　　　　　　　　　　　　转字第 66 号

摘　要	总账科目	明细科目	账页	借方金额										贷方金额									
				千	百	十	万	千	百	十	元	角	分	千	百	十	万	千	百	十	元	角	分
计提住房公积金	生产成本	锚护机具	√				5	6	8	8	0	0	0										
	生产成本	仪表	√				3	7	9	2	0	0	0										
	生产成本	辅助生产成本	√				2	4	0	0	0	0	0										
	制造费用	基本生产车间	√				2	3	8	0	0	0	0										
	制造费用	辅助生产车间	√					5	0	0	0	0	0										
	管理费用		√				1	2	0	0	0	0	0										
	销售费用		√				1	3	0	0	0	0	0										
	应付职工薪酬	住房公积金	√												1	7	2	6	0	0	0	0
合　计				¥	1	7	2	6	0	0	0	0	0	¥	1	7	2	6	0	0	0	0	0

会计主管:　　　　记账:　　　　　　复核:　　　　　制证:

附件 1 张

(27) 2016 年 12 月 31 日,计提并缴纳社会保险费,资料见表 5－57。

表 5－57

社会保险费计提表

2016 年 12 月 31 日

单位:元

应借科目＼项目		应付工资总额	养老保险				失业保险				医疗保险				工伤保险		生育保险		合 计		
			单位负担		个人负担		单位负担		个人负担		单位负担		个人负担		单位负担		单位负担		单位负担	个人负担	总计
			比例	金额	比例	金额	比例	金额	比例	金额	比例	金额	比例	金额	比例	金额	比例	金额			
基本车间	锚护机具	568 800	20%	113 760	8%	45 504	2%	11 376	1%	5 688	6%	34 128	2%	11 376	2%	11 376	1%	5 688	176 328	62 568	238 896
	仪表	379 200	20%	75 840	8%	30 336	2%	7 584	1%	3 792	6%	22 752	2%	7 584	2%	7 584	1%	3 792	117 552	41 712	159 264
	小计	948 000	20%	196 800	8%	78 720	2%	19 680	1%	9 840	6%	59 040	2%	19 680	2%	19 680	1%	9 840	293 880	104 280	398 160
辅助车间	管理	238 000	20%	47 600	8%	19 040	2%	4 760	1%	2 380	6%	14 280	2%	4 760	2%	4 760	1%	2 380	73 780	26 180	99 960
	生产	240 000	20%	48 000	8%	19 200	2%	4 800	1%	2 400	6%	14 400	2%	4 800	2%	4 800	1%	2 400	74 400	26 400	100 800
	管理	50 000	20%	10 000	8%	4 000	2%	1 000	1%	500	6%	3 000	2%	1 000	2%	1 000	1%	500	15 500	5 500	21 000
公司管理人员		120 000	20%	24 000	8%	9 600	2%	2 400	1%	1 200	6%	7 200	2%	2 400	2%	2 400	1%	1 200	37 200	13 200	50 400
专设销售机构		130 000	20%	26 000	8%	10 400	2%	2 600	1%	1 300	6%	7 800	2%	2 600	2%	2 600	1%	1 300	40 300	14 300	54 600
合 计		1 726 000	20%	345 200	8%	138 080	2%	34 520	1%	17 260	6%	103 560	2%	34 520	2%	34 520	1%	17 260	535 060	189 860	724 920

会计主管:黄华

制单:刘莉

根据以上原始凭证编制记账凭证(见表5－58)。

表5－58

转账凭证

2016 年 12 月 31 日　　　　　　　　　　　　　　　　　　转字第 67 号

摘 要	总账科目	明细科目	账页	借方金额 千百十万千百十元角分	贷方金额 千百十万千百十元角分
计算分配职工薪酬	生产成本	锚护机具	✓	1 7 6 3 2 8 0 0	
	生产成本	仪表	✓	1 1 7 5 5 2 0 0	
	生产成本	辅助生产成本	✓	7 4 4 0 0 0 0	
	制造费用	基本生产车间	✓	7 3 7 8 0 0 0	
	制造费用	辅助生产车间	✓	1 5 5 0 0 0 0	
	管理费用		✓	3 7 2 0 0 0 0	
	销售费用		✓	4 0 3 0 0 0 0	
	应付职工薪酬		✓		5 3 5 0 6 0 0 0
合 计				¥5 3 5 0 6 0 0 0	¥5 3 5 0 6 0 0 0

（附件1张）

会计主管：　　　　记账：　　　　复核：　　　　制证：

(28) 2016 年 12 月 31 日,根据有关资料,计算本月(G 材料除外)原材料综合成本差异率(差异率保留百分之 0.01 位),见表5－59。

表5－59

材料成本差异计算表

2016 年 12 月 31 日

类 别	月初结存		本月收入		合 计		成本差异率
	计划成本	成本差异	计划成本	成本差异	计划成本	成本差异	
原材料	2 796 000	55 920	6 730 000	13 550	9 526 000	69 470	0.007 3
合 计							

会计主管:黄华　　　　审核:前程　　　　制单:刘莉

(29) 2016 年 12 月 31 日,根据领料单,编制公司本月(G 材料除外)原材料消耗汇总表,并予以结转发出材料成本,见表5－60。

表 5 - 60

<h1 style="text-align:center">原材料消耗汇总表</h1>
2016 年 12 月 31 日

原材料类别 部门及用途		计划成本						成本差异 0.73%	实际 成本
		甲	乙	丙	丁	元器件	合 计		
基本 生产 车间	锚护机具	2 550 000	1 012 000	140 000		60 000	3 762 000	27 462.6	
	仪表	850 000	368 000	60 000		240 000	1 518 000	11 081.4	
	一般消耗								
辅助 生产 车间	生产经营	50 000			90 000	160 000	300 000	2 190	
	一般消耗				20 000	40 000	60 000	438	
企业管理部门					50 000		50 000	365	
合 计		3 450 000	1 380 000	200 000	160 000	500 000	5 690 000	41 537	

会计主管:黄华　　　　审核:前程　　　　制单:刘莉

根据以上原始凭证编制记账凭证(见表 5 - 61、表 5 - 62)。

表 5 - 61

<h1 style="text-align:center">转账凭证</h1>
2016 年 12 月 31 日　　　　转字第 68 $\frac{1}{2}$ 号

摘 要	总账科目	明细科目	账页	借方金额 千百十万千百十元角分	贷方金额 千百十万千百十元角分
结转发出材料成本	生产成本	锚护机具	√	3 7 6 2 0 0 0 0 0	
	生产成本	仪表	√	1 5 1 8 0 0 0 0 0	
	生产成本	辅助生产成本	√	3 0 0 0 0 0 0 0	
	制造费用	辅助生产车间	√	6 0 0 0 0 0 0	
	管理费用		√	5 0 0 0 0 0 0	
	原材料	甲材料	√		3 4 5 0 0 0 0 0 0
		乙材料			1 3 8 0 0 0 0 0 0
		丙材料			2 0 0 0 0 0 0 0
		丁材料			1 6 0 0 0 0 0 0
		电器元件			5 0 0 0 0 0 0 0
合 计				¥5 6 9 0 0 0 0 0 0	¥5 6 9 0 0 0 0 0 0

附件1张

会计主管:　　　　记账:　　　　复核:　　　　制证:

表 5 - 62

转账凭证

2016 年 12 月 31 日　　　　　　　　　　　　转字第 68 $\frac{2}{2}$ 号

摘　要	总账科目	明细科目	账页	借方金额										贷方金额										
				千	百	十	万	千	百	十	元	角	分	千	百	十	万	千	百	十	元	角	分
结转材料成本差异	生产成本	锚护机具	√			2	7	4	6	2	6	0												
	生产成本	仪表	√			1	1	0	8	1	4	0												
	生产成本	辅助生产成本	√				2	1	9	0	0	0												
	制造费用	辅助生产车间	√					4	3	8	0	0												
	管理费用		√					3	6	5	0	0												
		材料成本差异	√													4	1	5	3	7	0	0		
合　计				¥	4	1	5	3	7	0	0			¥	4	1	5	3	7	0	0		

附件1张

会计主管：　　　　记账：　　　　　　复核：　　　　　　制证：

　　（30）2016 年 12 月 31 日，结转辅助生产车间的制造费用，见表 5 - 63。

表 5 - 63

制造费用分配表（辅助生产车间）
2016 年 12 月 31 日

分配对象	分配金额
辅助生产	141 188

会计主管：黄华　　　　审核：前程　　　　　制单：刘莉

　　根据以上原始凭证编制记账凭证（见表 5 - 64）。

表 5 - 64

转账凭证

2016 年 12 月 31 日　　　　　　　　　　　　转字第 69 号

摘　要	总账科目	明细科目	账页	借方金额										贷方金额										
				千	百	十	万	千	百	十	元	角	分	千	百	十	万	千	百	十	元	角	分
结转辅助车间	生产成本	辅助生产成本	√			1	4	1	1	8	8	0	0										
制造费用	制造费用	辅助生产车间	√													1	4	1	1	8	8	0	0
合　计				¥	1	4	1	1	8	8	0	0		¥	1	4	1	1	8	8	0	0	

附件1张

会计主管：　　　　记账：　　　　　　复核：　　　　　　制证：

(31) 2016 年 12 月 31 日,分配辅助生产费用,见表 5 - 65。12 月份,辅助生产车间共提供生产服务工时 100 小时,其中:基本生产车间 90 小时,管理部门 10 小时。

表 5 - 65

辅助生产费用分配表
2016 年 12 月 31 日

分配对象	辅助生产成本
基本生产车间(90 小时)	711 160.2
管理部门(10 小时)	79 017.8

会计主管:黄华　　　　审核:前程　　　　制单:刘莉

根据以上原始凭证编制记账凭证(见表 5 - 66)。

表 5 - 66

转账凭证
2016 年 12 月 31 日　　　　　　转字第 70 号

摘　要	总账科目	明细科目	账页	借方金额										贷方金额								
				千	百	十	万	千	百	十	元	角	分	千	百	十	万	千	百	十	元	角	分
计算分配辅助生产成本	制造费用	基本生产车间	✓		7	1	1	1	6	0	2	0											
	管理费用		✓			7	9	0	1	7	8	0											
	生产成本	辅助生产成本	✓													7	9	0	1	7	8	0	0
合　计					¥	7	9	0	1	7	8	0	0		¥	7	9	0	1	7	8	0	0

会计主管:　　　　记账:　　　　复核:　　　　制证:

附件 1 张

(32) 2016 年 12 月 31 日,分配结转基本生产车间制造费用,见表 5 - 67。

表 5 - 67

制造费用分配表(基本生产车间)
2016 年 12 月 31 日

产品名称　　　　　　　　项　目	分配比例	分配额
锚护机具	60%	963 282.12
仪表	40%	642 188.08
合　计		1 605 470.20

会计主管:黄华　　　　审核:前程　　　　制单:刘莉

根据以上原始凭证编制记账凭证(见表5-68)。

表5-68

转账凭证

2016 年 12 月 31 日　　　　　　　　　　　　　　　　转字第 71 号

摘　要	总账科目	明细科目	账页	借方金额										贷方金额									
				千	百	十	万	千	百	十	元	角	分	千	百	十	万	千	百	十	元	角	分
计算分配制造费用	生产成本	锚护机具	√		9	6	3	2	8	2	1	2											
	生产成本	仪表	√		6	4	2	1	8	8	0	8											
	制造费用	基本生产车间	√											1	6	0	5	4	7	0	2	0	
合　计				¥	1	6	0	5	4	7	0	2	0	¥	1	6	0	5	4	7	0	2	0

附件 1 张

会计主管：　　　　记账：　　　　　复核：　　　　　制证：

(33) 2016 年 12 月 31 日,编制产成品成本汇总表,结转完工产品成本,月末在产品成本计算采用约当产量法,投料程度与完工程度一致,相关资料见表5-69、表5-70、表5-71、表5-72。

表5-69

产品产量统计表

2016 年 12 月

产　品	单　位	月初在产品	本月投产	本月完工	月末在产品	
					数　量	完工程度
锚护机具	套	9	16	15	10	50%
仪表	台	8	17	15	10	50%

制单:田华

表5-70

成本计算单

产品名称:锚护机具　　　2016 年 12 月 31 日　　　本月完工:15 套　月末在产品 10 套

项　目		直接材料	直接人工	制造费用	合　计
月初在产品成本		904 000	192 000	214 000	1 310 000
本月发生生产费用		3 789 462.6	821 916	963 282.12	5 574 660.72
合　计		4 693 462.6	1 013 916	1 177 282.12	6 884 660.72
约当产量	完工产品数量	15	15	15	15
	月末在产品约当产量	5	5	5	5
	分配率				
本月完工产品成本		3 520 096.95	760 437	882 961.59	5 163 495.54
月末在产品成本		1 173 365.65	253 479	294 320.53	1 721 165.18

会计主管:黄华　　　　审核:前程　　　　制单:刘莉

表 5-71

成本计算单

产品名称:仪表   2016 年 12 月 31 日   本月完工:15 台   月末在产品 10 台

项 目		直接材料	直接人工	制造费用	合 计
月初在产品成本		303 600	114 000	127 000	544 600
本月发生生产费用		1 529 081.4	547 944	642 188.08	2 719 213.48
合 计		1 832 681.4	661 944	769 188.08	3263 813.48
约当产量	完工产品数量	15	15	15	15
	月末在产品约当产量	5	5	5	5
分配率					
本月完工产品成本		1 374 511.05	496 458	576 891.06	2 447 860.11
月末在产品成本		458 170.35	165 486	192 297.02	815 953.37

会计主管:黄华   审核:前程   制单:刘莉

表 5-72

产成品成本汇总表
2016 年 12 月 31 日

产品名称	计量单位	数 量	直接材料	直接人工	制造费用	合 计	
						单位成本	总成本
锚护机具	台	15	3 520 096.95	760 437	882 961.59	344 233.036	5 163 495.544
仪表	台	15	1 374 511.05	496 458	576 891.06	163 190.674	2 447 860.11
合 计							

会计主管:黄华   审核:前程   制单:刘莉

根据以上原始凭证编制记账凭证(见表 5-73)。

表 5-73

转账凭证
2016 年 12 月 31 日   转字第 72 号

摘 要	总账科目	明细科目	账页	借方金额										贷方金额									
				千	百	十	万	千	百	十	元	角	分	千	百	十	万	千	百	十	元	角	分
产品完工入库	库存商品	锚护机具	√		5	1	6	3	4	9	5	5	4										
	库存商品	仪表	√		2	4	4	7	8	6	0	1	1										
	生产成本	锚护机具	√												5	1	6	3	4	9	5	5	4
	生产成本	仪表	√												2	4	4	7	8	6	0	1	1
合 计				¥	7	6	1	1	3	5	5	6	5	¥	7	6	1	1	3	5	5	6	5

附件 4 张

会计主管: 记账: 复核: 制证:

（34）2016 年 12 月 31 日,计算并结转商品销售成本,见表 5 - 74。

表 5 - 74

主营业务成本结算单

2016 年 12 月 31 日

商品种类	月初产品成本			本月完工入库商品成本			本月发出商品成本		
	数量	单位成本	总成本	数量	单位成本	总成本	数量	加权平均单位成本	总成本
锚护机具	10	340 000	3 400 000	15	353 233.036	5 163 495.54	12	342 539.82	4 110 477.84
仪表	3	155 000	465 000	15	163 190.674	2 447 860.11	9	161 825.56	1 456 430.06
合　计									

会计主管:黄华

根据以上原始凭证编制记账凭证(见表 5 - 75)。

表 5 - 75

转账凭证

2016 年 12 月 31 日　　　　　　　　　　　　　　　　　转字第 73 号

摘　要	总账科目	明细科目	账页	借方金额										贷方金额									
				千	百	十	万	千	百	十	元	角	分	千	百	十	万	千	百	十	元	角	分
结转已售产品成本	主营业务成本	锚护机具	√		4	1	1	0	4	7	7	8	4										
	主营业务成本	仪表	√		1	4	5	6	4	3	0	0	6										
	库存商品	锚护机具	√												4	1	1	0	4	7	7	8	4
	库存商品	仪表	√												1	4	5	6	4	3	0	0	6
合　计				¥	5	5	6	6	9	0	7	9	0	¥	5	5	6	6	9	0	7	9	0

会计主管:　　　　　记账:　　　　　复核:　　　　　制证:

附件1张

二、有关会计账簿资料

(一)有关总账资料

根据会计凭证登记部分存货与生产循环的有关总账资料(见表 5 - 76 至表 5 - 81),按半月汇总一次,每月汇总两次登记有关总账。

表 5－76

总　账

会计科目：原材料   单位：元

2016 年		凭证		摘　要	借　方	贷　方	借或贷	余　额
月	日	种类	号数					
12	1			期初余额			借	2 966 000
	15	科汇	1	1－15 发生额	6 220 000	5 000 000	借	4 186 000
	31	科汇	2	15－31 发生额	550 000	860 000	借	3 876 000

表 5－77

总　账

会计科目：材料成本差异   单位：元

2016 年		凭证		摘　要	借　方	贷　方	借或贷	余　额
月	日	种类	号数					
12	1			期初余额			借	59 320
	15	科汇	1	1－15 发生额	67 450	75 300	借	51 470
	31	科汇	2	15－31 发生额	18 000	41 537	借	27 933

表 5－78

总　账

会计科目：周转材料   单位：元

2016 年		凭证		摘　要	借　方	贷　方	借或贷	余　额
月	日	种类	号数					
12	1			期初余额			借	169 000
	15	科汇	1	1－15 发生额	550 000	296 500	借	422 500
	31	科汇	2	15－31 发生额	560 000	102 500	借	880 000

表 5-79

总　账

会计科目:库存商品　　　　　　　　　　　　　　　　　　　　　　　　　　　　　单位:元

2016 年		凭 证		摘　要	借　方	贷　方	借或贷	余　额
月	日	种类	号数					
12	1			期初余额			借	3 865 000
	15	科汇	1	1-15 发生额	7 611 355.65	3 891 986.48	借	7 584 369.17
	31	科汇	2	15-31 发生额	0	1 674 921.42	借	5 909 447.75

表 5-80

总　账

会计科目:生产成本　　　　　　　　　　　　　　　　　　　　　　　　　　　　　单位:元

2016 年		凭 证		摘　要	借　方	贷　方	借或贷	余　额
月	日	种类	号数					
12	1			期初余额			借	1 854 600
	15	科汇	1	1-15 发生额	0	0	借	1 854 600
	31	科汇	2	15-31 发生额	8 293 874.20	7 611 355.65	借	2 537 118.55

表 5-81

总　账

会计科目:制造费用　　　　　　　　　　　　　　　　　　　　　　　　　　　　　单位:元

2016 年		凭 证		摘　要	借　方	贷　方	借或贷	余　额
月	日	种类	号数					
12	15	科汇	1	1-15 发生额	276 400	0	借	276 400
	31	科汇	2	15-31 发生额	1 329 070.20	1 605 470.20	平	0

(二)有关明细分类账资料

根据有关凭证登记生产与存货循交易中的有关明细账资料(见表 5-82 至表 5-98)。

表 5－82

原材料明细账

品名:甲材料 计量单位:吨

2016 年		摘　要	收　入			发　出			结　存		
月	日		数　量	单　价	金　额	数　量	单　价	金　额	数　量	单　价	金　额
12	1	期初余额							33	50 000	1 650 000
	5	购入材料	20	50 000	1 000 000				53	50 000	2 650 000
	5	领用材料				20	50 000	1 000 000	33	50 000	1 650 000
	6	领用材料				12	50 000	600 000	21	50 000	1 050 000
	6	领用材料				1	50 000	50 000	20	50 000	1 000 000
	8	领用材料				20	50 000	1 000 000	0	0	0
	9	购入材料	24	50 000	1 200 000				24	50 000	1 200 000
	11	领用材料				10	50 000	500 000	14	50 000	700 000
	14	领用材料				6	50 000	300 000	8	50 000	400 000
	18	购入材料	10	50 000	500 000				18	50 000	900 000

表 5－83

材料成本差异明细账

二级科目或明细科目:甲材料 单位:元

2016 年		凭　证		摘　要	借　方	贷　方	借或贷	余　额
月	日	种类	号数					
12	1			期初余额			借	33 000
	5	转	5	购入材料	28 250		借	61 250
	9	转	26	购入材料	19 200		借	80 450
	18	转	39	购入材料	10 000		借	90 450
	31	转	68 $\frac{2}{2}$	转发出材料成本差异		25 185	借	65 265

表 5 - 84

原材料明细账

品名:乙材料 计量单位:吨

2016 年		摘 要	收 入			发 出			结 存		
月	日		数 量	单 价	金 额	数 量	单 价	金 额	数 量	单 价	金 额
12	1	期初余额							1	46 000	46 000
	5	购入材料	80	4 600	3 680 000				81	46 000	3 726 000
	8	领用材料				5	46 000	230 000	76	46 000	3 496 000
	9	领用材料				10	46 000	460 000	66	46 000	3 036 000
	20	领用材料				10	46 000	460 000	56	46 000	2 576 000
	20	领用材料				5	46 000	230 000	51	46 000	2 346 000

表 5 - 85

材料成本差异明细账

二级科目或明细科目:乙材料 单位:元

2016 年		凭 证		摘 要	借 方	贷 方	借或贷	余 额
12	日	种类	号数					
12	1			期初余额			借	920
	5	转	7			71 900	贷	70 980
	31	转	68 $\frac{2}{2}$	转发出材料成本差异		10 074	贷	81 054

表 5 - 86

原材料明细账

品名:丙材料 计量单位:吨

2016 年		摘 要	收 入			发 出			结 存		
月	日		数 量	单 价	金 额	数 量	单 价	金 额	数 量	单 价	金 额
12	1	期初余额							5	10 000	50 000
	5	购入材料	10	10 000	100 000				15	10 000	150 000
	8	领料				5	10 000	50 000	10	10 000	100 000
	14	领料				10	10 000	100 000	0	0	0
	19	购入材料	5	10 000	50 000				5	10 000	50 000
	20	领料				5	10 000	50 000	0	0	0

表 5 - 87

材料成本差异明细账

二级科目或明细科目:丙材料   单位:元

2016 年		凭 证		摘　　要	借　方	贷　方	借或贷	余　额
月	日	种类	号数					
12	1			期初余额			借	1 000
	5	转	9	购入材料	10 000		借	11 000
	19	转	42	购入材料	8 000		借	19 000
	31	转	68 $\frac{2}{2}$	转发出材料成本差异		1 460	借	17 540

表 5 - 88

原材料明细账

品名:丁材料   计量单位:件

2016 年		摘　要	收　入			发　出			结　存		
月	日		数量	单价	金　额	数量	单价	金　额	数量	单价	金　额
12	1	期初余额							50	5 000	250 000
	6	车间领用				2	5 000	10 000	48	5 000	240 000
	8	换入材料	8	5 000	40 000				56	5 000	280 000
	8	领用材料				20	5 000	100 000	36	5 000	180 000
	11	管理领用				10	5 000	50 000	26	5 000	130 000

表 5 - 89

材料成本差异明细账

二级科目或明细科目:丁材料   单位:元

2016 年		凭 证		摘　　要	借　方	贷　方	借或贷	余　额
月	日	种类	号数					
12	1			期初余额			借	5 000
	31	转	68 $\frac{2}{2}$	转发出材料成本差异		1 168	借	3 832

表 5 - 90

原材料明细账

品名:G 材料 计量单位:千克

2016 年		摘 要	收 入			发 出			结 存		
月	日		数 量	单 价	金 额	数 量	单 价	金 额	数 量	单 价	金 额
12	1	期初余额							340	500	170 000
	10	设备领料				100	500	50 000	240	500	120 000
	10	领用材料				200	500	100 000	40	500	20 000
	20	领用材料				40	500	20 000	0	0	0

表 5 - 91

材料成本差异明细账

二级科目或明细科目:G 材料 单位:元

2016 年		凭 证		摘 要	借 方	贷 方	借或贷	余 额
月	日	种类	号数					
12	1			期初余额			借	3 400
	10	转	29	A 设备领用材料		1 000	借	2 400
	10	转	31	公寓楼领料		2 000	借	400
	10	转	51	管理部门领料		400	平	0

表 5 - 92

原材料明细账

品名:电器元件 计量单位:件

2016 年		摘 要	收 入			发 出			结 存		
月	日		数 量	单 价	金 额	数 量	单 价	金 额	数 量	单 价	金 额
12	1	期初余额							400	2 000	800 000
	8	购入	100	2 000	200 000				500	2 000	1 000 000
	9	生产领用				50	2 000	100 000	450	2 000	900 000
	9	辅助生产				25	2 000	50 000	425	2 000	850 000
	10	生产领用				50	2 000	100 000	375	2 000	750 000
	11	生产领用				50	2 000	100 000	325	2 000	650 000
	11	辅助生产				25	2 000	50 000	300	2 000	600 000
	20	辅助生产				50	2 000	100 000	250	2 000	500 000

表 5 - 93

材料成本差异明细账

二级科目或明细科目：电器元件   单位：元

2016 年		凭证		摘 要	借 方	贷 方	借或贷	余 额
月	日	种类	号数					
12	1			期初余额			借	16 000
	8	转	21		10 000		借	26 000
	31	转	68 2/2	转发出材料成本差异		3 650	借	22 350

表 5 - 94

周转材料明细账

品名：工作服   计量单位：套

2016 年		摘 要	收 入			发 出			结 存		
月	日		数量	单价	金 额	数 量	单 价	金 额	数 量	单 价	金 额
12	1	期初余额							100 220	180 300	18 000 66 000
	5	领用工作服				100 20	180 300	18 000 6 000	200	300	60 000
	6	购入工作服	200	250	50 000				200 200	300 250	60 000 50 000
	8	领用工作服				200	300	60 000	200	250	50 000
	8	领用工作服				10	250	2 500	190	250	47 500
	10	领用工作服				100	250	25 000	90	250	22 500
	14	领用工作服				90	250	22 500			
	19	购入工作服	200	300	60 000				200	300	60 000
	20	管理部门领用				100	300	30 000	100	300	30 000

表 5－95

周转材料明细账

品名：量具　　　　　　　　　　　　　　　　　　　　　　　　　　　　　计量单位：件

2016年		摘　要	收　入			发　出			结　存		
月	日		数　量	单　价	金　额	数　量	单　价	金　额	数　量	单　价	金　额
12	1	期初余额							17	5 000	85 000
	8	换入量具	100	5 000	500 000				117	5 000	585 000
	8	车间领用				10	5 000	50 000	107	5 000	535 000
	8	管理领用				2	5 000	10 000	105	5 000	525 000
	9	领用量具				25	5 000	125 000	80	5 000	400 000
	19	购入	100	5 000	500 000				180	5 000	900 000
	20	领用量具				10	5 000	50 000	170	5 000	850 000

表 5－96

库存商品明细账

品名：锚护机具　　　　　　　　　　　　　　　　　　　　　　　　　　　计量单位：套

2016年		摘　要	收　入			发　出			结　存		
月	日		数量	单　价	金　额	数量	单　价	金　额	数量	单　价	金　额
12	1	期初余额							10	340 000	3 400 000
	2	销售商品				4	342 539.82	1 370 159.28	6		
	5	销售商品				1	342 539.82	342 539.82	5		
	8	销售商品				4	342 539.82	1 370 159.28	1		
	10	产品入库	10	344 233.036	3 442 330.36				11		
	15	产品入库	5	344 233.036	1 721 165.18				16		
	16	销售商品				1	342 539.82	342 539.82	15		
	20	销售商品				2	342 539.82	685 079.64	13	342 539.82	4 453 017.70

表 5－97

库存商品明细账

品名:仪表 计量单位:台

2016 年		摘 要	收 入			发 出			结 存		
月	日		数量	单 价	金 额	数量	单 价	金 额	数量	单 价	金 额
12	1	期初余额							3	155 000	465 000
	3	销售商品				1	161 825.56	161 825.56	2		
	4	销售商品				2	161 825.56	323 651.12	0		
	10	产品入库	10	163 190.674	1 631 906.74				10		
	12	销售商品				2	161 825.56	323 651.12	8		
	15	产品入库	5	163 190.674	815 953.37				13		
	20	债务重组				2	200 000	400 000	11		
	20	销售商品				2	161 825.56	323 651.12	9	161 825.56	1 380 081.17

表 5－98

生产成本明细账

产品名称:锚护机具 单位:元

2016 年		凭 证		摘 要	成本项目			
月	日	种类	号数		直接材料	直接人工	制造费用	合 计
12	1			月初余额(9 台)	904 000	192 000	214 000	1 310 000
	31	转	68 $\frac{1}{2}$	生产产品用料	3 762 000			3 762 000
	31	转	68 $\frac{2}{2}$	结转差异	27 462.6			27 462.6
	31	转	64	生产工人薪酬		568 800		568 800
	31	转	65	生产工人薪酬		19 908		19 908
	31	转	66	生产工人薪酬		56 880		56 880
	31	转	67	生产工人薪酬		176 328		176 328
	31	转	71	分配本月制造费用			963 282.12	963 282.12
	31			本月发生额	3 789 462.6	821 916	963 282.12	5 574 660.72
	31	转	72	结转完工产品成本	3 520 096.95	760 437	882 961.59	5 163 495.54
	31			月末余额	1 173 365.65	253 479	294 320.53	1 721 165.18

表 5 - 99

生产成本明细账

产品名称:仪表 单位:元

2016 年		凭 证		摘 要	成本项目			
月	日	种类	号数		直接材料	直接人工	制造费用	合 计
12	1			月初余额	303 600	114 000	127 000	544 600
	31	转	68 $\frac{1}{2}$	生产产品用料	1 518 000			1 518 000
	31	转	68 $\frac{2}{2}$	结转差异	11 081.4			11 081.4
	31	转	64	生产工人薪酬		379 200		379 200
	31	转	65	生产工人薪酬		13 272		13 272
	31	转	66	生产工人薪酬		37 920		37 920
	31	转	67	生产工人薪酬		117 552		117 552
	31	转	71	分配本月制造费用			642 188.08	642 188.08
	31			本月发生额	1 529 081.4	547 944	642 188.08	2 719 213.48
	31	转	72	结转完工产品成本	1 374 511.05	496 458	576 891.06	2 447 860.11
	31			月末余额	458 170.35	165 486	192 297.02	815 953.37

第三节 存货审计实训

【实训目的】 通过本实训,利用监盘、检查、分析性复核、重新计算等审计方法,对优卡股份有限公司"存货"报表项目存在的真实性、记录的完整性、计价的准确性和分类及表达披露的恰当性进行实质性测试,理解和掌握材料存货、在产品存货、库存商品存货等实际结存数、计价、成本计算主要工作底稿的编制方法,进而训练"资产负债表"项目中"存货"项目的实质性测试程序和方法。

【实训内容】 针对本章第二节提供的优卡股份有限公司 2016 年 12 月份及本年度有关会计资料和本节补充提供的审计资料,进行以年度报表的合法性、公允性为一般目的的年报审计。

【补充资料】 为完成存货与生产循环审计工作底稿的编制,补充下列审计资料:

(1) 注册会计师参与了优卡股份有限公司 2017 年 2 月 10 日存货盘点全过程,实施了监盘程序,并进行了必要抽点,认可被审计单位盘点结论,取得存货盘点盘点表一份,见表 5 - 100。

表 5－100

盘存单

单位名称：优卡股份有限公司　　　　盘点时间：2017 年 2 月 10 日　　　　　　编号：
财产类别：存货　　　　　　　　　　存放地点：材料仓库，产成品仓库

序号	名　称	规格型号	计量单位	实存数量	单　价	金　额	
1	甲材料		吨	14	50 000	700 000	
2	乙材料		吨	43	46 000	1 978 000	
3	丙材料		吨	4	10 000	40 000	
4	丁材料		件	22	5 000	110 000	
5	G 材料		千克	8	500	4 000	
6	电器元件		件	150	2 000	300 000	
7	工作服		套	100	300	30 000	
8	量具		件	146	5 000	710 000	
9	锚护机具		套	9	350 000	3 150 000	
10	仪表		套	14	160 000	2 240 000	

盘点人签章：董娜　　　　　　　　　　　　　　　　　　保管人签章：张星艺

（2）注册会计师检查了优卡股份有限公司 2017 年 1 月 1 日—2017 年 2 月 10 日的存货入库、出库有关凭证，核实了有关数据，其增减情况见表 5－101。

表 5－101

优卡公司 2017 年 1 月 1 日至 2 月 10 日存货收发情况汇总表

类别品名	收　入			发　出			备　注
	数　量	单　价	金　额	数　量	单　价	金　额	
甲材料	12	50 000		16	50 000		
乙材料	22	46 000		30	46 000		
丙材料	15	10 000		11	10 000		
丁材料	10	5 000		15	5 000		
G 材料	20	500		12	500		
电器元件	50	2 000		150	2 000		
工作服	0			0			
量具	100	5 000		220	5 000		
锚护机具	18	350 000		22	350 000		
仪表	50	160 000		45	160 000		

（3）经期末计价测试,该公司期末存货的可变现净值见表5-102。

表 5-102

存货可变现净值估算表

2016 年 12 月 31 日

序号	名 称	规格型号	计量单位	数 量	计划成本或实际成本	成本差异	可变现净值
1	甲材料		吨	18	900 000	65 265	980 000
2	乙材料		吨	51	2 346 000	-81 054	2 400 000
3	丙材料		吨	0	0	17 540	0
4	丁材料		件	27	130 000	3 832	120 000
5	G 材料		千克	0	0	0	0
6	电器元件		件	250	500 000	22 350	550 000
7	工作服		套	100	30 000		32 000
8	量具		件	266	710 000		75 000
9	锚护机具		套	13	3 150 000		3 200 000
10	仪表		套	9	2 240 000		2 250 000

【实训要求】 完成下列优卡股份有限公司"存货"实质性测试相关工作底稿:存货明细表、存货入库截止测试、存货出库截止测试、存货监盘程序、存货监盘结果汇总表审计工作底稿。

（1）编制完成"存货明细表"工作底稿。

审计人员检查优卡股份有限公司原材料、周转材料、生产成本、材料采购、库存商品等明细分类账,根据有关存货的明细分类账,编制完成"存货明细表"审计工作底稿（见表5-103),并与有关"存货"的总账和和资产负债表"存货"项目金额核对,检查其是否相符。

（2）存货入库截止测试。

为了审计存货增加的真实性、完整性及计价的准确性,应从存货入库的有关交易或事项中抽取一部分项目进行截止测试,本实训以第四章、第五章所列优卡股份有限公司 2016 年 12 月份的原材料采购交易作为测试对象,本实训以甲材料为样本,将甲材料明细账的借方发生额与入库记录核对,以确定存货入库被记录在正确的会计期间。以乙材料为样本,将乙材料入库记录与明细账的借方发生额核对,以确定存货入库被记录在正确的会计期间。补充审计资料见第四章表4-139。其工作底稿见表5-104。

表 5－103

存货明细表

被审计单位：＿＿＿＿＿＿＿＿＿＿＿＿＿＿　　索引号：＿＿＿＿＿＿＿＿＿＿＿＿＿＿

项目：<u>存货明细表</u>＿＿＿＿＿＿＿＿＿＿　　财务报表截止日/期间：＿＿＿＿＿＿＿＿

编制：＿＿＿＿＿＿＿＿＿＿＿＿＿＿＿＿　　复核：＿＿＿＿＿＿＿＿＿＿＿＿＿＿＿

日期：＿＿＿＿＿＿＿＿＿＿＿＿＿＿＿＿　　日期：＿＿＿＿＿＿＿＿＿＿＿＿＿＿＿

类　别	名称及规格	计量单位	数　量	单　价	金　额	备　注
合　计						

编制说明：

　　本表适用于材料采购/在途物资、原材料、库存商品、发出商品、委托加工物资、周转材料等。

审计说明：

表 5-104

存货入库截止测试

被审计单位：_____　｜　索引号：_____

项目：__存货—原材料入库截止测试_____　｜　财务报表截止日/期间：_____

编制：_____　　　　　｜　复核：_____

日期：_____　　　　　｜　日期：_____

一、从存货明细账的借方发生额中抽取样本与入库记录核对，以确定存货入库被记录在正确的会计期间

序　号	摘　要	明细账凭证			入库单（或购货发票）			是否跨期
		编　号	日　期	金　额	编　号	日　期	金　额	
	截止日前
	截止日期：2016 年 12 月 31 日
	截止日后

二、从存货入库记录抽取样本与明细账的借方发生额核对，以确定存货入库被记录在正确的会计期间

序　号	摘　要	入库单（或购货发票）			明细账凭证			是否跨期
		编　号	日　期	金　额	编　号	日　期	金　额	
	截止日前
	截止日期：2016 年 12 月 31 日
	截止日后

　　编制说明：本表适用于材料采购/在途物资、原材料、在产品、库存商品等。

审计说明：

（3）存货出库截止测试。

为了审计存货减少的真实性、完整性及计价的准确性，应从存货出库的有关交易或事项中抽取一部分项目进行截止测试，本实训以第三章、第五章所列优卡股份有限公司2016年12月份的库存商品入库及出库进行测试。其工作底稿见表5-105。

表 5-105

存货出库截止测试

被审计单位：＿＿＿＿＿＿＿＿＿＿＿＿　　索引号：＿＿＿＿＿＿＿＿＿＿＿＿

项目：__存货出库截止测试__＿＿＿＿＿　财务报表截止日/期间：＿＿＿＿＿＿

编制：＿＿＿＿＿＿＿＿＿＿＿＿＿＿＿　复核：＿＿＿＿＿＿＿＿＿＿＿＿＿

日期：＿＿＿＿＿＿＿＿＿＿＿＿＿＿＿　日期：＿＿＿＿＿＿＿＿＿＿＿＿＿

一、从存货明细账的贷方发生额中抽取样本与出库记录核对，以确定存货出库被记录在正确的会计期间

序　号	摘　要	明细账凭证			出库单（或销售发票）			是否跨期
		编　号	日　期	金　额	编　号	日　期	金　额	
截止日前								
截止日期：20×7年×月×日								
截止日后								

二、从存货出库记录抽取样本与明细账的贷方发生额核对，以确定存货出库被记录在正确的会计期间

序　号	摘　要	出库单（或销售发票）			明细账凭证			是否跨期
		编　号	日　期	金　额	编　号	日　期	金　额	
截止日前								
截止日期：20×7年×月×日								
截止日后								

编制说明：本表适用于材料采购/在途物资、原材料、在产品、库存商品等。

审计说明：

(4)熟悉"存货监盘程序"。

存货监盘是存货审计重要而必需的程序,但由于模拟实训只能在校内实验室开展,加之"监盘"工作量大,费时费力,需要被模拟单位配合,所以学生难以大规模参加存货监盘,但学生要认真阅读,切实理解和掌握存货监盘的程序、方法、重点和注意事项,现将存货监盘程序予以列示(见表5-106),学生认真理解和掌握。

表 5-106

<h2 style="text-align:center">存货监盘程序</h2>

被审计单位:＿＿＿＿＿＿＿＿＿＿＿＿＿ 索引号:＿＿＿＿＿＿＿＿＿＿＿＿＿

项目: 存货监盘＿＿＿＿＿＿＿＿＿＿ 财务报表截止日/期间:＿＿＿＿＿＿＿

编制:＿＿＿＿＿＿＿＿＿＿＿＿＿＿＿ 复核:＿＿＿＿＿＿＿＿＿＿＿＿＿＿＿

日期:＿＿＿＿＿＿＿＿＿＿＿＿＿＿＿ 日期:＿＿＿＿＿＿＿＿＿＿＿＿＿＿＿

审计程序	索引号
一、监盘前,获取有关资料,以编制存货监盘计划	
1. 复核或与管理层讨论其存货盘点计划,评价其能否合理地确定存货的数量和状况。	略
2. 根据被审计单位的存货盘存制度和相关内部控制的有效性,评价其盘点时间是否合理。 (1) 如盘点日和资产负债表日不一致,应当考虑两者的间隔情况,评价对内部控制的信赖能否将盘点日的结论延伸到资产负债表日; (2) 确定采用实地盘存制时盘点日是否与资产负债表日一致; (3) 确定对存放在不同地点的相同存货项目是否同时盘点。	略
3. 如果认为被审计单位的存货盘点计划存在缺陷,应当提请被审计单位调整。	略
4. 完成被审计单位盘点计划调查问卷。	
5. 了解存货的内容、性质、各存货项目的重要程度及存放场所。	略
6. 了解与存货相关的内部控制。	略
7. 评估与存货相关的重大错报风险和重要性。	略
8. 查阅以前年度的存货监盘工作底稿。	略
9. 与管理层讨论以前年度存货存在的问题以及目前存货的状况。	略
10. 考虑实地察看存货的存放场所,特别是金额较大或性质特殊的存货。	略
11. 如存在特殊存货,考虑是否需要利用专家的工作或其他注册会计师的工作。	略
12. 编制存货监盘计划,并将计划传达给每一位监盘人员。	略
二、监盘中,实施观察和检查程序	
13. 在被审计单位盘点存货前,观察盘点现场: (1) 确定应纳入盘点范围的存货是否已经适当整理和排列; (2) 确定存货是否附有盘点标志。 对未纳入盘点范围的存货,查明未纳入的原因。	略

审计程序	索引号
14. 检查所有权不属于被审计单位的存货: (1) 取得其规格、数量等有关资料; (2) 确定这些存货是否已分别存放、标明; (3) 确定这些存货未被纳入盘点范围。	略
15. 在被审计单位盘点人员盘点时进行观察: (1) 确定被审计单位盘点人员是否遵守盘点计划; (2) 确定被审计单位盘点人员是否准确地记录存货的数量和状况; (3) 关注存货发送和验收场所,确定这里的存货应包括在盘点范围之内还是排除在外; (4) 关注存货所有权的证据,如货运单据以及商标等; (5) 关注所有应盘点的存货是否均已盘点。	略
16. 检查已盘点的存货: (1) 从存货盘点记录中选取项目追查至存货实物,以测试盘点记录的准确性; (2) 从存货实物中选取项目追查至存货盘点记录,以测试存货盘点的完整性。	略
17. 对以包装箱等封存的存货,考虑要求打开箱子或挪开成堆的箱子。	略
18. 当发现重大盘点错误时,考虑扩大监盘范围。	略
19. 对于那些没有盘点的其他项目,复印或列出明细信息,以便它们能与存货清单一致。	略
20. 对检查发现的差异,进行适当处理: (1) 查明差异原因; (2) 及时提请被审计单位更正; (3) 如果差异较大,应当扩大检查范围或提请被审计单位重新盘点。	略
21. 特别关注存货的移动情况,防止遗漏或重复盘点。	略
22. 特别关注存货的状况,观察被审计单位是否已经恰当区分所有毁损、陈旧、过时及残次的存货。	
23. 对特殊类型的存货,考虑实施追加的审计程序。	略
24. 获取盘点日前后存货收发及移动的凭证,检查库存记录与会计记录期末截止是否正确: (1) 存货采购截止: ① 查盘点日前最后的与盘点日后最前的____张入库单或验收报告,确定截止是否正确; ② 如有必要,选择重要存货项目,核对其在盘点汇总记录和会计记录中的数量,确定是否一致,截止是否恰当; ③ 如果被审计单位期末存货明细记录可以依赖,将从验收报告中选取的样本与永续盘存明细记录核对一致; (2) 存货销售截止: ① 检查盘点日前最后的与盘点日后最前的____张出库单或发运报告,确定截止是否正确; ② 如有必要,选择重要存货项目,核对其在盘点汇总记录和会计记录中的数量,确定范围是否一致,截止是否恰当; ③ 如果期末存货明细记录可以信赖,将从发运报告中选取的样本与永续盘存明细记录保持一致; (3) 在途货物及部门间流动截止: ① 检查盘点日前后一段时期的文件样本,包括截止期前最后的和截止期后最前的____份文件; ② 如有必要,选择重要存货项目,核对其在盘点汇总记录和会计记录中的数量,确定范围是否一致,截止是否恰当。	略

审计程序	索引号
三、监盘后,复核盘点结果,完成存货监盘报告	
25. 在被审计单位存货盘点结束前,再次观察盘点现场,以确定所有应纳入盘点范围的存货是否均已盘点。	略
26. 在被审计单位存货盘点结束前,取得并检查已填用、作废及未使用的盘点表单及号码记录: (1) 确定其是否连续编号; (2) 如盘点表未预先编号,记录已使用盘点表的数量或进行复印; (3) 提请被审计单位划去盘点表上所有空白部分; (4) 查明已发放的表单是否均已收回; (5) 与存货盘点汇总记录进行核对; (6) 必要时,将盘点表上的事项与检查记录进行核对。	略
27. 取得并复核盘点结果汇总记录,形成存货盘点报告(记录),完成存货监盘报告: (1) 评估其是否正确地反映了实际盘点结果; (2) 确定盘点结果汇总记录中未包括所有权不属于被审计单位的货物; (3) 选择盘点结果汇总记录中的项目,查至原始盘点表,以确定没有混入不应包括在内的存货项目; (4) 选择价值较大的存货项目,和上期相同项目的库存数量比较,获取异常变动的信息。	ZI5-1 ZI5-2
28. 如果盘点日与资产负债表日一致,且被审计单位使用永续盘存记录来确定期末数,应当考虑对永续记录实施适当的审计程序,并做必要的监盘。	ZI5-3
29. 如果存货盘点日不是资产负债表日,应当实施适当的审计程序,确定盘点日与资产负债表日之间存货的变动是否已做出正确的记录;编制存货抽盘核对表,将盘点日的存货调整为资产负债表日的存货,并分析差异。	ZI5-4
30. 在永续盘存制下,如果永续盘存记录与存货盘点结果之间出现重大差异,应当实施追加的审计程序,查明原因并检查永续盘存记录是否已做出适当的调整。	略
31. 如果认为被审计单位的盘点方式及其结果无效,注册会计师应当提请被审计单位重新盘点。	略
四、特殊情况的处理	
32. 如果由于被审计单位存货的性质或位置等原因导致无法实施存货监盘,注册会计师应当考虑能否实施下列替代审计程序: (1) 检查进货交易凭证或生产记录以及其他相关资料; (2) 检查资产负债表日后发生的销货交易凭证; (3) 向顾客或供应商函证。	略
33. 如果因不可预见的因素导致无法在预定日期实施存货监盘,或接受委托时被审计单位的期末存货盘点已经完成,注册会计师应当实施下列审计程序: (1) 评估与存货相关的内部控制的有效性; (2) 对存货进行适当检查或提请被审计单位另择日期重新盘点; (3) 测试在该期间发生的存货交易,以获取有关期末存货数量和状况的充分、适当的审计证据。	略

(5) 编制完成"存货监盘结果汇总表"审计工作底稿。

① 审计工作底稿见表 5 - 107 所列示的"存货监盘结果汇总表",适用于监盘日(盘点日)为财务报表截止日(资产负债表日)的情况,本实训不适用,只作列示。

表 5 - 107

存货监盘结果汇总表

2016 年 12 月 31 日

被审计单位:＿＿＿＿＿＿＿＿＿＿＿＿＿＿＿＿　　索引号:＿＿＿＿＿＿＿＿＿＿＿＿＿＿＿＿

项目: 存货监盘结果汇总表＿＿＿＿＿＿＿＿　　财务报表截止日/期间:＿＿＿＿＿＿＿＿＿

编制:＿＿＿＿＿＿＿＿＿＿＿＿＿＿＿＿＿＿　　复核:＿＿＿＿＿＿＿＿＿＿＿＿＿＿＿＿＿

日期:＿＿＿＿＿＿＿＿＿＿＿＿＿＿＿＿＿＿　　日期:＿＿＿＿＿＿＿＿＿＿＿＿＿＿＿＿＿

存货类别	存货名称	单 位	监盘数量	未经确认盘点报告数量	差异数量	差异原因	索引号	审计确认盘点报告数量

监盘人员签名＿＿＿＿＿＿＿＿＿＿＿

＿＿＿＿＿＿＿＿＿＿＿

＿＿＿＿＿＿＿＿＿＿＿

＿＿＿＿＿＿＿＿＿＿＿

编制说明:本表适用于监盘日(盘点日)为财务报表截止日的情况。

审计说明:

② 编制完成"存货监盘结果汇总表"审计工作底稿。

审计工作底稿见表 5-108 所列示的"存货监盘结果汇总表",适用于监盘日(盘点日)不是财务报表截止日(资产负债表日)的情况。本实训存货的盘点日定于 2017 年 2 月 10 日,有关补充审计资料见表 5-100、表 5-101,编制完成该审计工作底稿。

表 5-108

存货抽盘核对表

被审计单位：_____　　索引号：_____

项目：__存货抽盘核对表_____　　财务报表截止日/期间：_____

编制：_____　　　　　复核：_____

日期：_____　　　　　日期：_____

一、资产负债表日前抽盘核对表

序号	品名及规格	单位	抽盘日实存数量	加:抽盘日至资产负债表日入库数量	减:抽盘日至资产负债表日发出数量	资产负债表日实存数量	资产负债表日账面数量	差异	原因分析

二、资产负债表日后抽盘核对表

序号	品名及规格	单位	抽盘日实存数量	加:资产负债表日至抽盘日发出数量	减:资产负债表日至抽盘日入库数量	资产负债表日实存数量	资产负债表日账面数量	差异	原因分析

编制说明:本表适用于抽盘日不是财务报表截止日的情况。

审计说明:

（6）编制完成"存货计价测试表"工作底稿。

本实训以优卡股份有限公司 2016 年 12 月份"周转材料——工作服"为例进行计价测试，并编制存货计价测试表审计工作底稿（见表 5 - 109），经检查：优卡股份有限公司对"周转材料——工作服"的计价采用实际成本计价，发出材料按照"个别认定法"计价。

表 5 - 109

存货计价测试表

被审计单位：＿＿＿＿＿＿＿＿＿＿＿　　索引号：＿＿＿＿＿＿＿＿＿＿＿

项目：<u>存货计价测试表</u>＿＿＿＿　　财务报表截止日/期间：＿＿＿＿＿＿＿

编制：＿＿＿＿＿＿＿＿＿＿＿＿＿　　复核：＿＿＿＿＿＿＿＿＿＿＿＿＿

日期：＿＿＿＿＿＿＿＿＿＿＿＿＿　　日期：＿＿＿＿＿＿＿＿＿＿＿＿＿

品名及规格：

12月份	增　加			减少（计价方法：＿＿）			结　存		
	数　量	单　价	金　额	数　量	单　价	金　额	数　量	单　价	金　额
合　计									

注：本表适用于原材料、库存商品、发出商品等。

审计说明：

（7）编制完成"存货跌价准备测试表"审计工作底稿。

根据"存货"有关明细账记录和审计补充资料(3)提供的信息(见表5-102)，编制"存货跌价准备测试表"(见表5-110)。假定该公司期初存货跌价准备账户的余额为零。

表 5-110

<h1 style="text-align:center">存货跌价准备测试表</h1>

被审计单位：＿＿＿＿＿＿＿＿＿＿＿＿＿　　索引号：＿＿＿＿＿＿＿＿＿＿＿＿＿＿

项目：　存货跌价准备测试表　＿＿＿＿　　财务报表截止日/期间：＿＿＿＿＿＿＿＿

编制：＿＿＿＿＿＿＿＿＿＿＿＿＿＿　　复核：＿＿＿＿＿＿＿＿＿＿＿＿＿＿＿

日期：＿＿＿＿＿＿＿＿＿＿＿＿＿＿　　日期：＿＿＿＿＿＿＿＿＿＿＿＿＿＿＿

序　号	存货明细项目	期末余额	期末可变现净值	期末应计提跌价准备	期末已计提跌价准备	本期应补提跌价准备
合　计						

审计说明：

第四节　生产成本审计实训

【实训目的】　通过本实验,利用检查、分析性复核、重新计算等审计方法,对优卡股份有限公司"存货—在产品、库存商品"报表项目存在的真实性、记录的完整性、计价的准确性和分类及表达披露的恰当性进行实质性测试,理解和掌握在产品存货、库存商品存货等的计价、成本计算等主要工作底稿的编制方法。

【实训内容】　针对本章第二节提供的优卡股份有限公司2016年12月份及本年度有关会计资料,进行以年度报表的合法性、公允性为一般目的的年报审计。

【审计资料】　无补充资料。

【实训要求】　以优卡股份有限公司2016年12月份有关会计资料为基础,复核和重新计算该公司成本计算的正确性,以及各种成本费用归集和分配的合理性、恰当性,编制完成生产成本检查表、直接材料成本情况检查表、直接人工成本情况检查表、制造费用情况检查表审计工作底稿,并综合上节内容完成"存货审定表"工作底稿的编制。

(1) 编制完成"生产成本检查表"审计工作底稿。

根据成本计算资料,以优卡股份有限公司2016年12月份资料为例,编制完成"生产成本检查表"审计工作底稿(见表5-111),第1—11月省略。

(2) 编制完成"直接材料成本情况检查表"工作底稿。

根据成本计算资料,以优卡股份有限公司12月份资料为例,编制完成"直接材料成本情况检查表"审计工作底稿(见表5-112),第1—11月省略。

(3) 编制完成"直接人工成本情况检查表"工作底稿。

根据成本计算资料,以优卡股份有限公司12月份资料为例,编制完成"直接人工成本情况检查表"审计工作底稿(见表5-113),第1—11月省略。

(4) 编制完成"制造费用情况检查表"工作底稿。

根据成本计算资料,以优卡股份有限公司12月份资料为例,编制完成"制造费用情况检查表"审计工作底稿(见表5-114),第1—11月省略。

(5) 编制完成"存货审定表"工作底稿。

综合本章第三节和第四节内容,编制完成"存货审定表"工作底稿(见表5-115)。

表 5 - 111

生产成本检查表

被审计单位：＿＿＿＿＿＿＿＿＿＿＿　　索引号：＿＿＿＿＿＿＿＿＿＿＿

项目：　生产成本检查表＿＿＿＿　　财务报表截止日/期间：＿＿＿＿＿＿＿

编制：＿＿＿＿＿＿＿＿＿＿＿＿＿　　复核：＿＿＿＿＿＿＿＿＿＿＿＿＿＿

日期：＿＿＿＿＿＿＿＿＿＿＿＿＿　　日期：＿＿＿＿＿＿＿＿＿＿＿＿＿＿

月　份	投产数量（　　）	成本项目				合计	完工转出(成本结转方法：　)		余　额
		直接材料	直接人工	制造费用			数量	总成本	
期初余额									
1 月									
2 月									
3 月									
4 月									
5 月									
6 月									
7 月									
8 月									
9 月									
10 月									
11 月									
12 月									
1—12 月合计	—	—	—	—	—	—	—		
期末余额									
上年发生额									
增减比例									

审计说明：

表 5－112

直接材料成本情况检查表

被审计单位：＿＿＿＿＿＿＿＿＿＿＿＿＿＿＿　　索引号：＿＿＿＿＿＿＿＿＿＿＿＿

项目：　直接材料成本情况检查表＿＿＿＿　　财务报表截止日/期间：＿＿＿＿＿＿＿

编制：＿＿＿＿＿＿＿＿＿＿＿＿＿＿＿＿＿　　复核：＿＿＿＿＿＿＿＿＿＿＿＿＿＿

日期：＿＿＿＿＿＿＿＿＿＿＿＿＿＿＿＿＿　　日期：＿＿＿＿＿＿＿＿＿＿＿＿＿＿

月　份	名称及规格	金　额	检查内容(用"√"、"×"表示)								附件描述
			1	2	3	4	5	6	7	8	

检查内容说明：

1. 材料耗用量与材料领料单汇总核对是否相符；
2. 材料分配汇总表中该产品分配的直接材料成本与材料耗用量核对是否相符；
3. 材料成本在不同产品间的分配标准与计算方法是否合理和适当；
4. 材料成本在某产品完工产品和在产品中的分配标准和计算方法是否合理和适当；
5. 采用标准成本或定额成本的标准材料成本或定额成本的确定是否合理,材料成本差异的计算和分配是否正确；
6. 直接材料的定额成本、标准成本本期有无变化；
7. ……

审计说明：

表 5‑113

直接人工成本情况检查表

被审计单位：＿＿＿＿＿＿＿＿＿＿＿＿＿＿＿　　索引号：＿＿＿＿＿＿＿＿＿＿＿＿＿＿＿

项目：　直接人工成本情况检查表　＿＿＿＿　　财务报表截止日/期间：＿＿＿＿＿＿＿＿

编制：＿＿＿＿＿＿＿＿＿＿＿＿＿＿＿＿＿　　复核：＿＿＿＿＿＿＿＿＿＿＿＿＿＿＿＿

日期：＿＿＿＿＿＿＿＿＿＿＿＿＿＿＿＿＿　　日期：＿＿＿＿＿＿＿＿＿＿＿＿＿＿＿＿

月　份	名称及规格	金　额	检查内容(用"√"、"×"表示)								附件描述
			1	2	3	4	5	6	7	8	

检查内容说明：

1. 直接人工汇总表与应付职工薪酬、人事部门工时记录等核对是否相符；
2. 直接人工汇总表中的人工成本是否包括五险一金(养老、医疗、失业、工伤、生育险及住房公积金)及两费(工会经费及教育经费)；
3. 直接人工成本分配表与直接人工汇总表核对是否相符；
4. 直接人工成本在不同产品间的分配标准与计算方法是否合理和适当；
5. 直接人工成本在某产品完工产品和在产品中的分配标准和计算方法是否合理和适当；
6. 采用标准成本或定额成本的标准人工成本或定额成本的确定是否合理,直接人工成本差异的计算和分配是否正确；
7. 直接人工标准成本或定额成本本年度有无重大变化；
8. ......

审计说明：

表 5－114

制造费用情况检查表

被审计单位：_____　　索引号：_____

项目：<u>制造费用情况检查表</u>　　　　财务报表截止日/期间：_____

编制：_____　　复核：_____

日期：_____　　日期：_____

月　份	名称及规格	金　额	检查内容(用"√"、"✕"表示)								备　注
			1	2	3	4	5	6	7	8	

检查内容说明：

1. 核算制造费用的内容及范围是否正确；
2. 制造费用汇总表与相关费用项目(如折旧费用)等核对是否相符；
3. 制造费用在不同产品间的分配标准与计算方法是否合理和适当；
4. 制造费用在某产品完工产品和在产品中的分配标准和计算方法是否合理和适当；
5. 标准制造费用本年度有无重大变化；
6. 是否存在异常会计事项；
7. ……

审计说明：

表 5－115

存货审定表

被审计单位：＿＿＿＿＿＿＿＿＿＿＿＿＿　　索引号：＿＿＿＿＿＿＿＿＿＿＿＿＿

项目：<u>存货</u>＿＿＿＿＿＿＿＿＿＿　　财务报表截止日/期间：＿＿＿＿＿＿＿

编制：＿＿＿＿＿＿＿＿＿＿＿＿＿＿　　复核：＿＿＿＿＿＿＿＿＿＿＿＿＿＿

日期：＿＿＿＿＿＿＿＿＿＿＿＿＿＿　　日期：＿＿＿＿＿＿＿＿＿＿＿＿＿＿

存货项目	期末未审数	账项调整		重分类调整		期末审定数	上期末审定数	索引号
		借方	贷方	借方	贷方			
一、存货账面余额								
原材料								
材料采购								
周转材料								
库存商品								
在产品								
……								
合　计								
二、存货跌价准备								
原材料								
材料采购								
周转材料								
库存商品								
在产品								
……								
合　计								
三、存货账面价值								
原材料								
材料采购								
周转材料								
库存商品								
在产品								
……								
合　计								

审计结论：

第六章 货币资金审计

第一节 货币资金审计概述

货币资金包括库存现金、银行存款、其他货币资金等,是企业资产的重要组成部分,是流动性最强的资产,也是企业进行生产经营必不可少的物质条件。企业的生产经营过程,实质上就是货币资金的垫支、支付过程和货币资金的回收、分配过程的结合,企业的全部经营活动都可以通过货币资金表现出来,同时货币资金也是不法分子盗窃、贪污、挪用的重要对象。因此,货币资金审计是企业资产负债表审计的一个重要组成部分,由于货币资金较容易产生弊端,货币资金审计的风险较高,需要花费的时间相对较长,审计的范围相对较广。实施货币资金审计,首先必须明确货币资金与交易循环的关系及其所涉及的主要凭证与会计记录。

一、货币资金与业务循环

货币资金与各业务循环中的业务活动存在着密切的关系。一些最终影响货币资金的错误只有在对销售与收款、购货与付款、生产与存货、筹资与投资的业务循环的审计测试中才会被发现。例如,未给顾客开票、未按销售额开票、两次支付卖方发票或支付未经验收的货物或劳务等,在现金余额测试中都不会被发现。但是货币资金付款和货币资金收款的错误可在货币资金的业务测试中被发现,或通过对其余额测试程序发现。货币资金与各业务循环的关系如图 6-1 所示。

二、主要凭证与会计记录

货币资金涉及的主要凭证和会计记录有以下几个方面:

(1) 库存现金盘点表。库存现金盘点表是反映库存现金盘点情况的重要书面文件,被审计单位库存现金盘点必须由出纳人员和会计主管人员参加,注册会计师实施监盘。

(2) 银行对账单。银行对账单是银行和企业核对账务的联系单,也是证实企业业务往来的记录,其反映的主体是银行和企业,内容是企业的资金,是对企业资金流转的记录。

(3) 银行存款余额调节表。银行存款余额调节表是由企业编制的,在银行对账单余额与企业账面存款余额的基础上,各自加上对方已收本单位未收账项数额,减去对方已付本单位未付账项数额,以验证经过调节后的存款是否相等,若相等,表明企业和银行的账目没有差错;反之,说明企业或银行某一方,或双方有错误,应进一步查明原因,予以更正。银行存款余额调节表只能起到核对账目的作用,不得用于调整银行存款账面余额。

(4) 有关科目的记账凭证。例如,库存现金收付款凭证、银行存款收付款凭证。

（5）有关会计账簿。例如，库存现金日记账、银行存款日记账。

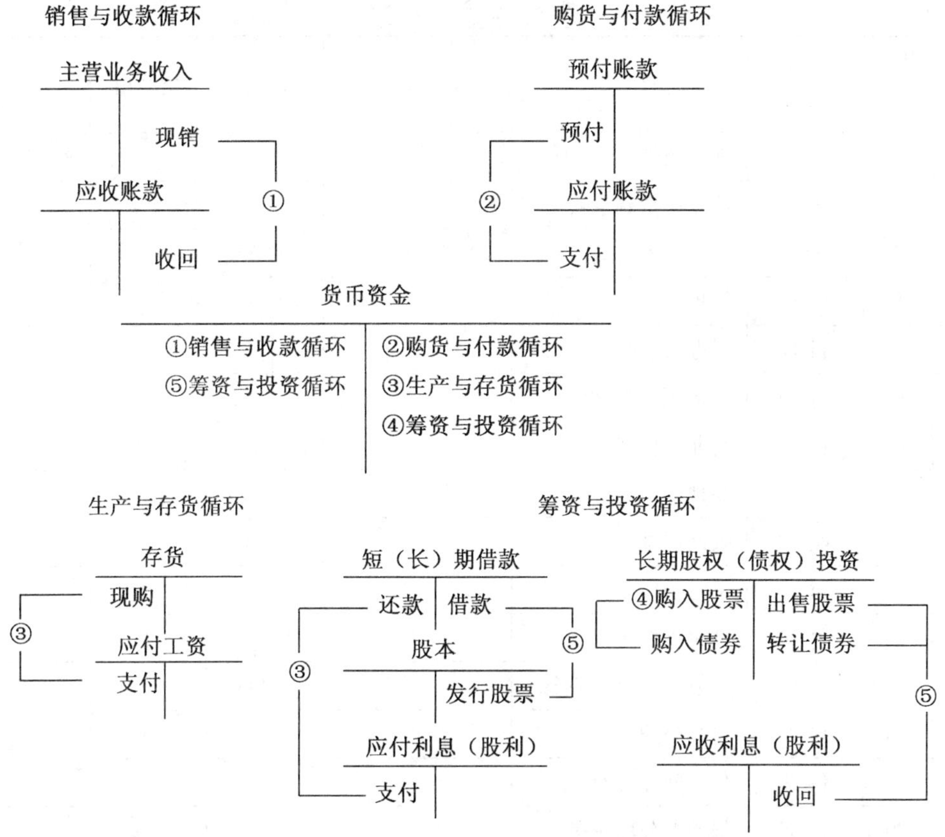

图 6-1　货币资金与业务循环的关系

第二节　货币资金审计的会计资料

本节主要介绍根据优卡股份有限公司 2016 年 12 月份有关货币资金收付业务登记形成的会计资料。

一、日记账资料

根据优卡股份有限公司有关交易或事项登记现金日记账和银行存款日记账（见表 6-1、表 6-2）。

表 6 - 1

库存现金日记账

单位:元

2016年		凭证号数	摘　要	对方账户	收　入	支　出	结　余
月	日						
12	1	略	期初余额				50 000
	1	收1	收差旅费剩余款		1 800		
	2	收2	罚款收入		5 000		
	8	付11	提现		2 000		
	11	付17	付办公费			700	
	11	付19	许涛预借差旅费			5 000	
	11	付20	付业务招待费			920	
	12	付22	提现		50 000		
	12	收12	收回田诚欠款		5 000		
	12	付23	王涛预借差旅费			9 000	
	13	付24	补付差旅费			100	
	14	收14	收取东岳公司押金		5 000		
	15	付28	付办公费			500	
	15	付29	付车间办公费			900	
	20	付36	报销办公用品费			20	
	20	付38	现金盘亏			500	
	31		本月合计		68 800	17 640	101 160

表 6 - 2

银行存款日记账

单位:元

2016年		凭证号数	摘　要	对方账户	收　入	支　出	结　余
月	日						
12	1	略	期初余额				7 430 000
	1	付1	办理汇票			300 000	
	2	收3	收回货款		600 000		
	2	付2	代垫运费			8 000	
	3	收4	销售		210 600		
	5	付3	购货			1 201 357.5	

2016年 月	2016年 日	凭证 号数	摘　要	对方账户	收　入	支　出	结　余
	5	收5	收回多余预付款		79 009		
	5	收6	收回剩余汇票款		1 900		
	6	付4	购入工作服			58 500	
	6	付5	存出投资款			400 000	
	7	收7	收回商业汇票款		234 000		
	7	付6	对山东矿业投资			5 000 000	
	7	收8	投资收回		25 989 000		
	7	付7	购A设备			585 000	
	7	付8	购钢材			351 000	
	8	付9	购专利			636 000	
	8	收9	取得短期借款		500 000		
	8	付10	交11月增值税			954 000	
	8	付11	提现备用			2 000	
	8	付12	交11月城建税及附加			95 400	
	8	付13	支付工资			1 258 400	
	8	付14	支付职工培训费			50 000	
	8	付15	代垫运费			8 000	
	8	收10	收回款		50 000		
	10	付16	购车			585 000	
	11	付18	付广告费			50 000	
	11	付21	对外捐赠			50 000	
	12	收11	收到贴现款		495 000		
	12	付22	提现			50 000	
	12	收13	销售仪表		468 000		
	13	付25	预付莱钢购货款			500 000	
	14	付26	付保险费			11 250	
	14	收15	售无形资产		63 600		
	14	付27	付电话费			5 550	
	16	付30	垫费			5 000	
	16	收16	货款收回		2 348 000		

2016年 月	2016年 日	凭证号数	摘 要	对方账户	收 入	支 出	结 余
	17	收17	货款收回		2 348 000		
	18	付31	预付			240 000	
	19	收18	货款收回		580 000		
	19	收19	货款收回		234 000		
	19	付32	购货			70.2	
	20	付33	付欠款			585 000	
	20	收20	售无形资产		95 400		
	20	付34	付前欠款			243 600	
	20	收21	收取开关厂押金		5 000		
	20	收22	预收山东矿业货款		200 000		
	20	收23	借入长期借款		500 000		
	20	收24	发行债券		1 043 740		
	20	付35	债务重组支付现金			460 000	
	20	收25	销售仪表		468 000		
	20	付37	支付银行贷款利息			6 300	
	31	付39	支付贷款利息			24 000	
	31	付40	支付贷款利息			600 000	
	31	付41	缴纳公积金			345 200	
	31	付42	付保险费			724 920	
	31	付43	偿还贷款本息			103 000	
	31		本月合计		36 513 249	15 496 547.7	28 446 701.3

二、有关总账资料

根据优卡股份有限公司 2016 年 12 月有关交易或事项登记"库存现金"、"银行存款"等有关总账资料(见表 6-3 至表 6-7)。

表 6 - 3

总　账

会计科目:<u>库存现金</u>　　　　　　　　　　　　　　　　　　　　　　　　　单位:元

2016 年		凭证		摘　要	借　方	贷　方	借或贷	余　额
月	日	种类	号数					
12	1			期初余额			借	50 000
	15	科汇	1	1-15 发生额	68 800	17 120	借	101 680
	31	科汇	2	16-31 发生额	0	520	借	101 160

表 6 - 4

总　账

会计科目:<u>银行存款</u>　　　　　　　　　　　　　　　　　　　　　　　　　单位:元

2016 年		凭证		摘　要	借　方	贷　方	借或贷	余　额
月	日	种类	号数					
12	1			期初余额			借	7 430 000
	15	科汇	1	1-15 发生额	28 691 109	12 159 457.5	借	23 961 651.5
	31	科汇	2	16-31 发生额	7 822 140	3 337 090.2	借	28 446 701.3

表 6 - 5

总　账

会计科目:<u>其他货币资金</u>　　　　　　　　　　　　　　　　　　　　　　　单位:元

2016 年		凭证		摘　要	借　方	贷　方	借或贷	余　额
月	日	种类	号数					
12	1			期初余额				131 000
	15	科汇	1	1-15 发生额	700 000	171 150	借	2 128 850
	31	科汇	2	16-31 发生额	241 700	253 950	借	647 600

表 6 - 6

总　账

会计科目:<u>短期借款</u>　　　　　　　　　　　　　　　　　　　　　　　　　单位:元

2016 年		凭证		摘　要	借　方	贷　方	借或贷	余　额
月	日	种类	号数					
12	1			期初余额				1 600 000
	15	科汇	1	1-15 发生额		500 000	贷	2 100 000
	31	科汇	2	16-31 发生额	100 000		贷	2 000 000

表 6 - 7

总 账

会计科目:长期借款 单位:元

2016年		凭证		摘 要	借 方	贷 方	借或贷	余 额
月	日	种类	号数					
12	1			期初余额			贷	5 400 000
	15	科汇	1	1 - 15发生额			贷	
	31	科汇	2	16 - 31发生额		500 000	贷	5 900 000

三、有关明细账资料

根据优卡股份有限公司 2016 年 12 月份交易或事项登记的货币资金审计涉及的有关明细账见表 6 - 8 至表 6 - 12。

表 6 - 8

短期借款明细账

二级科目或明细科目:农行泰安高新区支行 单位:元

2016年		凭证		摘 要	借 方	贷 方	借或贷	余 额
月	日	种类	号数					
12	1			期初余额			贷	1 600 000
	31	付	44	偿还流动资金贷款	100 000		贷	1 500 000

表 6 - 9

短期借款明细账

二级科目或明细科目:农行泰山区支行 单位:元

2016年		凭证		摘 要	借 方	贷 方	借或贷	余 额
月	日	种类	号数					
12	8	收	9	借入周转资金		500 000	贷	500 000

表 6 - 10

长期借款明细账

二级科目或明细科目:工商银行泰安中心支行 　　　　　　　　　　　　　　　　单位:元

2016 年		凭 证		摘　要	借　方	贷　方	借或贷	余　额
月	日	种类	号数					
12	1			期初余额			贷	400 000
	31						贷	400 000

表 6 - 11

长期借款明细账

二级科目或明细科目:农行泰安分行 　　　　　　　　　　　　　　　　　　　单位:元

2016 年		凭 证		摘　要	借　方	贷　方	借或贷	余　额
月	日	种类	号数					
12	1			期初余额			贷	5 000 000
	31						贷	5 000 000

表 6 - 12

长期借款明细账

二级科目或明细科目:农行泰安高新区支行 　　　　　　　　　　　　　　　　单位:元

2016 年		凭 证		摘　要	借　方	贷　方	借或贷	余　额
月	日	种类	号数					
12	20	收	25	借入 2 年期借款		500 000	贷	500 000
	31			本期合计	0	500 000	贷	500 000

第三节　库存现金审计实训

【实训目的】　通过本实训练习库存现金监盘的运用，训练学生利用库存现金突击盘点的方法证实被审计单位资产负债表的货币资金项目中库存现金在资产负债表日是否确实存在、记录是否完整合法、金额是否准确无误、列报披露是否恰当等。

【实训内容】　核对库存现金日记账与总账的金额是否相符，实施库存现金突击监盘，证实被审计单位库存现金余额是否准确，将盘点日库存现金调节至资产负债表日，验证审查库存现金是否在财务报表中做出正确列报。

【补充资料】　库存现金盘点情况及有关检查形成的审计资料。

泰山会计师事务所接受优卡股份有限公司委托，对该公司 2016 年度财务报表进行审计。优卡股份有限公司 2016 年 12 月 31 日库存现金日记账余额为 101 160 元，经审查与总账和报表数相符。为了证实资产负债表日库存现金金额的真实性、完整性和准确性，注册会计师刘海和李本利于 2017 年 2 月 10 日上午 8 点，对优卡股份有限公司的库存现金进行了监盘，盘点结果及有关资料如下：

（1）库存现金（人民币）实有数为 97 154 元，其中：100 元 816 张，50 元 224 张，20 元 32 张，10 元 96 张，5 元 180 张，2 元 100 张，1 元 48 张，5 角 12 张。

（2）盘点日已经办理收款手续尚未入账的收款凭证 4 张，金额为 14 084 元。

（3）盘点日已经办理付款手续尚未入账的付款凭证 5 张，金额为 13 048 元，另有未经有关领导审批的白条 1 张，金额 800 元。

（4）2017 年 2 月 9 日库存现金日记账的账面余额为 95 318 元，2010 年 1 月 1 日至盘点日 2017 年 1 月 10 日现金支出总额为 137 306 元，现金收入总额为 134 500 元，已经审计人员审核无误。

（5）银行核定库存现金限额 90 000 元。

【审计要求】　编制完成"库存现金监盘表"审计工作底稿（见表 6-13）。

表 6‑13

库存现金监盘表

被审计单位：＿＿＿＿＿＿＿＿＿＿＿＿＿　　　索引号：＿＿＿＿＿＿＿＿＿＿＿＿＿＿

项目：＿＿＿＿＿＿＿＿＿＿＿＿＿＿＿＿　　　财务报表截止日/期间：＿＿＿＿＿＿＿＿＿

编制：＿＿＿＿＿＿＿＿＿＿＿＿＿＿＿＿　　　复核：＿＿＿＿＿＿＿＿＿＿＿＿＿＿＿＿

日期：＿＿＿＿＿＿＿＿＿＿＿＿＿＿＿＿　　　日期：＿＿＿＿＿＿＿＿＿＿＿＿＿＿＿＿

检查盘点记录				实有库存现金盘点记录				
项　目	项　次	人民币	某外币	面额（元）	人民币		某外币	
					张	金额	张	金额
上一日账面库存余额	①							
盘点日未记账传票收入金额	②			1 000				
盘点日未记账传票支出金额	③			500				
盘点日账面应有金额	④＝①＋②－③			100				
盘点实有库存现金数额	⑤			50				
盘点日应有与实有差异	⑥＝④－⑤			20				
差异原因分析	白条抵库（张）	1		10				
				5				
				2				
				1				
				0.5				
				0.2				
				0.1				
				合　计				
追溯调整	报表日至审计日库存现金付出							
	报表日至审计日库存现金收入							
	报表日库存现金应有余额							
	报表日账面汇率							
	报表日余额折合本位币金额							
本位币合计								

出纳员：　　　　　会计主管人员：　　　　　监盘人：　　　　　检查日期：

审计说明：

第四节　银行存款审计实训

【实训目的】　通过本实训练习利用检查、函证等审计方法，审计资产负债表货币资金项目中银行存款的真实性、完整性、正确性、表达披露的恰当性等审计目标。确认银行借款的金额是否正确，表达与披露是否充分。

【实训内容】　检查核对银行存款总账与日记账是否相符，抽查银行存款的大额收支业务是否存在差错或不符，将银行存款日记账与银行对账单核对，检查银行存款账实是否相符，练习银行存款余额调节表的编制，向与企业有往来的银行进行函证，函证银行存款及银行借款的真实性、完整性。

【补充资料】

（1）至 2016 年 12 月 31 日，优卡股份有限公司只有基本存款户"银行存款—中国农业银行高新区支行"存在期末余额，其金额见银行存款总账和日记账；与银行间的借款业务形成的期末短期借款或长期借款期末余额见表 6-8 至表 6-12。

（2）优卡股份有限公司的"基本存款户—中国农业银行泰安高新区支行"提供的银行对账单部分资料见表 6-14。

【实训要求】　编制完成"银行存款询证函"、"银行存款函证结果汇总表"、"对银行存款余额调节表的检查"、"货币资金收支检查情况表"、"货币资金审定表"等审计工作底稿。

（1）编制完成"银行存款询证函"审计工作底稿。

审计人员为了证实优卡股份有限公司银行存款和银行借款的真实性、完整性和准确性，于 2017 年 2 月 1 日向与优卡股份有限公司有业务往来的银行发函进行函证，并于 2017 年 2 月 10 日前陆续收回银行回函，请完成有关询证函的编制：

① 编制完成中国农业银行泰安高新区支行询证函。本审计工作底稿应根据银行存款日记账（见表 6-2）、短期借款——农行高新区支行明细账（见表 6-8）、长期借款——农行高新区支行（见表 6-12）及审计资料（2）（见表 6-14），编制完成，编制的审计工作底稿见表 6-15，询证结果设定为银行存款因存在未达账项而不符，而银行借款相符无差异。

② 编制完成中国农业银行泰山区支行询证函。优卡股份有限公司与中国农业银行泰山区支行之间存在存贷款业务，需要进行函证，询证函见表 6-16，询证结果设定为相符无差异。

③ 编制完成中国农业银行泰安分行询证函。优卡股份有限公司与中国农业银行泰安分行之间存在存贷款业务，需要进行函证，询证函见表 6-17，询证结果设定为相符无差异。

④ 编制完成中国工商银行泰安中心支行询证函。优卡股份有限公司与中国工商银行泰安中心支行之间存在存贷款业务，需要进行函证，询证函见表 6-18，询证结果设定为相符无差异。

表 6 - 14

中国农业银行泰安高新区支行银行存款对账单(部分)

开户单位:优卡股份有限公司　　　　　　　　　　　　　　　　　　　　单位:元

2016 年		凭证号数	摘　要	对方账户	收　入	支　出	结　余
月	日						
12	1	略	期初余额				7 430 000
	1		办理汇票			300 000	
			(略)				
			……				
	20		付欠款			585 000	
	20		售无形资产		95 400		
	20		付前欠款			243 600	
	20		收取开关厂押金		5 000		
	20		预收山东矿业贷款		200 000		
	20		借入长期借款		500 000		
	20		发行债券		1 043 740		
	20		债务重组支付现金			460 000	
	30		代扣代缴 12 月水电费			568 000	
	31		收到广州矿业公司预付款		100 000		
	20		支付银行贷款利息			6 300	
	31		支付贷款利息			24 000	
	31		支付贷款利息			600 000	
	31		缴纳公积金			345 200	
	31		偿还贷款本息			103 000	
	31		本月合计		36 145 249	16 064 547.70	27 510 701.30

表 6 - 15

银行询证函

编号：

_____银行：

　　本公司聘请的_____会计师事务所正在对本公司 20____年度财务报表进行审计，按照中国注册会计师审计准则的要求，应当询证本公司与贵行相关的信息。下列信息出自本公司记录，如与贵行记录相符，请在本函下端"信息证明无误"处签章证明；如有不符，请在"信息不符"处列明不符项目及具体内容；如存在与本公司有关的未列入本函的其他重要信息，也请在"信息不符"处列出其详细资料。回函请直接寄至_____会计师事务所。

　　回函地址：_____　　　邮编：_____

　　电话：　　　　　传真：　　　　联系人：

　　截至 20____年 12 月 31 日止，本公司与贵行相关的信息列示如下：

　　1. 银行存款

账户名称	银行账号	币种	利率	余　额	起止日期	是否被质押、担保或其他使用限制	备　注

除上述列示的银行存款外，本公司并无在贵行的其他存款。

　　2. 银行借款

借款人名称	币种	本息余额	借款日期	到期日期	利率	借款条件	抵(质)押品/担保人	备注

除上述列示的银行借款外，本公司并无自贵行的其他借款。

（公司盖章）

20____

_____以下仅供被询证银行使用_____

结论：

1. 信息证明无误。	2. 信息不符，请列明不符项目及具体内容。
（银行盖章）　　　　年　月　日　　经办人：	（银行盖章）　　　　经办人：

表 6－16

银行询证函

编号：

_____（银行）：

　　本公司聘请的_____会计师事务所正在对本公司 20____年度财务报表进行审计,按照中国注册会计师审计准则的要求,应当询证本公司与贵行相关的信息。下列信息出自本公司记录,如与贵行记录相符,请在本函下端"信息证明无误"处签章证明;如有不符,请在"信息不符"处列明不符项目及具体内容;如存在与本公司有关的未列入本函的其他重要信息,也请在"信息不符"处列出其详细资料。回函请直接寄至_____会计师事务所。

回函地址：_____　　　邮编：_____
电话：_____　传真：_____　联系人：_____
截至 20____年 12 月 31 日止,本公司与贵行相关的信息列示如下：

1. 银行存款

账户名称	银行账号	币种	利率	余　额	起止日期	是否被质押、担保或其他使用限制	备　注

除上述列示的银行存款外,本公司并无在贵行的其他存款。

借款人名称	币种	本息余额	借款日期	到期日期	利率	借款条件	抵(质)押品/担保人	备注

除上述列示的银行借款外,本公司并无自贵行的其他借款。

公司盖章
20×年×月×日

_____以下仅供被询证银行使用_____

结论：

1. 信息证明无误。	2. 信息不符,请列明不符项目及具体内容。
（银行盖章） 年　月　日 经办人：	（银行盖章） 年　月　日 经办人：

表 6-17

索引号_____

银行询证函

编号：

_____（银行）：

本公司聘请的_____会计师事务所正在对本公司20____年度财务报表进行审计，按照中国注册会计师审计准则的要求，应当询证本公司与贵行相关的信息。下列信息出自本公司记录，如与贵行记录相符，请在本函下端"信息证明无误"处签章证明；如有不符，请在"信息不符"处列明不符项目及具体内容；如存在与本公司有关的未列入本函的其他重要信息，也请在"信息不符"处列出其详细资料。回函请直接寄至_____会计师事务所。

回函地址：_____ 邮编：_____

电话：_____ 传真：_____ 联系人：_____

截至20____年12月31日止，本公司与贵行相关的信息列示如下：

1. 银行存款

账户名称	银行账号	币种	利率	余 额	起止日期	是否被质押、担保或其他使用限制	备 注

除上述列示的银行存款外，本公司并无在贵行的其他存款。

2. 银行借款

借款人名称	币种	本息余额	借款日期	到期日期	利率	借款条件	抵(质)押品/担保人	备注

除上述列示的银行借款外，本公司并无自贵行的其他借款。

_____以下仅供被询证银行使用_____

结论：

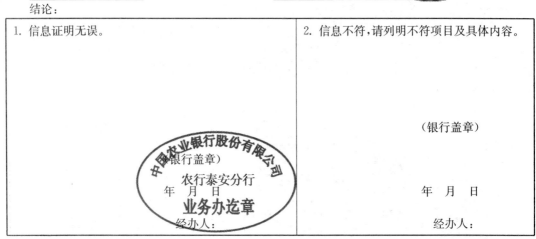

1. 信息证明无误。	2. 信息不符，请列明不符项目及具体内容。
（银行盖章） 年　月　日 经办人：	（银行盖章） 年　月　日 经办人：

索引号_____

表 6－18

银行询证函

编号：

_____（银行）：

　　本公司聘请的_____会计师事务所正在对本公司 20____年度财务报表进行审计,按照中国注册会计师审计准则的要求,应当询证本公司与贵行相关的信息。下列信息出自本公司记录,如与贵行记录相符,请在本函下端"信息证明无误"处签章证明;如有不符,请在"信息不符"处列明不符项目及具体内容;如存在与本公司有关的未列入本函的其他重要信息,也请在"信息不符"处列出其详细资料。回函请直接寄至_____会计师事务所。

　　回函地址：_____　　　邮编：_____

　　电话：_____　　传真：_____　　联系人：_____

　　截至 20____年 12 月 31 日止,本公司与贵行相关的信息列示如下:

　　1. 银行存款

账户名称	银行账号	币种	利率	余　额	起止日期	是否被质押、担保或其他使用限制	备　注

　　除上述列示的银行存款外,本公司并无在贵行的其他存款。

　　2. 银行借款

借款人名称	币种	本息余额	借款日期	到期日期	利率	借款条件	抵(质)押品/担保人	备注

　　除上述列示的银行借款外,本公司并无自贵行的其他借款。

（公司盖章）
20×年×月×日

_____以下仅供被询证银行使用_____

　　结论：

1. 信息证明无误。	2. 信息不符,请列明不符项目及具体内容。
（银行盖章） 中国工商银行股份有限公司 工行泰安中心支行 年　月　日 业务办讫章 经办人：	（银行盖章） 年　月　日 经办人：

（2）编制完成"银行存款询证函结果汇总表"审计工作底稿。

将优卡股份有限公司与有关联的银行之间函证结果进行汇总,编制完成"银行存款询证函结果汇总表"审计工作底稿(见表6-19),本实训优卡股份有限公司只在农行高新区支行有存款。

表6-19

银行存款函证结果汇总表

被审计单位:	索引号:
项目:银行存款函证结果汇总表	财务报表截止日/期间:
编制:	复核:
日期:	日期:

开户银行	账号	币种	函证情况					冻结、质押等事项说明	备注
			对账单余额	函证日期	回函日期	回函金额	金额差异		

审计说明:

（3）编制完成"对银行存款余额调节表的检查"审计工作底稿。

根据中国农业银行泰安高新飞支行银行存款对账单(见表6-14)、银行存款日记账结账日余额,核对银行存款余额调节表上调节前的相对应余额,查证列示是否正确。将银行对账单记录与银行存款日记账记录逐笔核对,核实调节表上各个调节项目的列示是否真实完整。在核对银行存款日记账账面余额和银行对账单余额的基础上,复核未达账项加减调节,逐笔查证未达账项,以确定其真实性,进而编制完成"对银行存款余额调节表的检查"审计工作底稿(见表6-20)。

表 6-20

对银行存款余额调节表的检查

被审计单位:＿＿＿＿＿＿＿＿＿＿＿ 索引号:＿＿＿＿＿＿＿＿＿＿＿＿＿＿＿＿

项目:对×××账户银行存款余额调节表的检查 财务报表截止日/期间:＿＿＿＿＿＿＿＿＿

编制:＿＿＿＿＿＿＿＿＿＿＿＿＿＿＿ 复核:＿＿＿＿＿＿＿＿＿＿＿＿＿＿＿＿

日期:＿＿＿＿＿＿＿＿＿＿＿＿＿＿＿ 日期:＿＿＿＿＿＿＿＿＿＿＿＿＿＿＿＿

开户银行:＿＿＿＿＿＿ 银行账号:＿＿＿＿＿＿ 币种:＿＿＿＿＿＿

项　目	金　额	调节项目说明	是否需要审计调整
银行对账单余额			
加:企业已收,银行尚未入账合计金额			
其中:1. 销售仪表结算凭证未到			
2.			
减:企业已付,银行尚未入账合计金额			
其中:1. 缴纳职工保险费			
2.			
调整后银行对账单余额			
企业银行存款日记账余额			
加:银行已收,企业尚未入账合计金额			
其中:1. 销售产品			
2.			
减:银行已付,企业尚未入账合计金额			
其中:1. 支付水电费			
2.			
调整后企业银行存款日记账余额			
经办会计人员(签字): 　　　　会计主管(签字):			

审计说明:

（4）编制完成"货币资金收支检查情况表"审计工作底稿.

货币资金收入和支出的真实性、合法性、完整性、正确性是货币资金审计的重要内容,审计人员应该从被审计单位一定时期全部收支中抽查重要的收支业务进行检查。本实训要求将优卡股份有限公司 2016 年 12 月 20 日至 12 月 31 日的货币资金收支交易或事项进行检查,并编制完成"货币资金收支检查情况表"审计工作底稿(见表 6-21)。

表 6-21

货币资金收支检查情况表

被审计单位：＿＿＿＿＿＿＿＿＿＿　　索引号：＿＿＿＿＿＿＿＿＿＿

项目：货币资金收支情况检查＿＿＿＿　财务报表截止日/期间：＿＿＿＿＿＿

编制：＿＿＿＿＿＿＿＿＿＿　　复核：＿＿＿＿＿＿＿＿＿＿

日期：＿＿＿＿＿＿＿＿＿＿　　日期：＿＿＿＿＿＿＿＿＿＿

记账日期	凭证编号	业务内容	对应科目	金　额	核对内容（用"√"、"×"表示）					备　注
					1	2	3	4	5	

核对内容说明：1. 原始凭证是否齐全；2. 记账凭证与原始凭证是否相符；3. 账务处理是否正确；4. 是否记录于恰当的会计期间；5. ……

对不符事项的处理：

审计说明：

（5）编制完成"货币资金审定表"审计工作底稿。

在货币资金审计中未发现重大差错,将本章上述完成的审计工作底稿进行汇总,根据货币资金有关总账和明细账,编制完成"货币资金审定表"审计工作底稿(见表6-22)。

表 6-22

货币资金审定表

被审计单位:＿＿＿＿＿＿＿＿＿＿＿＿＿＿　　索引号:＿＿＿＿＿＿＿＿＿＿＿＿＿＿

项目:　货币资金审定表　＿＿＿＿＿＿　　财务报表截止日/期间:＿＿＿＿＿＿＿＿＿

编制:＿＿＿＿＿＿＿＿＿＿＿＿＿＿＿＿　　复核:＿＿＿＿＿＿＿＿＿＿＿＿＿＿＿＿

日期:＿＿＿＿＿＿＿＿＿＿＿＿＿＿＿＿　　日期:＿＿＿＿＿＿＿＿＿＿＿＿＿＿＿＿

项目名称	期末未审数	账项调整		重分类调整		期末审定数	上期末审定数	索引号
		借　方	贷　方	借　方	贷　方			
小　计								
合　计								

审计结论:

第七章　出具审计报告审计

第一节　出具审计报告实训概述

按计划实施外勤审计工作后,审计工作进入审计报告阶段。在审计报告阶段,审计人员需汇总审计测试结果,进行更具综合性的审计工作,如评价审计中的重大发现、汇总审计差异、撰写审计总结、复核审计工作底稿和财务报表等。在此基础上,评价审计结果,在与客户沟通以后,确定应出具的审计报告的意见类型和措辞,进而编制并致送审计报告,终结审计工作。

一、评价审计中的重大发现

在审计完成阶段,审计项目组应考虑的重大发现和事项包括:

(1) 期中复核中的重大发现及其对审计方法的影响;

(2) 涉及会计政策的选择、运用和一贯性的重大事项,包括相关披露;

(3) 就识别出的重大风险,对审计策略和计划的审计程序所做的重大修正;

(4) 在与管理层和其他人员讨论重大发现和事项时得到的信息;

(5) 与注册会计师的最终审计结论相矛盾或不一致的信息。

对实施的审计程序的结果进行评价,可能全部或部分地揭示出以下事项:

(1) 为了实现计划的审计目标,是否有必要对重要性进行修订;

(2) 对审计策略和计划的审计程序的重大修正,包括对重大错报风险评估结果的重要变动;

(3) 对审计方法有重要影响的值得关注的内部控制缺陷和其他缺陷;

(4) 财务报表中存在的重大错报或漏报,包括相关披露和其他审计调整;

(5) 项目组成员内部,或项目组与项目质量控制复核人员或提供咨询的其他人员之间,就重大会计和审计事项达成最终结论所存在的意见分歧;

(6) 在实施审计程序时遇到的重大困难;

(7) 向事务所内部有经验的专业人士或外部专业顾问咨询的事项;

(8) 与管理层或其他人员就重大发现以及与注册会计师的最终审计结论相矛盾或不一致的信息进行的讨论。

注册会计师在审计计划阶段对重要性的判断,与其在评估审计差异时对重要性的判断是不同的。如果在审计完成阶段修订后的重要性水平远远低于在计划阶段确定的重要性水平,注册会计师应重新评估已经获得的审计证据的充分性和适当性。重要性的任何变化都要求注册会计师重新评估重大错报上限和审计策略。

二、汇总审计差异

在完成按业务循环进行的控制测试,针对财务报表项目的实质性程序以及特殊项目的审计后,对审计项目组成员在审计中发现的被审计单位的会计处理与适用的财务报告编制基础的规定的不一致,即审计差异,注册会计师应根据审计重要性原则初步确定并汇总,并建议被审计单位进行调整,使经审计的财务报表所载信息能够公允地反映被审计单位的财务状况、经营成果和现金流量。对审计差异的"初步确定并汇总"直至形成"经审计的财务报表"的过程,主要是通过编制审计差异调整表和试算平衡表得以完成的。

(一)编制审计差异调整表

审计差异按是否需要调整账户记录可分为核算错误和重分类错误。核算错误是因被审计单位对经济业务进行了不正确的会计核算而引起的错误,用重要性原则来衡量核算错误,又可把核算错误区分为建议调整的不符事项和不建议调整的不符事项(即未调整不符事项)。重分类错误是因被审计单位未按适用的财务报告编制基础列报财务报表而引起的错误。例如,被审计单位在应付账款项目中反映的预付款项、在应收账款项目中反映的预收款项等。

无论是建议调整的不符事项、重分类错误还是未调整不符事项,在审计工作底稿中通常都是以会计分录的形式反映的。由于审计中发现的错误往往不止一两项,为便于审计项目的各级负责人综合判断、分析和决定,也为了便于有效编制试算平衡表以评价经审计的财务报表,通常需要将这些建议调整的不符事项、重分类错误以及未调整不符事项分别汇总至"账项调整分录汇总表"、"重分类调整分录汇总表"与"未更正错报汇总表"。注册会计师确定了建议调整的不符事项和重分类错误后,应以书面方式及时征求被审计单位对需要调整财务报表事项的意见。若被审计单位予以采纳,应取得被审计单位同意调整的书面确认;若被审计单位不予采纳,应分析原因,并根据未调整不符事项的性质和重要程度,确定是否在审计报告中予以反映,以及如何反映。

(二)编制试算平衡表

试算平衡表是注册会计师在被审计单位提供的未审财务报表的基础上,考虑调整分录、重分类分录等内容以确定已审数与报表披露数的表式。有关资产负债表和利润表的试算平衡表的参考格式分别见表7-6和表7-7。需要说明以下几点:

(1)试算平衡表中的"期末未审数"和"审计前金额"列,应根据被审计单位提供的未审计财务报表填列。

(2)试算平衡表中的"账项调整"和"调整金额"列,应根据经被审计单位同意的"账项调整分录汇总表"填列。

(3)试算平衡表中的"重分类调整"列,应根据经被审计单位同意的"重分类调整分录汇总表"填列。

(4)在编制完试算平衡表后,应注意核对相应的勾稽关系。例如,资产负债表试算平衡表左边的"期末未审数"列合计数、"期末审定数"列合计数应分别等于其右边相应各列合计数;资产负债表试算平衡表左边的"账项调整"列中的借方合计数与贷方合计数之差应等于右边的"账项调整"列中的贷方合计数与借方合计数之差;资产负债表试算平衡表左边的"重分类调整"列中的借方合计数与贷方合计数之差应等于右边的"重分类调整"列中的贷方合计数与借方合计数之差等。

三、出具审计报告

(一) 审计报告类型

审计报告分为标准审计报告和非标准审计报告。

1. 标准审计报告

标准审计报告是指不含有说明段、强调事项段、其他事项段或其他任何修饰性用语的无保留意见的审计报告。其中,无保留意见是指当注册会计师认为财务报表在所有重大方面按照适用的财务报告编制基础编制并实现公允反映时发表的审计意见。

2. 非标准审计报告

非标准审计报告是指带强调事项段或其他事项段的无保留意见的审计报告和非无保留意见的审计报告。非无保留意见的审计报告包括保留意见的审计报告、否定意见的审计报告和无法表示意见的审计报告。

非无保留意见是指保留意见、否定意见或无法表示意见。

当存在下列情形之一时,注册会计师应当在审计报告中发表非无保留意见:

(1) 根据获取的审计证据,得出财务报表整体存在重大错报的结论。财务报表的重大错报可能源于:① 选择的会计政策的恰当性;② 对所选择的会计政策的运用;③ 财务报表披露的恰当性或充分性。

(2) 无法获取充分、适当的审计证据,不能得出财务报表整体不存在重大错报的结论。如果注册会计师能够通过实施替代程序获取充分、适当的审计证据,则无法实施特定的程序并不构成对审计范围的限制。

(3) 确定非无保留意见的类型。注册会计师确定恰当的非无保留意见类型,取决于下列事项(见表 7-1):

表 7-1

导致发表非无保留意见的事项和性质	这些事项对财务报表产生或可能产生影响的广泛性	
	重大但不具有广泛性	重大且具有广泛性
财务报表存在重大错报	保留意见	否定意见
无法取得充分、适当的审计证据	保留意见	无法表示意见

当存在下列情形之一时,注册会计师应当发表保留意见:

(1) 在获取充分、适当的审计证据后,注册会计师认为错报单独或汇总起来对财务报表影响重大,但不具有广泛性。

(2) 注册会计师无法获取充分、适当的审计证据以作为形成审计意见的基础,但认为未发现的错报(如存在)对财务报表可能产生的影响重大,但不具有广泛性。

下列情形时,注册会计师应当发表否定意见:

在获取充分、适当的审计证据后,如果认为错报单独或汇总起来对财务报表的影响重大且具有广泛性,注册会计师应当发表否定意见。

下列情形时,注册会计师应当发表无法表示意见:

如果无法获取充分、适当的审计证据以作为形成审计意见的基础,但认为未发现的错报(如存在)对财务报表可能产生的影响重大且具有广泛性,注册会计师应当发表无法表示意见。

(二)非无保留意见的审计报告的格式和内容

1. 导致非无保留意见的事项段

(1)审计报告格式和内容的一致性。如果对财务报表发表非无保留意见,除在审计报告中包含《中国注册会计师审计准则第 1501 号——对财务报表形成审计意见和出具审计报告》规定的审计报告要素外,注册会计师还应当直接在审计意见段之前增加一个段落,并使用恰当的标题,如"导致保留意见的事项"、"导致否定意见的事项"或"导致无法表示意见的事项",说明导致发表非无保留意见的事项。审计报告格式和内容的一致性有助于提高使用者的理解和识别存在的异常情况。因此,尽管不可能统一非无保留意见的措辞和对导致非无保留意见的事项的说明,但仍有必要保持审计报告格式和内容的一致性。

(2)量化财务影响。如果财务报表中存在与具体金额(包括定量披露)相关的重大错报,注册会计师应当在导致非无保留意见的事项段中说明并量化该错报的财务影响。举例来说,如果存货被高估,注册会计师就可以在审计报告的导致非无保留意见的事项段中说明该重大错报的财务影响,即量化其对所得税、税前利润、净利润和所有者权益的影响。如果无法量化财务影响,注册会计师应当在导致非无保留意见的事项段中说明这一情况。

(3)存在与叙述性披露相关的重大错报。如果财务报表中存在与叙述性披露相关的重大错报,注册会计师应当在导致非无保留意见的事项段中解释该错报错在何处。

(4)存在与应披露而未披露信息相关的重大错报。如果财务报表中存在与应披露而未披露信息相关的重大错报,注册会计师应当:① 与治理层讨论未披露信息的情况;② 在导致非无保留意见的事项段中描述未披露信息的性质;③ 如果可行并且已针对未披露信息获取了充分、适当的审计证据,在导致非无保留意见的事项段中包含对未披露信息的披露,除非法律法规禁止。

(5)无法获取充分、适当的审计证据。如果因无法获取充分、适当的审计证据而导致发表非无保留意见,注册会计师应当在导致非无保留意见的事项段中说明无法获取审计证据的原因。

(6)披露其他事项。即使发表了否定意见或无法表示意见,注册会计师也应当在导致非无保留意见的事项段中说明注意到的、将导致发表非无保留意见的所有其他事项及其影响。这是因为,对注册会计师注意到的其他事项的披露可能与财务报表使用者的信息需求相关。

2. 审计意见段

（1）标题。在发表非无保留意见时,注册会计师应当对审计意见段使用恰当的标题,如"保留意见"、"否定意见"或"无法表示意见"。审计意见段的标题能够使财务报表使用者清楚注册会计师发表了非无保留意见,并能够表明非无保留意见的类型。

（2）发表保留意见。当由于财务报表存在重大错报而发表保留意见时,注册会计师应当根据适用的财务报告编制基础在审计意见段中说明:注册会计师认为,除了导致保留意见的事项段所述事项产生的影响外,财务报表在所有重大方面按照适用的财务报告编制基础编制,并实现公允反映。当无法获取充分、适当的审计证据而导致发表保留意见时,注册会计师应当在审计意见段中使用"除……可能产生的影响外"等措辞。

当注册会计师发表保留意见时,在审计意见段中使用"由于上述解释"或"受……影响"等措辞是不恰当的,因为这些措辞不够清晰或没有足够的说服力。

（3）发表否定意见。当发表否定意见时,注册会计师应当根据适用的财务报告编制基础在审计意见段中说明:注册会计师认为,由于导致否定意见的事项段所述事项的重要性,财务报表没有在所有重大方面按照适用的财务报告编制基础编制,未能实现公允反映。

（4）发表无法表示意见。当由于无法获取充分、适当的审计证据而发表无法表示意见时,注册会计师应当在审计意见段中说明:由于导致无法表示意见的事项段所述事项的重要性,注册会计师无法获取充分、适当的审计证据以为发表审计意见提供基础,因此,注册会计师不对这些财务报表发表审计意见。

第二节　汇总审计差异实训

【实训目的】　通过本实训,将前面章节审计形成的有关报表项目的"审定表"中揭示的错报漏报进行汇总,以生成被审计单位报表层的总体错报漏报金额,为审计人员对整体报表的合法性、公允性发表审计意见提供依据。训炼学生对审计中发现的问题进行综合和汇总的能力,培养学生综合分析问题和解决问题的能力。

【实训内容】　将本教材第三章实训完成的"主营业务收入审定表"、"应收账款审定表",第四章实训完成的"固定资产审定表"、"应付账款审定表",第五章完成的"存货审定表"等所发现的有关错误和舞弊编制的审计调整分录进行汇总。

【补充资料】　无。

【实训要求】　根据前面各章节审计工作底稿中查出的错弊汇总编制完成"账项调整分录汇总表"、"重分类调整分录汇总表"、"列报调整汇总表"、"未更正错报汇总表"、"资产负债表试算平衡表"、"利润表试算平衡表"等审计工作底稿。

（1）编制完成"账项调整分录汇总表"审计工作底稿。

假定以前章节所列主要审计项目查明的错报或漏报金额,从金额的重要性程度或性质的重要性程度判断,均属于注册会计师认为重要的错报项目,都需要提请被审计单位调整会计报表,据此,编制"账项调整分录汇总表"见表7-2。

表 7 - 2

账项调整分录汇总表

被审计单位：＿＿＿＿＿＿＿＿＿＿＿＿＿　　索引号：＿＿＿＿＿＿＿＿＿＿＿＿＿＿

项目：＿＿＿＿＿＿＿＿＿＿＿＿＿＿＿＿　　财务报表截止日/期间：＿＿＿＿＿＿＿＿

编制：＿＿＿＿＿＿＿＿＿＿＿＿＿＿＿＿　　复核：＿＿＿＿＿＿＿＿＿＿＿＿＿＿＿

日期：＿＿＿＿＿＿＿＿＿＿＿＿＿＿＿＿　　日期：＿＿＿＿＿＿＿＿＿＿＿＿＿＿＿

序号	内容及说明	索引号	调整内容				影响利润表 +（一）	影响资产负债表 +（一）
			借方项目	借方金额	贷方项目	贷方金额		

与被审计单位的沟通：

参加人员：

被审计单位：＿＿＿＿＿＿＿＿＿＿＿＿＿＿＿＿＿＿＿＿＿＿＿＿＿＿＿＿＿＿＿＿＿

审计项目组：＿＿＿＿＿＿＿＿＿＿＿＿＿＿＿＿＿＿＿＿＿＿＿＿＿＿＿＿＿＿＿＿

被审计单位的意见：

＿＿＿＿＿＿＿＿＿＿＿＿＿＿＿＿＿＿＿＿＿＿＿＿＿＿＿＿＿＿＿＿＿＿＿＿＿＿＿

＿＿＿＿＿＿＿＿＿＿＿＿＿＿＿＿＿＿＿＿＿＿＿＿＿＿＿＿＿＿＿＿＿＿＿＿＿＿＿

结论：

是否同意上述审计调整：＿＿＿＿＿＿＿＿＿＿＿＿＿＿＿＿＿＿＿＿＿＿＿＿＿＿＿

被审计单位授权代表签字：＿＿＿＿＿＿＿＿＿　　日期：＿＿＿＿＿＿＿＿＿＿＿＿＿

（2）编制完成"重分类调整分录汇总表"审计工作底稿。

假定以前章节所列主要审计项目查明的错报或漏报金额，从金额的重要性程度或性质的重要性程度判断，均属于注册会计师认为重要的错报项目，都需要提请被审计单位调整会计报表。编制"重分类调整分录汇总表"见表7-3。

表7-3

<h3 style="text-align:center">重分类调整分录汇总表</h3>

被审计单位：＿＿＿＿＿＿＿＿＿＿＿＿＿＿＿＿　索引号：EB＿＿＿＿＿＿＿＿＿＿

项目：＿＿＿＿＿＿＿＿＿＿＿＿＿＿＿＿＿　财务报表截止日/期间：＿＿＿＿＿＿＿＿

编制：＿＿＿＿＿＿＿＿＿＿＿＿＿＿＿＿＿　复核：＿＿＿＿＿＿＿＿＿＿＿＿＿＿＿＿

日期：＿＿＿＿＿＿＿＿＿＿＿＿＿＿＿＿＿　日期：＿＿＿＿＿＿＿＿＿＿＿＿＿＿＿＿

序号	内容及说明	索引号	调整项目和金额			
			借方项目	借方金额	贷方项目	贷方金额

与被审计单位的沟通：

参加人员：

被审计单位：＿＿＿＿＿＿＿＿＿＿＿＿＿＿＿＿＿＿＿＿＿＿＿＿＿＿＿＿＿＿＿＿＿

审计项目组：＿＿＿＿＿＿＿＿＿＿＿＿＿＿＿＿＿＿＿＿＿＿＿＿＿＿＿＿＿＿＿＿

被审计单位的意见：

＿＿＿＿＿＿＿＿＿＿＿＿＿＿＿＿＿＿＿＿＿＿＿＿＿＿＿＿＿＿＿＿＿＿＿＿＿＿

＿＿＿＿＿＿＿＿＿＿＿＿＿＿＿＿＿＿＿＿＿＿＿＿＿＿＿＿＿＿＿＿＿＿＿＿＿＿

结论：

是否同意上述审计调整：＿＿＿＿＿＿＿＿＿＿＿＿＿＿＿＿＿＿＿＿＿＿＿＿＿＿＿

被审计单位授权代表签字：＿＿＿＿＿＿＿＿＿＿　日期：＿＿＿＿＿＿＿＿＿＿＿＿＿

（3）编制完成"列报调整分录汇总表"审计工作底稿。

审计人员未发现优卡股份有限公司财务报告列报中存在漏报或错报事项,本工作底稿只是列示,见表7-4。本工作底稿不要求编制。

表7-4

列报调整分录汇总表

被审计单位:＿＿＿＿＿＿＿＿＿＿＿＿＿＿	索引号:　EC＿＿＿＿＿＿＿＿＿＿＿
项目:＿＿＿＿＿＿＿＿＿＿＿＿＿＿＿＿	财务报表截止日/期间:＿＿＿＿＿＿＿
编制:＿＿＿＿＿＿＿＿＿＿＿＿＿＿＿＿	复核:＿＿＿＿＿＿＿＿＿＿＿＿＿＿＿
日期:＿＿＿＿＿＿＿＿＿＿＿＿＿＿＿＿	日期:＿＿＿＿＿＿＿＿＿＿＿＿＿＿＿

一、被审计单位财务报表附注中的漏报项目包括:

二、被审计单位财务报表附注中的错报调整项目包括:

（4）编制完成"未更正错报汇总表"审计工作底稿。

本实训所有审计发现的错报、漏报及重分类差错，均需要进行更正，不存在未更正错报，所以，不需要编制"未更正错报汇总表"审计工作底稿，见表7-5。本工作底稿只做列示，不要求编制。

表7-5

未更正错报汇总表

被审计单位：＿＿＿＿＿＿＿＿＿＿＿＿＿＿＿　　索引号：＿＿＿＿＿＿＿＿＿＿＿＿＿＿＿

项目：＿＿＿＿＿＿＿＿＿＿＿＿＿＿＿＿＿　　财务报表截止日/期间：＿＿＿＿＿＿＿＿＿

编制：＿＿＿＿＿＿＿＿＿＿＿＿＿＿＿＿＿　　复核：＿＿＿＿＿＿＿＿＿＿＿＿＿＿＿＿＿

日期：＿＿＿＿＿＿＿＿＿＿＿＿＿＿＿＿＿　　日期：＿＿＿＿＿＿＿＿＿＿＿＿＿＿＿＿＿

序号	内容及说明	索引号	未调整内容				备 注
			借方项目	借方金额	贷方项目	贷方金额	

未更正错报的影响：

项目	金额	百分比	计划百分比
1. 总资产	＿＿	＿＿	＿＿
2. 净资产	＿＿	＿＿	＿＿
3. 销售收入	＿＿	＿＿	＿＿
4. 费用总额	＿＿	＿＿	＿＿
5. 毛利	＿＿	＿＿	＿＿
6. 净利润	＿＿	＿＿	＿＿

结论：

被审计单位授权代表签字：＿＿＿＿＿＿＿＿＿　日期：＿＿＿＿＿＿＿＿＿

（5）编制完成"资产负债表试算平衡表利润表试算平衡表"审计工作底稿。

根据表7-2和表7-3工作底稿，编制完成"资产负债表试算平衡表"（见表7-6）和"利润表试算平衡表"（见表7-7）。表中数据间的关系是：表中资产项目和费用项目，"期末未审数＋借方调整数－贷方调整数＝期末审定数"，表中负债、所有者权益、收入项目，"期末未审数＋贷方调整数－借方调整数＝期末审定数"。

表7-6

资产负债表试算平衡表

被审计单位：＿＿＿＿＿＿＿＿　　索引号：＿＿＿＿＿＿＿＿
项目：＿＿＿＿＿＿＿＿　　财务报表截止日/期间：＿＿＿＿＿＿＿＿
编制：＿＿＿＿＿＿＿＿　　复核：＿＿＿＿＿＿＿＿
日期：＿＿＿＿＿＿＿＿　　日期：＿＿＿＿＿＿＿＿

项目	期末未审数	账项调整		重分类调整		期末审定数
		借方	贷方	借方	贷方	
货币资金						
交易性金融资产						
应收票据						
应收账款						
预付款项						
应收利息						
应收股利						
其他应收款						
存货						
一年内到期的非流动资产						
其他流动资产						

项目	期末未审数	账项调整		重分类调整		期末审定数
		借方	贷方	借方	贷方	
短期借款						
交易性金融负债						
应付票据						
应付账款						
预收账项						
应付职工薪酬						
应交税费						
应付利息						
应付股利						
其他应付款						
一年内到期的非流动负债						

续 表

项目	期末未审数	账项调整		重分类调整		期末审定数
		借方	贷方	借方	贷方	
可供出售金融资产						
持有至到期投资						
长期应收款						
长期股权投资						
投资性房地产						
固定资产						
在建工程						
工程物资						
固定资产清理						
无形资产						
开发支出						
商誉						
长期待摊费用						
递延所得税资产						
其他非流动资产						
合　计						

项目	期末未审数	账项调整		重分类调整		期末审定数
		借方	贷方	借方	贷方	
其他流动负债						
长期借款						
应付债券						
长期应付款						
专项应付款						
预计负债						
递延所得税负债						
其他非流动负债						
实收资本(或股本)						
资本公积						
盈余公积						
未分配利润						
合　计						

表 7－7

利润表试算平衡表

被审计单位：_____   索引号：_____
项目：_____   财务报表截止日/期间：_____
编制：_____   复核：_____
日期：_____   日期：_____

项　目		未审数	调整金额		审定数	索引号
			借方	贷方		
一	营业收入					
	减:营业成本					
	营业税金及附加					
	销售费用					
	管理费用					
	财务费用					
	资产减值损失					
	加:公允价值变动损益					
	投资收益					
二	营业利润					
	加:营业外收入					
	减:营业外支出					
三	利润总额					
	减:所得税费用					
四	净利润					

（6）总结会会议纪要。

在完成审计工作阶段,为了对财务报表整体发表适当的意见,必须将这些分散的审计结果加以汇总和评价,综合考虑在审计过程中收集到的全部证据,并对每个注册会计师的审计证据和审计结果加以汇总和评价,对财务报表形成适当的审计意见。召开总结会是进行汇总和评价的重要程序,并将会议内容形成会议纪要工作底稿(见表 7－8)。

表 7-8

总结会会议纪要

被审计单位:＿＿＿＿＿＿＿＿＿＿＿＿＿＿＿ 索引号:＿＿＿＿＿＿＿＿＿＿＿＿＿＿＿＿

项目:＿＿＿＿＿＿＿＿＿＿＿＿＿＿＿＿＿ 财务报表截止日/期间:＿＿＿＿＿＿＿＿＿

编制:＿＿＿＿＿＿＿＿＿＿＿＿＿＿＿＿＿ 复核:＿＿＿＿＿＿＿＿＿＿＿＿＿＿＿＿＿

日期:＿＿＿＿＿＿＿＿＿＿＿＿＿＿＿＿＿ 日期:＿＿＿＿＿＿＿＿＿＿＿＿＿＿＿＿＿

会议地点:
会议时间:
会议组织者:
参加会议者:
记录员:
会议议题:

第三节　审计报告编制实训

【实训目的】　通过本实训,训练学生运用审计重要性、审计风险等审计原理进行职业判断能力,根据上述实训编制完成的审计差异汇总表等工作底稿,结合本实验补充资料中提供的材料,判断应出具的审计报告意见类型,并训练审计报告编制的方法。

【实训内容】　本实训设定两种情况:一是优卡股份有限公司全部接受了注册会计师的调整要求,进行了会计报表的调整,注册会计师决定发表标准意见的无保留意见审计报告;二是被审计单位只接受注册会计师部分调整要求,而拒绝对重要会计差错予以调整,注册会计师决定发表保留意见审计报告。

【补充资料】　为了训练审计报告的编制决策,补充下列资料:

(1) 在本实训第二章计划阶段确定的重要性水平为: $2\ 654\ 463.54 \times 10\% \approx 260\ 000$;

(2) 优卡股份有限公司管理当局与注册会计师进行了友好真诚的协商,认可注册会计师提出的调整意见,并调整了财务报表,调整后的资产负债表和利润表见附件 1 和附件 2 (见表 7-11、表 7-12)。

(3) 优卡股份有限公司管理当局与注册会计师进行了友好真诚的协商,对注册会计师提出的调整意见予以采纳,并调整了财务报表;但对其中固定资产折旧计提业务中多计提折旧 230 300(见表 4-13),拒绝调整。注册会计师编制的"未更正错标汇总表财务报表"见表 7-9。注册会计师认为未调整错报影响重大,但不广泛,决定出具保留意见审计报告。

表 7-9

未更正错报汇总表

序号	内容及说明	索引号	未调整内容				备　注
			借方项目	借方金额	贷方项目	贷方金额	
1		略					

【实训要求】　根据上述资料分别编制完成审计报告。

(1) 编制完成标准意见审计报告。

根据被审计单位财务报告和补充资料(2),编制完成标准意见类型的审计报告(见表 7-10)。

表 7-10

审计报告

_____公司全体股东：

我们审计了后附的_____公司财务报表，包括_____

的资产负债表，_____年度的利润表、现金流量表和股东权益变动表以及财务报表附注。

一、管理层对财务报表的责任

按照企业会计准则和《××会计制度》的规定编制财务报表是_____公司管理层的责任。这种责任包括：① 设计、实施和维护与财务报表编制相关的内部控制，以使财务报表不存在由于舞弊或错误而导致的重大错报；② 选择和运用恰当的会计政策；③ 做出合理的会计估计。

二、注册会计师的责任

我们的责任是在实施审计工作的基础上对财务报表发表审计意见。我们按照中国注册会计师审计准则的规定执行了审计工作。中国注册会计师审计准则要求我们遵守职业道德规范，计划和实施审计工作以对财务报表是否不存在重大错报获取合理保证。

审计工作涉及实施审计程序，以获取有关财务报表金额和披露的审计证据。选择的审计程序取决于注册会计师的判断，包括对由于舞弊或错误导致的财务报表重大错报风险的评估。在进行风险评估时，我们考虑与财务报表编制相关的内部控制，以设计恰当的审计程序，但目的并非对内部控制的有效性发表意见。审计工作还包括评价管理层选用会计政策的恰当性和做出会计估计的合理性，以及评价财务报表的总体列报。

我们相信，我们获取的审计证据是充分、适当的，为发表审计意见提供了基础。

三、审计意见

我们认为，_____

_____

_____

_____

_____

会计师事务所(盖章)　　　　　　　　　　　　中国注册会计师：_____(签名盖章)

地址：　　　　　　　　　　　　　　　　　　中国注册会计师：_____(签名盖章)

　　　　　　　　　　　　　　　　　　　　　　　　年　　　月　　　日

附件：(1) 资产负债表(调整后)，见表 7-11

　　　　(2) 利润表(调整后)，见表 7-12

附件(1) 调整后资产负债表(见表7-11)。

资产负债表

会企 01 表

编制单位:尤卡股份有限公司　　　　2016 年 12 月 31 日　　　　单位:元

资　产	年末数	负债和所有者权益	年末数
流动资产:		流动负债:	
货币资金	29 195 461.30	短期借款	2 000 000
交易性金融资产	44 400	交易性金融负债	
应收票据	1 053 000	应付票据	137 580
应收账款	593 000	应付账款	1 484 700
预付账款	143 900	预收账款	200 000
应收利息	6 000	应付职工薪酬	1 796 410
其他应收款	454 748	应交税费	-17 765.82
存货	13 215 499.30	应付利息	
流动资产合计	44 706 008.60	应付股利	
非流动资产:		其他应付款	170 000
可供出售金融资产	44 000	一年内到期的非流动负债	
持有至到期投资	305 260	流动负债合计	5 770 924.18
长期应收款	0	非流动负债:	
长期股权投资	6 170 000	长期借款	5 900 000
投资性房地产	0	应付债券	1 043 740
固定资产	11 009 000	长期应付款	
在建工程	0	专项应付款	
工程物资	0	预计负债	
固定资产清理	0	递延所得税负债	
无形资产	595 000	其他非流动负债	
开发支出		非流动负债合计	6 943 740
商誉		负债合计	12 714 664.18
长期待摊费用		所有者权益	
递延所得税资产		股本	44 000 000
其他非流动资产		资本公积	817 970
非流动资产合计	18 123 260	减:库存股	

资 产	年末数	负债和所有者权益	年末数
		盈余公积	1 869 663.44
		未分配利润	3 426 970.98
		所有者权益合计	50 114 604.42
资产合计	62 829 268.6	负债及所有者权益合计	62 829 268.6

附件(2) 调整后利润表(见表7-12)。

利润表

会企02表
单位:元

编制单位:优卡股份有限公司　　　　2016年度

项 目	本月数	本年数
一、营业收入	7 780 000	80 580 000
减:营业成本	5 566 907.9	61 552 907.92
营业税金及附加	0	1 040 650
销售费用	237 850	1 694 350
管理费用	508 422.8	4 984 376.13
财务费用(收益以"-"号填列)	646 270.2	7 109 000.2
资产减值损失		
加:公允价值变动净收益(损失以"-"号表示)	-3 000	17 000
投资收益(亏损以"-"号填列)	-2 590	27 410
二、营业利润(亏损以"-"号填列)	814 959.1	4 243 125.75
加:营业外收入	73 000	303 000
减:营业外支出	83 113.2	950 613.2
三、利润总额(亏损总额以"-"号填列)	804 845.9	3 595 512.55
减:所得税费用	201 211.48	898 878.15
四、净利润(净亏损以"-"号填列)	603 634.42	2 696 634.4
(一)基本每股收益		
(二)稀释每股收益		

(2) 编制完成保留意见审计报告。

根据有关资料和补充资料(1)和(3)编制完成由于财务报表存在重大错报而出具保留意见的审计报告(见表7-13)。

表 7 - 13

审计报告

_____公司全体股东：

　　我们审计了后附的_____公司(以下简称 ABC 公司)财务报表,包括_____
____的资产负债表,_____ 年度的利润表、现金流量表和所有者权益变动表以及财务报表附注。

　　(一) 管理层对财务报表的责任

　　编制和公允列报财务报表是_____公司管理层的责任,这种责任包括:① 按照企业
会计准则的规定编制财务报表,并使其实现公允反映;② 设计、执行和维护必要的内部控制,以使财务
报表不存在由于舞弊或错误导致的重大错报。

　　(二) 注册会计师的责任

　　我们的责任是在执行审计工作的基础上对财务报表发表审计意见。我们按照中国注册会计师审计
准则的规定执行了审计工作。中国注册会计师审计准则要求我们遵守职业道德守则,计划和执行审计
工作以对财务报表是否不存在重大错报获取合理保证。

　　审计工作涉及实施审计程序,以获取有关财务报表金额和披露的审计证据。选择的审计程序取决
于注册会计师的判断,包括对由于舞弊或错误导致的财务报表重大错报风险的评估。在进行风险评估
时,注册会计师考虑与财务报表编制和公允列报相关的内部控制,以设计恰当的审计程序,但目的并非
对内部控制的有效性发表意见。审计工作还包括评价管理层选用会计政策的恰当性和做出会计估计的
合理性,以及评价财务报表的总体列报。

　　我们相信,我们获取的审计证据是充分、适当的,为发表保留意见提供了基础。

　　(三) 导致保留意见的事项

_____
_____
_____
_____
_____
_____
_____

　　(四) 保留意见

_____
_____
_____
_____

××会计师事务所　　　　　　　　　　　　　　　　中国注册会计师:×××
(盖章)　　　　　　　　　　　　　　　　　　　　　　　(签名并盖章)
　　　　　　　　　　　　　　　　　　　　　　　　　中国注册会计师:×××
　　　　　　　　　　　　　　　　　　　　　　　　　　　(签名并盖章)

中国××市　　　　　　　　　　　　　　　　　　　二○×二年×月×日
附件:(1) 资产负债表(部分调整后),见表 7 - 12
　　　(2) 利润表(部分调整后),见表 7 - 11